北京市文联文学艺术创作扶持专项资金项目

拉丁美洲

非物质文化遗产保护的知识贡献与地方实践

张青仁 等著

Intellectual Contributions and Local Practices:
Safegurding Intangible Cultural Heritage in Latin America

學苑出版社

图书在版编目（CIP）数据

拉丁美洲非物质文化遗产保护的知识贡献与地方实践 / 张青仁等著 . -- 北京 : 学苑出版社，2024. 12.

ISBN 978-7-5077-6023-1

Ⅰ . G173.02

中国国家版本馆 CIP 数据核字第 2024K0P115 号

出 版 人：洪文雄
责任编辑：黄佳
出版发行：学苑出版社
社　　址：北京市丰台区南方庄 2 号院 1 号楼
邮政编码：100079
网　　址：www.book001.com
电子邮箱：xueyuanpress@163.com
联系电话：010-67601101（营销部）、010-67603091（总编室）
印 刷 厂：北京建宏印刷有限公司
开本尺寸：710 mm × 1000 mm　1/16
印　　张：18.5
字　　数：301 千
版　　次：2024 年 12 月第 1 版
印　　次：2024 年 12 月第 1 次印刷
定　　价：89.00 元

主要作者：张青仁

其他作者：王　越　　杨慧云

序　一

12 月的北京，北风呼啸，天寒地冻。中国最重要传统节日春节，在不久前申报成功列入“联合国非物质文化遗产名录”后，即将到来。此时此刻，坐在温暖的书房里，读着张青仁教授带领他的学生新近完成的书稿《拉丁美洲非物质文化遗产保护的知识贡献与地方实践》，似乎回到了十年前和张青仁教授在墨西哥南部恰帕斯州高地城镇圣克里斯托瓦尔 - 德拉斯卡萨斯相聚的情景。

拉丁美洲与我国相距遥远，一在地球东北，一在地球西南，寒暑、冬夏互异，长期以来是交往最少的两大区域。但是，20 世纪末、特别是 21 世纪初以来，中拉关系发生了跨越式的大发展，经贸合作、政治互信、人文交流都取得了长足的进步。一向不受重视和关注的拉美研究，也迎来了新的发展机遇。历史学、政治学、经济学、外国语言文学等不同学科的学者投身于这一领域，一些学者甚至尝试以跨学科的视角展开研究，极大地推动了我国拉美研究的进步与繁荣。特别值得注意的是，近十几年来，我国一些年轻的人类学者，勇敢地走出国门，深入一些拉美国家偏僻、贫困的边缘区域，进行艰苦的田野调查。在此基础上，运用最新的理论方法展开研究，撰写了一批具有学术深度和创新性的著作，不仅丰富了我国的人类学研究内容，而且极大地开阔了我国拉美研究的视野，推动了我国拉美研究的发展。人类学深入参与拉美研究，在正在方兴未艾的区域国别学的发展中，是特别值得欣喜的现象。本书的主要作者张青仁教授，是一位民族学和人类学学者，曾在墨西哥南部恰帕斯州的土著社区进行深入的田野调查，出版过《末世太阳：一个印第安城镇的变迁、动荡与抗争》一书，深受欢迎。后来又带领和指导自己的学生在秘鲁、古巴等地进行田野工作，不仅取得了宝贵的研究素材，而且培养了新人，开辟了拉美研究和人类学研究的新领域。

《拉丁美洲非物质文化遗产保护的知识贡献与地方实践》一书对拉美国家非物质文化遗产的形成及其特征、拉美国家非物质文化遗产保护行动的兴起与发展，进行了系统、深入的研究，并聚焦于墨西哥和秘鲁两个最有代表性的国家，进行了更为具体的探讨。特别是在田野调查工作的基础上，选取墨西哥的“有声档案：口头传统整体性保护的实践探索”和秘鲁的“饮食文化空间皮坎特利亚保护”进行了细致的个案分析，宏观与微观、理论与实证、文献与调研的紧密结合，使本书不仅是对拉美非物质文化遗产保护问题研究的填补空白之作，而且更是一部难得的学术佳作。

1492 年，哥伦布对美洲的“发现”无疑是人类文明发展历史上跨时代的转折点。美洲的“发现”对旧世界的影响自不待言，对于新世界来说，如果用“乾坤颠倒”来形容，实不为过。我们知道，美洲印第安人的祖先是在大约 2 万年到 1.4 万年前从亚洲东北部越过白令海峡到达新世界的，但是在 1.4 万年前以后，地球变暖、末次冰期结束，白令海峡再次被海水覆盖，新旧大陆从此开始了长久的分离。在哥伦布“发现”美洲之前，新大陆的印第安人祖先基本上是在与旧世界完全隔绝的状态下繁衍生息，创造了与旧大陆截然不同的文明。正是这种隔绝状态，使得新大陆的文明形成了自身无可替代的独特性，为世界文明的多样化做出了最为重要的贡献。但是，哥伦布的“发现”以及随后欧洲殖民者、非洲黑人奴隶的到来，使得拉丁美洲地区从世界上最隔绝的、最孤独的大陆，一下子变成了各不同种族的人类与文明的融合最为彻底的大熔炉。从彻底的隔绝到完全的融合，这一翻天覆地的变化，是人类历史上绝无仅有的试验，也造就了拉美地区与其他地区迥异的文明形态，留下了一份极为独特的、宝贵的“杂糅文化”遗产。正如书中所言，“本土文明的悠久历史，殖民主义的长期统治以及拉丁美洲国家本土发展道路的探寻，形塑了这一区域深厚的非物质文化遗产资源”。

本书视野宏阔，将拉美非物质文化遗产保护行动的兴起置于拉美民族主义的发展和现代化进程的大背景下进行考察。本书指出，19 世纪初获得独立之后，在自由主义的支配下，拉丁美洲的许多国家一度出现了以欧洲、美国文明为核心的效仿运动。然而，盲目地学习、甚至照搬欧洲和美国的发展模式，不仅没有改变本地区的落后面貌，反而造成了拉美国家对欧美发达国家的依附。与此同时，欧美国家对拉美国家的侵犯和剥削，进一步激发了拉美国家民族主义思潮的兴起。在此形势下，拉美国家的有识之士在探索自身发展道路的过程中，形成了具备拉美特色的、包容多元族群的文化民族主义，而保护本国的文化传统，无疑是这种民族主义的重要体现和手段。冷战时期美国对拉美的控制和20世纪八九十年代后以“华盛顿共识”为指导的新自由主义改革，也在一定程度上激发了拉美国家的民族主义情感，促使拉美国家有意识地保护本国的传统文化、维护自身的民族特色。正是在这个意义上，从一开始，非遗保护就不是一项单纯的文化实践，而是承载了政治、经济属性的社会行动。换句话说，“拉美国家非遗保护政策，不仅是对地方社区活态文化传统的保护，更与国家主权和区域社会发展有着密切的关系，是拉美国家通过非遗保护，推动社会整体发展与进步，实现本土现代化的实践探索”。这一结论见解深刻，颇有深意。当然，对于拉美以外的其他全球南方国家是否具有普遍性，需要通过类似于本书的深入研究，才能印证。

在保护本民族文化遗产的过程中，拉美国家既借鉴了世界其他国家的做法，积极参与联合国保护物质文明遗产的行动，又形成了自身的特色。其中最为重要的是，随着文化遗产保护行动的持续开展，许多拉美国家开始将文化遗产保护的范畴拓展至民俗文化的层面，并提出了“精神民俗”和“活态遗产”等概念，这是本书的主体和核心。在对墨西哥和秘鲁的具体研究中，本书不仅系统探讨了两国非物质文化遗产的形成与特征、非物质文化遗产保护的历史进程，更为重要的，本书对两国非物质文化遗产保护的理念进行了深入的研究。

墨西哥的文化遗产保护行动是在反对西化的迪亚斯政府专制统治的革命中产生的。20世纪30年代卡德纳斯政府激进的民粹主义时期，对土著文化遗产的挖掘、整理与保护达到高潮。但是这一时期的保护行动仍然主要是由政府主导的。1968年特拉特洛尔科事件导致执政党和政府在人民心目中的威信和权威下降，加之后现代主义的传入、少数族群运动和解放神学的兴起，墨西哥的文化遗产保护运动逐渐从政府主导转向多重权力主体的参与，特别值得注意的是人类学者的行动。墨西哥的人类学者中断了与国家权力结盟关系，他们强调对土著、少数族群主体性的认可，对于文化多样性主张的呼声也日益强烈。物质文化遗产之外，包括传统技术、艺术技能、审美态度以及表达人们信念和理解的

"活态遗产"成为学者们重点关注的对象。从本书中可以看到，墨西哥学者对"活态遗产"的内涵和外延、如何以活态遗产保护实现社会活力的再造等问题进行了深入的分析，提出了深刻的见解与主张，不仅极大地推动了墨西哥非物质文化遗产的保护，而且对联合国教科文组织非物质文化遗产保护工作的展开做出了铺垫。

和墨西哥一样，秘鲁的文化遗产保护行动也是伴随着本国民族主义的发轫而产生的。1879—1883 年在太平洋战争中的失败，激发了秘鲁政治精英和知识分子的民族主义情感。他们认识到，古老的安第斯文明遗产恰是"塑造秘鲁历史，完成秘鲁民族主义叙事的重要支撑"。他们摒弃种族主义，将土著人视为秘鲁民族的组成部分。抨击统治集团对土著人的奴役和剥削，主张通过强有力的国家干预改变土著人的现实境遇，由此形成了秘鲁社会中的土著主义（Indigenismo）思想。在土著主义思想的推动下，秘鲁考古学家持续推进对土著地区历史文化遗产的考古发掘。一些人类学家也开始对秘鲁社会活态文化的民族志研究。在这种背景下产生的非物质文化遗产保护行动，无疑是秘鲁民族国家构建的重要内容和组成部分。本书指出，和墨西哥一样，秘鲁认同非物质文化遗产"活态文化"的属性，强调非遗连续性、流动性与特殊性的特征。秘鲁学者还提出"多种本真性"的主张，强调非遗保护的"剧目"思维。主张多元主体共同参与非遗保护，以此实现对文化多样性与可持续发展的深度推进。这种多元主体包含了政府、社区、商业资本、知识分子尤其是人类学者等。特别值得注意的是，本书指出，商业资本的参与一方面对于非遗保护具有重要作用，另一方面，商业资本的逐利倾向对非遗传承也可能带来破坏作用。因此，拉美政府采取了相应的对策。这对我国的非遗保护工作无疑是具有重要借鉴意义的。

一部好的学术著作，除了理论和观点的创新外，还需要以大量的一手资料展开论证，以具体生动的事实对学术观点提供有力的支撑。本书不仅参考了国外学者最新的研究论著，而且运用了丰富的政府法规文件等一手档案文献，具备非常扎实的资料基础。尤其值得赞赏的是，本书充分发挥了人类学者的优势，通过对墨西哥的"有声档案"和秘鲁的"皮坎特利亚"项目深入、细致的现场实地考察和分析，为我们提供了两幅拉美非遗保护理念与实践的生动画面。通过解剖这两只不同类型的麻雀，不仅大大增加了读者对于拉美非遗保护的感性认识，而且充分展示了拉美非遗保护中一系列普遍性的问题。文献资料和田野调查的结合，极大提高了本书的原创性和学术质量。

正如本书所言，非遗保护不仅仅是一项文化工程，更是现代化实践中不可或缺的部分，其对民族认同、国家身份的构建，起着无可替代的作用。拉美和中国都是发展中的全球南方国家，都在进行着各自的现代化建设。在此过程中，相互学习和借鉴对方非遗保护的经验教训，其重要意义是不言而喻的。然而，当前我国学界，从事这方面探讨和研究的学者还为数极少，出版的著作也十分稀少。从这个意义上看，本书无疑是一部开拓性的著作。我们不仅要对本书的出版表示祝贺，更期望有更多的学者投身这一领域的研究，写出更多的优秀作品，为我国的现代化建设、为世界各国文明的互鉴做出更大的贡献。

董经胜

2024 年 12 月 20 日

序　二

半亩方塘一鉴开，天光云影共徘徊

当青仁将他和他的团队成员共同完成的著作《拉丁美洲非物质文化遗产保护的知识贡献与地方实践》（以下简称《拉美非遗保护》）书稿发给我时，我顺手在微信上点开了文档，看着“流淌”的文字，映入我脑海的是与青仁相识的过程。

最初认识青仁，是因为他对妙峰山的研究，妙峰山香会是他博士学位论文的选题。不过，真正与他熟识则是有一次他被邀请到我们所参加非物质文化遗产保护的会议，当时他的发言主要围绕墨西哥非遗保护展开。会议结束后，我跟他聊天，才知道他入职中央民族大学后在新设的世界民族学人类学研究中心工作，我随口就说了一句，难怪你能去墨西哥。说这句话的时候，我内心其实觉得他依然是以北京、妙峰山、香会研究为主，到墨西哥调研只是“客串”，在民俗学领域这样的情况可以说比比皆是，比如我到海南调研黎族三月三，就会结合自己的调研写一篇论文或调研报告，但后来我看到青仁接二连三发表有关墨西哥的民族主义运动、族群交往交流的文章，无论在西语学界还是民族学领域都引起了关注，尤其《末世太阳：一个墨西哥印第安城镇的变迁、动荡与抗争》（以下简称《末世太阳》）一书，研究拉美的很多学者都进行了推荐。但由于拉美研究距离我很远，除了他在《民族文学研究》发表的《社会动员、民族志方法及全球社会的重建——墨西哥非物质文化遗产保护的经验与启示》一文外，他刊发的其他有关拉美研究的文章我都是浏览而过。对前者细读，一是因为这篇文章是他会议发言，当时就引起了我的兴趣，非常期待他基于发言的学术成果，二来我是他发表文章时的责任编辑，在编辑文章过程中，青仁认真、努力的学术品格让人动容，但于我而言，更让我佩服的是他的沟通能力和行动力，我难以想象他在墨西哥田野，与墨西哥人胡安一起参与当地的游行活动，更无法想象被“错认”为当地人。不过当时的这些印象都比较模糊，因为墨西哥于我无论实际的空间距离还是学术旨趣上都很遥远，我无法将青仁在墨西哥的田野调查具象化，对其学术研究的具象认知源于我们一起合作在北京的调研及相关项目的研究。合作调研过程中，他扎实的田野调查、敏锐的学术洞察力，让我极为钦佩。无论是在北京市朝阳区文化和旅游局项目“流域文化保护与文化资源研究”项目完成中，还是北京市宣传部重点项目“北运河流域民俗文化普查活动及民俗志编纂”的推进中，他兼顾人类学、民族学、民俗学、民间文学的跨学科视域给我们课题组很大启发。我们经常是课题组五六个人的小型工作坊或学术沙龙，每每他有新见地都是知无不言、言无不尽，但从来都是很谦逊，不过我很难将这些与他在西语领域的成绩，尤其是拉美研究联系在一起，直到他邀请我给他新书作序。

拿到稿子，我就习惯性地按照自己的阅读顺序，从目录、后记到绪论、正文。最初想着因为不熟悉拉美研究，陌生的人名、地名乃至一些专名肯定“难啃”，所以总想拿出整块时间来读，但开始读后，完全没有“陌生感”和阅读障碍，出差和上班通勤的途中，都经常在电子设备上打开阅读，该书文字表述流畅、朴实，是青仁十多年来对墨西哥乃至拉美多元文化交流、民族主义思潮及非物质文化遗产保护思考的汇集。阅读此书的过程中，我又读了索飒撰写的《末世太阳》一书的书评，有一句话我特别认同，“即便该书的内容有待提升和商榷之处仍多，但它在沿着本质的方向前行”。①

近年来非遗保护研究成果可谓丰硕，每年有近千篇文章和数十部著作，涉及文学、艺术、体育、历史、政治、地理乃至医药卫生等学科和门类，可谓覆盖范围广、兼跨领域多，卷入其中的学者更是不计其数，即使说非物质文化遗产保护改变了 2010 年以后的学术研究格局和趋向也不为过。此外，非物质文化遗产也是普及度最高的学术用语，无论是大都市打造的历史文化街区，还是地

---

① 索飒:《认识他者和读懂世界的途径》,《读书》2020 年第 5 期。

处偏远的民族文化旅游地，比比可见“非遗”字样，不管用语是否规范，甚至能否说规范，大家都在使用着。照说非物质文化遗产这样的表述并不符合口传的语汇规则，为何能传播如此广，这肯定是多种因素共同作用的结果。对非物质文化遗产的研究，不同学科、不同学者持有不同态度，不过不管态度如何，都无法回避非物质文化遗产研究的热度及对学术的冲击力。但客观地说，非物质文化遗产研究的文章同质性高、重复性高，个案多、理论阐释较为薄弱。当然，非物质文化遗产保护是国家一项重要的工作，不能从纯粹学术角度理解，2023年，中国加入《保护非物质文化遗产公约》二十年之际，有批量文章刊发，当然也有大量著作问世，从联合国教科文组织的公约文件到各地非遗蓝皮书，这些丰硕成果既是学术研究的总结，也为我们了解非遗保护工作提供了丰富资料。不过，看完青仁撰写的《拉美非遗保护》后，我觉得此书对我国当下的非遗研究具有重要借鉴价值，有助于我们更好地理解非遗保护在全球文明交流互鉴中的意义。

《拉美非遗保护》开篇简要梳理了拉丁美洲国家非遗保护的历史，这对普及拉美非遗保护理论和经验都具有重要意义。在学术研究中，尤其对国外理论的借鉴，大多以欧美为主，其次则是日本、韩国等，其实全球化不是“西化”，这一观点已经在多个学术研究场域被提出，但在学术领域似乎尚未改变这一趋向，所以尽管拉美是全球非遗保护的热点区域，但依然很少被“看见”。所以此书对拉美非遗保护历史的梳理，如作者所言，可为我们提供非遗的跨国传播、区域合作、文化外交的经验，对当下全球文明交流互鉴、人类命运共同体的构建都具重要参照价值，尤其书中对拉美国家非遗保护的知识贡献的总结让我很受触动。如“文化遗产”内涵的拓展，“老鹰之歌”背后复杂的“文化民族主义”语境，“活态遗产”，特别是后者，极大影响了联合国非遗保护的概念范畴，其中有关《墨西哥保护文化遗产宪章》的研究更是在非遗研究中甚少见到。而正是在这一文件中，第一次提到了“活态遗产”，并强调要“确定其生存与活力”，这与后来经常提到的活态保护、存续力直接相关。1982年出台的《墨西哥城文化政策宣言》更是联合国教科文组织文化发展十年规划（1988—1997）的来源，并直接影响到《世界文化多样性宣言》（2001）、《保护非物质文化遗产公约》（2003）、《保护和促进文化表现形式多样性公约》（2005）的出台。看到这些，我们才能更好理解该书的立意，也是将其列入“北京市文联文学艺术创作扶持专项基金项目”合法性所在。无论是对具有地方性还是民族特色的非遗项目进行研究，还是从公约、政策层面的梳理抑或非遗理论阐释，都需要厘清其兴起之初的背景，而墨西哥、玻利维亚、秘鲁等国家如何加入文化遗产保护，他们如何结合自身文化需求推进文化遗产保护概念、内涵的变化，及他们提出的保护理念，都对我们理解当下非遗保护、非遗本土概念提炼乃至总结非遗保护的中国经验具有重要借鉴。

不过，此书并未停留在政策梳理或理论阐释，而是结合作者本人和他的学术团队在墨西哥和秘鲁的田野实践进行论述。对于墨西哥文化的了解，大多人来源于《寻梦环游记》（*Coco*）中盛大节日——亡灵节和狂热的音乐、舞蹈，但青仁对于墨西哥非遗保护和研究的呈现不是碎片化或切片式的。他在墨西哥进行过深入的调研，这在他的另一部著作《末世太阳》中有详细叙述，他所坚持的“只要尊重，就能得到理解”的理念，让他对墨西哥文化，尤其是印第安文化有了独特的理解，特别是对当地文化逻辑和从内部出发的阐释力，每每阅读都会感慨他的毅力，感动他对“异文化”的热爱，尽管其中不乏人类学田野中对调研地的“美化”和理想化色彩。在对墨西哥非遗保护进行讨论中，这些扎实的田野，再加上他对墨西哥在非遗保护中国家政策和研究机构的熟悉，让他对墨西哥非遗保护的核心观点——活态保护，即非遗保护不是恢复或重建遗产历史，而是多元主体方（国内多用多元行动方）共同实现遗产的世俗化——的论述脉络清晰，又不乏生动的个案。在阅读这部分时，我不由想到青仁曾经分享的“伤心的遗产”个案，当时听到这个说法时极为纳闷，纳入联合国教科文组织“全球创意城市网络”，对于城市的保护和价值赋能无疑会带来极强的正向效应。但青仁给我们分享了：

> 当时的我正在这座城市北部的一个印第安人自治社区里进行田野作业。当我兴奋地将这则消息分享给我的合作伙伴——自治社区年轻的领导人胡安·卡尔洛斯时，他很不以为然。我颇为功利地向他解释，联合国教科文组织对圣克里斯托瓦尔-德拉斯卡萨斯的命名不仅会使其蜚声世界，也会在一定程度上促进圣克里斯托瓦尔-德拉斯卡萨斯旅游业的发展，印第安人的收入肯定会有相当的提升。胡安冷静地回答我，“40多年来，圣克里斯托瓦尔-德拉斯卡萨斯就不断被认定为各种遗产。但是，所有的项目却从

未考虑过印第安人的诉求，只是从不同方面在消费着印第安人。这座城市的印第安人，一直在和所谓的遗产运动抗争着”。

2014 年 2 月，我第一次来到圣克里斯托瓦尔 - 德拉斯卡萨斯，认识了乞丐巴哈龙。得知我要在圣克里斯托瓦尔 - 德拉斯卡萨斯进行长期的田野作业，巴哈龙特意嘱咐我，千万不要去城市中心的圣·多明戈（Iglesiade Santo Domingo）教堂。见我有些不解，巴哈龙给我讲述了当地流传的这样一个传说：

圣克里斯托瓦尔 - 德拉斯卡萨斯的圣·多明戈教堂是西班牙人抓印第安人修建的。当时，西班牙人抓了男性的印第安人去修建教堂，女性的印第安人沦为西班牙人的性奴。当印第安女人怀孕后，西班牙人则将她们囚禁在教堂的地下室里，等她们生下小孩，再将小孩和她们杀死。修好教堂后，又将男人们杀死。然后将印第安人都埋在教堂下。圣·多明戈教堂，其实是一个大坟墓，下面有着无数印第安人的骸骨。[①]

之所以将这段话引用至此，就是想和他在《拉美非遗保护》中对墨西哥非遗保护中对多元行动方及对文化遗产的挖掘和保护可以在文化层面上消弭不同族群、阶层之间的裂痕的论述进行“互文”式理解。所以，对非遗保护来说，最重要的不是“真实”历史的追溯，而是如何立足当下，更好地为民众和国家统一服务。这就打破了一直以来在非遗研究中对“本真性”的不懈追求，对生产性保护的反对，也进一步引发我对当下非遗馆舍化的静态保护的反思。另外，这一观念与我们近年来提出的以人民为中心的非遗保护——“人民的非遗，人民共享”理念有异曲同工之处[②]，不过对此国内尚未有像青仁对墨西哥非遗保护观念这样鞭辟入里的分析。书中对墨西哥非遗保护个案阐释中提及的“国立人类学历史学学院的学者和学生提议发起‘特拉西亚科有声档案计划’（Archivodela Palabra del Proyecto Eje Tlaxiaco）项目”很有意思，书中细致描述了“有声档案”项目的理念、实施过程（培训、调查、建档、归档、管理与传播、评

① 张青仁：《殖民主义遗迹与墨西哥恰帕斯州印第安人的“反遗产化”运动》，《文化遗产》2018 年第 5 期。

② 王晨阳：《人民的非遗　人民共享——从非遗的人民性看中国非遗保护 20 年的经验与成就》，《民俗研究》2024 年第 6 期。

估），看完后瞬间想到了我国文化和旅游部民族民间文艺中心发起的“百部史诗工程”和“中国节日志”，这两个完全可以进行类比研究，以此对全球非遗保护中的声音、影像记录进行归纳总结，同时也可从文化交流的视域看看两者的理论价值。当然，因为《拉美非遗保护》一书主题的限制，没有看到这方面的比较，非常希望该书作者及学界同行能就此进行进一步探讨，并推出新的成果。

该书下编对于秘鲁非遗保护的研究，对我而言更是极为新鲜，如果说有关墨西哥非遗保护，青仁从2018年开始就陆续有文章发表，进行过一定普及的话，对秘鲁，我目力所及，鲜少见到相关成果。我大学是历史专业，在阅读此书前，我对秘鲁的了解仅限于“地理大发现”时期对拉美的概要描述和在第三世界历史、民族解放运动中的简要提及。所以，对秘鲁非遗保护研究的阅读过程也是学习的过程，我最感兴趣的就属“民俗学范式下对活态文化的搜集与整理”，这部分似乎与我国民俗学兴起有极大的耦合度。中国和秘鲁的现代民俗学都兴起于现代民族国家建设，秘鲁在非遗保护学术史的梳理中，将这一时期视为非遗保护的前身，而在中国非遗保护学术史研究中，则很少有研究者将这部分纳入学术史范畴，当然，这也可能与我的关注点相关，我自己对此进行过粗浅的尝试，希望这一观点能引起更多人的关注，将中国非遗保护观念的发展不要只局限于21世纪，历史也不仅限于近20余年，而是希望能将非遗保护纳入20世纪现代中国发展脉络进行回望与考察。

拉拉杂杂地写了很多，有些完全是有感而发，可能有点偏离此书的主题，但总希望阅读者能看到这本书的闪光点，当然有光就有影，任何学术产品都不会是“完美”的，能引起阅读者争议或争论就是极好的学术著作。此书对我而言，确实是“了解他者，反观自身”的一部学术论著，仅以自己阅读此书的感受作为序言。

毛巧晖

2024年12月26日写于望京西园二区寓所

目录
CONTENTS

结语

以非物质文化遗产保护为依托深化中拉文明交流互鉴

绪论

拉丁美洲和加勒比地区（简称拉丁美洲），指的是美国以南的美洲地区，地理上包括北美洲的墨西哥、中美洲、加勒比海岛屿和南美洲四个地区。拉丁美洲东临大西洋，西靠太平洋，共包括33个国家和地区。[①] 世界银行的统计数据显示，2023年拉丁美洲总人口6.64亿人[②]。拉丁美洲生活着混血的梅斯蒂索人、白人、印第安人和非洲裔等多元族群。拉丁美洲大部分国家使用西班牙语，巴西使用葡萄牙语，少数国家使用英语、法语和荷兰语等。

拉丁美洲是全球非物质文化遗产（以下简称“非遗”）保护行动的热点区域，这得益于拉美文化的深厚积淀，以及拉美国家对非遗保护行动的积极参与。本土文明的悠久历史，殖民主义的长期统治以及拉丁美洲国家本土发展道路的探寻，形塑了这一区域深厚的非物质文化遗产资源。截至2024年12月底，拉美国家共有89项非遗项目入选人类非物质文化遗产代表作名录。[③] 种族主义、殖民主义、资本主义与全球化对拉美国家持久的侵袭、掠夺与渗透，在相当程度上激起了拉美国家民族主义思潮的生成，使得拉美国家较早开始对本土文化传统的保护，并对联合国教科文组织保护非物质文化遗产行动起到了重要的推动作用。2003年，联合国教科文组织通过《保护非物质文化遗产公约》（以下简称《公约》）后，拉丁美洲多个国家成为《公约》缔约国，积极探索非物质文化遗产保护的路径，在非遗的保护、传承与传播方面做出了重要贡献。在超越国家的层面，拉美国家也在非遗的跨国传播、区域协作和文化外交等方面做出了积极有效的探索。

在百年未有之大变局的当下，在文化成为世界冲突重要来源的当下，对拉

① 中华人民共和国国家发展和改革委员会：《拉美地区概况》，https://www.ndrc.gov.cn/xwdt/ztzl/zlcnyutzhz/202112/t20211228_1310263_ext.html，2024年10月1日访问。

② World Bank Group, “Population, total - Latin America & Caribbean, St. Martin(French part), ” https://data.worldbank.org/indicator/SP.POP.TOTL?locations=ZJ-MF, 2024年10月1日访问。

③ UNESCO, “Las listas del PCI y el Registro de Buenas Prácticas de Salvaguardia,” https://ich.unesco.org/es/listas，2024年12月30日访问。

美国家非遗保护区域实践的深度研究，对梳理非物质文化遗产保护兴起的历史，总结非物质文化遗产保护的相关理论，创新非物质文化遗产转化的方式，探索非物质文化遗产保护与地方社会发展的路径，增进中拉文明的交流与互鉴，有着重要意义。

基于此，本书打破非遗本体研究和非遗的民俗学、人类学和社会学研究的藩篱，以知识贡献与地方实践为抓手，梳理非遗保护在拉美兴起的过程，讨论拉美社会对非遗保护的知识贡献。基于对墨西哥、秘鲁非遗保护的实地田野，关注拉美国家如何在制度层面上履行《保护非物质文化遗产公约》，在地方社区中推进非遗保护。本书力求在为我国非遗保护提供经验借鉴的基础上，增进中拉文明交流互鉴，为人类命运共同体建设提供文化滋养。需要说明的是，本书之所以选择墨西哥和秘鲁作为重点分析对象，原因在于如下三点。首先，墨西哥、秘鲁是拉美文化的突出代表。墨西哥是玛雅文明和阿兹特克文明的中心，秘鲁是印加文明的中心。其次，两个国家有着深厚的非遗资源，较早开始非遗保护，积累了深厚的经验，且两个国家的学者与文化保护机构在《公约》制定中发挥了重要作用。最后，墨西哥是联邦共和制国家，秘鲁是共和制国家，在非遗保护的制度建设和具体实践中有着多样性的探索。对两国非遗保护地方实践的研究，能够较为全面地呈现拉美国家非遗保护的总体面貌。基于此，本研究以墨西哥和秘鲁为重点，对拉丁美洲国家非遗保护的制度建设与实践进行呈现。

在系统展开本项研究前，本研究先对拉美国家非遗保护与参与《公约》制定的历史进行梳理，对拉美国家非遗保护的基本观点进行呈现，此后，将详细介绍本书的研究对象、研究框架和资料来源。

一、拉丁美洲国家非遗保护的历史简述

（一）拉美国家非遗保护的历程

拉丁美洲是世界上文化多样性最为繁盛的区域。这里包括中部美洲（Mesoamerica）和安第斯两大文明核心区，创造了光辉灿烂的文明成果。1492年，西班牙殖民者入侵拉丁美洲，对拉丁美洲本土文明的发展产生了深远的影响，然而，西班牙人的入侵，并非如同清教徒一般对拉丁美洲土著族群与种族

的清洗，而是采取了相对包容的政策。早期前往新大陆的殖民地官员大部分都是男性，欧洲女性是在哥伦布的第三趟航行后才开始同行的。1498 年，西班牙王室首次批准 30 名女性前往新大陆。首批女性人数仅占该次探险总人数的十分之一。[①] 女性的缺乏使得早期的殖民者并不敌视与土著妇女的通婚。此外，伊比利亚半岛被北非穆斯林长期占领的历史也在相当程度上形塑了天主教的殖民者对待混血包容的态度。在科尔特斯（Cortés）到达墨西哥的第一个晚上，土著部落就为其送来了土著女性。殖民者对待混血的包容态度促成了土著人与殖民者之间混血的普遍发生。随着种植园在大西洋沿岸的兴起，大量的非洲裔奴隶被运往拉丁美洲，促成了跨大西洋贸易的形成，为拉丁美洲多元族群的混血交融增添了新的力量。16 世纪，华人随着大帆船贸易的兴起进入拉丁美洲，成为拉美社会多元族群的重要组成部分。

族群混杂带来了不同文明的交融。土著文明、殖民者带来的天主教文明和非洲裔、华人等族群文化交织在一起，形成了拉丁美洲“杂糅文化”的特征。墨西哥甚至整个拉丁美洲的主保瓜达卢佩圣母（Virgen de Guadalupe）的生成便是这一杂糅文化的突出代表。瓜达卢佩圣母起源于西班牙的埃斯特雷马杜拉（Extremadura），是西班牙天主教收复穆斯林所占土地的象征。几经辗转，在墨西哥主教的推广下，瓜达卢佩的形象融入了土著本土宗教的元素，成为墨西哥天主教的象征，并在墨西哥形成了家喻户晓的传说：

> 1531 年的 12 月的一天，在墨西哥潟湖的边缘，也就是如今墨西哥城郊的特佩亚克山（Tepeyac），那是供奉阿兹特克女神托南辛（Tonantzin）的地方。来自夸尔塔托阿辛（Cuauhtlatatoatzin）[②] 土著人的胡安·迭戈（Juan Diego）去城市中心的方济各会，在这座山上遇见了显圣的圣母玛利亚即瓜达卢佩圣母，并请他托信给墨西哥城的主教苏马拉加（Zumárraga）。苏马拉加要求胡安证实信息的真实性，最终在冬天百花飘零之际，圣母玛利亚

---

① Luís Martín, *Las Hijas de los Conquistadores: Mujeres del Virreinato de Perú* (Barcelona: Editorial Casiopea.2000), p.24—25.

② 夸尔塔托阿（Cuauhltatoa）在纳瓦霍（náhuatl）语中意味“说话的鹰”（el águila que habla）。

以在胡安斗篷里散落的玫瑰花和映照在斗篷里显现的圣母像显圣。[①]

在天主教在墨西哥本土化的进程中，来自西班牙的圣母瓜达卢佩，融合了特佩亚克附近日月星辰之母的科亚特利库埃（Coatlicue）的元素，成为上帝之母的“瓜达卢佩”。保留了其本土土著女性的面庞和身着蓝绿色衣服的瓜达卢佩圣母，得到了土著民众的广泛认可，成为拉丁美洲杂糅文化的突出代表。

图 1　墨西哥城特佩亚克（Tepeyac）山上的瓜达卢佩圣母形象

拉丁美洲的杂糅文化与多种社会运动融合，使其超越了文化层面的范畴，具备社会共识的基础性意义。不同于一般意义上的“规范性认同”与“混血杂交”，“杂糅”并非建立在混血基础之上的强制性认同，而是建立在多样性认同的基础之上，对他者和自我身份的弹性认同。这一杂糅的文化，并没有切断主体与不同身份来源之间的联系，而是在多元身份与主体认同的基础上实现彼此的混合，并在这一过程中完成自我认同、异质性和跨文化共识的生成。

正是基于杂糅文化的共识性意义，在 19 世纪初拉丁美洲独立运动中，文化成为对民众政治动员和思想启蒙的重要武器。独立运动后，在自由主义的支配下，拉丁美洲的许多国家一度出现了以欧洲、美国文明为核心的效仿运动。然而，欧美国家对拉美国家的侵犯，进一步激发了拉美国家民族主义思潮的兴起，具备拉美特色的、包容多元族群的文化成为民族主义的重要构成。基于这一认

① Fidel González Fernández, “La historicidad del encuentro de la Virgen de Guadalupe y Juan Diego,” *Studium Veritatis*, Vol.1, No.1(2000).

知，各国政府都强化了对于本国文化传统的保护。20 世纪 30 年代后，在革命民族主义思潮的支配下，为了强化对墨西哥社会多元族群的整合，完成墨西哥认同与墨西哥人文化身份象征的建设，卡德纳斯（Cárdenas）总统执政期间成立了一系列人类学机构，致力于对土著文化遗产的发掘和保护，在多个土著区域发起了一系列考古项目，并颁布了一系列文化遗产保护的法律法规，开始了对本国历史文化遗产的搜集、整理与挖掘。[①] 在阿根廷，20 世纪 30 年代成立了国家传统研究所（Instituto Nacional de la Tradición），致力于对本国文化传统的搜集与整理，高乔人（Gaucho）的民俗传统也成为学者们关注的对象。首任所长胡安·阿方索·卡里索（Juan Alfonso Carrizo）认为，“研究阿根廷的民族传统是一种责任，我们必须创造一种将我们团结在一起的共同的情感来源，这是一种将我们联结在一起的精神纽带。如同钻石般的坚固”。通过大范围的实地田野，他搜集了两万多首歌谣。[②]1964 年，国家传统研究所改名为国家人类学研究所（Instituto Nacional de Antropología），此后，独裁政府强化了对本土民俗文化与大众文化的研究，强化了对民众的支配与控制。[③] 在巴西，20 世纪 20 年代的民俗运动，意在通过对民俗的搜集、整理与挖掘，将知识分子团结起来，建设一个团结的、强大的国家。以民间音乐和民间传说为代表的民俗文化被视为现代性支配下农村和城市紧张关系的调节。与印刷媒体塑造的资产阶级不同，民俗被视为流行的、公共的领域，口头传统的意义在于“传播信息、传达意见、激励行动以及在此基础上创造团结的感觉”。[④]1936 年，来自圣保罗的知识分子与诗人马里奥·德·安德拉德（Mário de Andrade）参与创立了国家历史艺术遗产局（Serviço de Patrimônio Histórico e Artístico Nacional，SPHAN），提出了“遗产的综合概念”（Concepção integrada do patrimônio）。“空间，物体，行动、知识

---

① Amelia M.Kiddle and María LO Muñoz (eds.), *Populism in Twentieth Century Mexico: The Presidencies of Lázaro Cárdenas and Luis Echeverría* (Tucson: University of Arizona Press, 2010), p. 197.

② Regina F. Bendix and Galit Hasan-Rokem (eds.), *A Companion to Folklore, Malden* (MA: Wiley-Blackwell, 2012), p. 269.

③ ［阿根廷］玛莎·布兰奇（Martha Blache）著，杨慧云、张青仁译：《西班牙语美洲中的民俗概念》，《民俗研究》2018 年第 6 期。

④ Diarmuid Ó.Giolláin, *Locating Irish Folklore: Tradition, Modernity, Identity* (Cork: Cork University Press, 2000), p.93.

以及大众流行表现形式”被定义为民族主义的代表性遗产。[①]此外，智利政府亦开始对罗托人（Roto）历史文化遗产的搜集，他们力求通过对土著文明的搜集与整理，实现民族认同的创造。

20世纪50年代后，在美苏二元争霸的格局下，美国强化了对拉丁美洲国家的控制。美国政府通过一系列经济发展计划的实施，确定美国对拉美国家的支配性的地位。然而，这一行动却在认知与实践两个层面上对拉丁美洲国家的文化发展产生了重要的影响。首先，在现代化和经济发展名义下，一系列发展项目对拉丁美洲国家文化遗产的开发，激起了拉美社会知识分子对遗产保护和资源开发关系的思考，并使之形成赞成与反对两种截然不同的态度。其次，美国政府及其支配下的商业资本对拉丁美洲国家的渗透，在一定程度上激起了拉美国家民族主义与地区主义思潮的再度兴起。这一思潮与20世纪60年代解放神学运动与左翼社会主义思潮结合，使文化权力的主张和对社会大众的关怀成为文化遗产保护与研究的重点。

20世纪70年代后，在美国强势渗透下，包括智利、秘鲁、阿根廷、巴西和墨西哥在内的拉丁美洲多国相继开始了新自由主义的改革。在美国社会的支配下，经济自由主义发生并非是一个孤立的进程，而是伴随着政治民主化的转型以及在此基础上社会结构与社会思潮的剧烈变革。首先，新自由主义改革及其自由化与私有化的大规模发生，进一步加剧了资本对文化遗产的开发。在推动文化遗产的经济价值转化的同时，也激发了拉美社会对于资本和新自由主义的批判，在此基础上，遗产的权力与公正等议题成为遗产研究的热点。这在一些民族主义情绪较为强烈的国家表现得尤为明显。其次，新自由主义改革驱动着拉美国家的民主化转型，推动着拉美国家知识分子对民族主义批判和对多元文化主义的推崇。在这一思潮下，知识分子、社会大众对地方文化传统的保护意识进一步强化，一系列基层社区也形成了对地方社会文化传统的认知与保护自觉。最后，民主化的实现，在相当程度上推动着拉美国家多元社会主体的生成。在国家权力之外，一系列宗教组织、社会组织成为社会治理中的重要力量。在新自由主义对拉美社会产生根本性影响的情形下，对作为民众共享的文化遗产成为消除拉丁美洲根深蒂固的族群区隔与社会歧视，推动社会发展与团结的重要资源。

---

① T.O.J.I.Simone, “Patrimônio imaterial: marcos, referências, políticas públicas e alguns dilemas,” *Patrimônio e Memória*, Vol.5, No.2(2007), p.3—18.

（二）拉美国家非遗保护的知识贡献

拉丁美洲国家经济社会的转型与风起云涌的社会运动，构成了非物质文化遗产保护在拉丁美洲兴起的基本语境。1972 年，联合国教科文组织通过了《保护世界文化与自然遗产公约》后，就有拉美国家代表质疑《保护世界文化与自然遗产公约》保护的对象太窄，应当在遗产保护的公共行动中将保护的范畴拓展到精神层面。[①]1973 年，拉丁美洲哥伦比亚政府提议在《世界版权公约》（*Universal Copyright Convention*）中增加一项议定，对民间文化艺术进行保护。在此背景下，亚非拉国家基于本国历史发展的脉络，立足地方社会中“文化遗产”概念的丰富内涵，开始推动非物质文化遗产的保护，以此实现“全球遗产平衡”。[②]

玻利维亚政府与美国歌手保罗·西蒙（Paul Simon）和阿特·加芬克尔（Art Garfunkel）对“老鹰之歌”的争议常被视为非物质文化遗产保护倡议兴起的源头。不少研究强调，两位美国歌手对这首流传于安第斯地区古老民歌的改编，激起了玻利维亚政府的不满，导致玻利维亚政府向联合国的申诉与抗议，最终促成了非物质文化遗产保护在拉美社会的兴起。然而，在这一故事的背后却有着更为复杂的隐喻。事实上，《老鹰之歌》是一首在安第斯地区流行的歌谣，流行范围包括今天的秘鲁和玻利维亚在内的安第斯山脉地区。20 世纪初，秘鲁音乐家阿曼多·罗夫莱斯·戈多伊（Armando Robles Godoy）在印加地区采风时，发现这首动人的民间音乐。在土著矿工与美国企业家矛盾冲突的当时，罗夫莱斯将这首民歌改编成一幕混血的秘鲁人反抗美国资本家的音乐剧。对混血的包容、主张与歌颂，对国外资本的抵抗，使其在当时深受秘鲁民众的喜好，并成为秘鲁民族主义的重要象征。1964 年，随着民粹主义政权的推翻，玻利维亚进入军人独裁时期。1972 年，乌戈·班塞尔·苏亚雷斯（Hugo Banzer Suárez）开始执政，玻利维亚进入了专制与独裁时期。班塞尔军政府执政期间，取消了总统选举，恢复《国家安全法》，禁止政党、工会与其他政治组织的活动，关闭大学，拘捕、流放进步人士，镇压拉巴斯工人罢工，镇压科恰班巴地

① UNESCO, “Brief history of the Convention for the Safeguarding of the Intangible Cultural Heritage(2003),” www.unesco.org/culture/ich/index.php?pg=00007, 2023 年 5 月 4 日访问。

② Federico Lenzerini, “Intangible cultural heritage: The living culture of peoples,” *European Journal of International Law*, Vol.22, No. 1(2011).

区农民争取公平价格的斗争。[①] 在强化对民众的镇压与控制的同时，独裁政府面临着合法性的危机。因此，班塞尔政府格外重视对文化遗产的挖掘、保护与研究，其试图通过对文化遗产的关注，在文化层面上强化民族主义的象征，确立独裁政府的合法性。正因为如此，独裁时期的班塞尔政府，才会给联合国教科文组织写信，呼吁采取国际行动，保护地方社会的民俗传统。[②]

与此同时，随着文化遗产保护行动的持续开展，许多拉美国家开始将文化遗产保护的范畴拓展至民俗文化的层面，并提出了“精神民俗”和“活态遗产”等概念。在阿根廷，国家传统研究所和国家人类学研究所一直致力于口头传统与民俗的研究。在对阿根廷多地口头传统、民间音乐与舞蹈研究的基础上，他们认为“民俗传统或表现形式”构成了“整个国家的真实遗产”。进而，阿根廷学者将文化遗产的“物质层面”与“精神层面”区分开来，特别强调对“精神民俗”的关注。阿根廷学者认为，与具体的装备、物品、建筑等“物质民俗”不同，不可触碰的表达方式是无可替代的，而且流失得更快。因此，他们特别致力于收集如今这些由信仰、宇宙观迷信、谜语、歌曲、故事、音乐、与手工艺有关的知识、流行的节日等构成的“精神民俗”（Folklore Espiritual）[③]。1974 年，墨西哥成立了国家手工艺促进基金（El Fondo Nacional para el Fomento de las Artesanías，FONART），旨在对本国历史悠久的手工技艺给予支持。1976 年 8 月 12 日，人类学家吉列尔莫·邦菲尔·巴塔拉（Guillermo Bonfil Batalla）担任墨西哥国立人类学历史学研究所（INAH）所长时，签署了墨西哥《墨西哥保护文化遗产宪章》（*Carta de México en Defensa del Patrimonio Cultural*），第一次提到“活态遗产”（la herencia viva）的概念，认为“人类文化遗产保护既包括对过去遗存下来的遗产的识别保护与保存，也包括传统技术、艺术技能、审美态度以及表达人们信念和理解的活态遗产”。这份文件亦强调社区在“活态遗产”保护中的作用，主张“为了更充分、完整地保护文化遗产，确定其生存与活力，最为重要的是社区自

---

① 曾昭耀、宋霞、曹龙兴:《玻利维亚》，北京：社会科学文献出版社，2017 年，第 135 页。

② 参见［冰岛］沃尔迪玛·哈福斯坦著，［美］张举文译:《山鹰之行：非物质文化遗产的制造过程》，《文化遗产》2018 年第 5 期。

③ Carolina Crespo and Margarita Ondelj, “Patrimonio y Folklore en la política cultural en Argentina(1943—1964),” *Avá*, No.21(2016).

身对其文化传统价值的认知。这只能通过对遗产本身的性质及其构成要素逐渐深入的了解，唯有通过当地居民的持续参与才能实现。同样重要的是，遗产保护行动的结果应该返回至社区，由此捍卫遗产真实性与保护的共识”。[①] 这些认知与理念，在一定意义上推动着墨西哥学界对“活态”的文化遗产的保护。

1982 年 7 月 26 日至 8 月 6 日，世界文化政策会议（World Conference on Cultural Policies, MONDIACULT）在墨西哥城特拉特洛尔科外交部举行，会议通过的《墨西哥城文化政策宣言》（*Mexico City Declaration on Cultural Policies*）对全球文化遗产保护产生了深远的影响。《墨西哥城文化政策宣言》是联合国教科文组织世界文化发展十年计划（1988—1997）的来源，对 2001 年《世界文化多样性宣言》、2003 年《保护非物质文化遗产公约》和 2005 年《保护和促进文化表现形式多样性公约》的出台起到了重要的作用。此次会议，墨西哥派出了公共教育部部长费尔南多·索拉纳·莫拉莱斯（Fernando Solana Morales）和文化部副部长罗杰·迪亚兹·德·科西奥（Roger Díaz de Cossío）组成的代表团，他们不仅广泛参与会议讨论，更为《墨西哥城文化政策宣言》的出台做出了重要贡献。[②]

从非物质文化遗产保护而言，《墨西哥城文化政策宣言》的贡献主要在于两点。首先，《墨西哥城文化政策宣言》重申文化平等的主张，将文化的定义从物质文化拓展到非物质文化领域，为后续联合国教科文组织非物质文化遗产保护工作的开展做了基础性的铺垫。

> 从最广泛的意义讲，文化现在可以看成是由一个社会或社会集团的精神、物质、理智和感情等方面显著特点所构成的综合的整体，它不仅包括艺术和文学，也包括生活方式、人类的基本权利、价值体系、传统和信仰。[③]

---

① INAH, “Carta de México en Defensa del Patrimonio Cultural, ” https://revistas.inah.gob.mx/index.php/conversaciones/article/view/13570/14662, 2023 年 1 月 9 日访问。

② Carlos Javier Villaseñor Anaya, “Políticas culturales para la salvaguardia del patrimonio cultural inmaterial. Antecedentes, evolución y perspectivas a future,” in *Comunidades en movimiento. Aproximaciones a la expresión inmaterial del patrimonio cultural*, ed. Lucio Lara Plata (Ciudad de México: Secretaría de Cultura, 2017), p.120.

③ UNESCO, “Mexico City Declaration on Cultural Policies,” https://unesdoc.unesco.org/ark:/48223/pf0000054668?posInSet=2&queryId=a17e6c98-cdae-4cf2-8314-80bf9113911d, 2023 年 5 月 4 日访问。

其次，《墨西哥城文化政策宣言》对文化平等、社群在文化遗产传承中的作用、文化与社会发展等一系列非遗保护的核心理念进行了初步的界定，这在《墨西哥城文化政策宣言》的细则上得到了充分的体现：

1. 每种文化代表一整套独特的不可替代的价值，因为每个民族通过其传统和表达方式最完美地体现其存在于世界之林。

2. 一切文化都是人类共同遗产的组成部分。一个民族的文化特性是在与其他民族的传统和价值的接触中得到更新和丰富的。文化是对话，是思想经验的交流，是对其他价值和传统的评价；一旦孤立，它就会枯萎死亡。

9. 必须承认各种文化在尊严上的平等；承认每个民族、每个文化集团都有权肯定、保存和使其文化特性得到尊重。

18. 文化是从整个社会中产生的，并且仍应回到社会中去；文化的创造和享受都不应该是杰出人物的特权。文化民主建筑在个人和社会最广泛地参与文化财富的创造，参与有关文化生活的决定，并参与文化的传播和享受。

23. 一个民族的文化遗产包括它的艺术家、建筑师、音乐家、作家、学者的作品，也包括从人民的灵感中涌现的无名艺术家的创作，以及使生活具有意义的一切价值。它包括反映这个民族创造性的物质和非物质的作品，即语言、礼仪、信仰、历史遗址和古迹、文学、艺术作品、档案和图书馆。

24. 每个国家的人民都有权利和义务捍卫保存其文化遗产，因为社会是通过作为其创作灵感来源的各种价值来认识自己的。

25. 由于忽视，也由于城市化、工业化和技术侵入过程，文化遗产经常遭受损害或损坏。但是，更不能容忍的殖民主义、武装冲突、外国占领、外界强加的价值对文化遗产造成的破坏。这些行动都是导致隔断人民与历史的联系，从人民的记忆中抹去历史。因此，保存和鉴赏自己的文化遗产可以使一个国家的人民捍卫其主权和独立，进而肯定和促进其特性。[①]

拉美国家对非物质文化遗产保护的另一贡献表现为对 1989 年《保护民间创

① UNESCO, "Mexico City Declaration on Cultural Policies," https://unesdoc.unesco.org/ark:/48223/pf0000054668?posInSet=2&queryId=a17e6c98-cdae-4cf2-8314-80bf9113911d，2023 年 5 月 4 日访问。

作建议案》（*Recommendation on the Safeguarding of Traditional Culture and Folklore*）（以下简称《建议案》）的主张上。1989 年，联合国教科文组织在突尼斯哈马马特（Hammamet）召开了国际专家会议，制定了 1990 至 1999 年世界手工艺发展十年计划。同年，联合国教科文组织第 25 次大会通过了《保护民间创作建议案》，这是第一份保护非物质文化遗产的法律文书，《建议案》的 A 部分，对民间创作（folklore）做出了如下界定：

> 民间创作（folklore）（或传统的民间文化）（traditional and popular culture）是指来自某一文化社区的全部创作，这些创作以传统为依据，由某一群体或一些个体所表达并认为是符合社区期望的作为其文化和社会特性的表达形式；准则和价值通过模仿或其他方式口头相传。它的形式包括：语言、文学、音乐、舞蹈、游戏、神话、礼仪、习惯、手工艺、建筑术及其他艺术。①

《建议案》确定了“民间创作”的基本内涵。首先，《建议案》对民间创作的定义经历了从故事、歌曲、民间信仰、民间艺术等单一的、具体的事象定义到社会行动意义的转变。在《建议案》中，民间创作不仅是一系列的文化事象，更是某一群体或个体在创作与表演活动中形成的风格与传统。这一定义将民间创作理解为一种社会活动，更为强调民间创作作为社会行动的过程性意义。在主张对民间创作意义多维度理解的同时，明晰了民间创作保护与人权保护的关系。其次，《建议案》对“民间创作”的定义，强调了文化的社区属性，明确了群体和个体在民间创作中的积极意义。主张作为地方社会历史知识、价值判断的“语境”在“民间创作”形成与发展中的重要意义，强调共同的文化认同、哲学视野、伦理价值和审美体系对“民间创作”形成和发展的积极意义，主张这些共享的知识是社会价值与集体行动的基础。再次，对社区、社群和个人的强调明确了这一事实，即对“民间创作”的保护必须置于社区历史发展的背景下，关注“民间创作”形成的历史背景，解决影响“民间创作”所属群体面临

① UNESCO, “Recommendation on the Safeguarding of Traditional Culture and Folklore,” https://unesdoc.unesco.org/ark:/48223/pf0000092693?3=null&queryId=d33f1222-8291-4ad3-aac7-347d8c213c3c, 2023 年 5 月 4 日访问。

的社会困境。就此而言，“民间创作”的保护，关注的不仅是事象本身的议题，还包括以对民间创作的保护为切入，涉及社群与社区发展的系统性议题。最后，《建议案》将“民间创作”的主体定义为“一些群体”或“个体”，这在相当层次上表达了《建议案》对民族主义支配下“族群、国族”概念的超越。在全球化带来族群流动与文化交融的当下，不同区域、国家有着更为复杂的族群关系与文化联系，文化多样性是一个复杂且重要的问题。联合国教科文组织试图通过对“民间创作”的保护，在国际文化行动的层面上对这一问题予以回应。

然而，《建议案》的出台却是一个颇受争议的过程。由于“二战”期间纳粹德国对于民俗概念的滥用，加之物质文化遗产保护的兴起，许多国家的代表并不主张采用“民间创作”（folklore）这样的概念，而是倾向采用“物质文化遗产”对应的“非物质”之类的概念。拉美国家的代表却并不同意这一主张，而是坚持主张采用“民间创作”的概念。他们认为，“非物质”或者说“无形”之类的概念，是从“有形”“物质”的视角中形成的认知模型，这一定义并没有突出“民间创作”作为社会行动的意义，也没有强调其作为社区共同价值观的象征意义，存在将其固化、文本化倾向。此外，诸如“无形”之类的概念，削弱了民间创作和传统在法律体系中独立的主体地位，不利于对其版权或是所有权的保护。[①]

此外，《建议案》的第一段部分，对于民间创作的重要性与现状做出了如下的定义：

> 强调民间创作作为文化遗产和现代文化之组成部分所具有的特色性和重要意义，承认民间创作之传统形式的极端不稳定性，特别是口头传说之诸方面的不稳定性，以及这些方面有可能消失的危险，强调必须承认民间创作在各国所起的作用性及其面对多种因素所冒的危险。[②]

在此次会议上，一些国家的代表持有不同意见。他们认为，作为公共领域

① Anthony McCann, “The 1989 recommendation ten years on: Towards a critical analysis,” in *Safeguarding traditional cultures: A global assessment*, ed. Peter Seitel (Washington, D.C:Center for Folklife and Cultural HeritageSmithsonian Institution, 2001), p.57—63.

② UNESCO, “Recommendation on the Safeguarding of Traditional Culture and Folklore,” https://unesdoc.unesco.org/ark:/48223/pf0000092693?3=null&queryId=d33f1222-8291-4ad3-aac7-347d8c213c3c, 2023 年 5 月 4 日访问。

的“民间创作”并不受版权保护，不应将“民间创作”纳入人类“普遍遗产”的范畴。此外，使用“不稳定”“危险”之类的表述是基于倡议者立场之上的诱导性表述。拉美国家的代表与学者对此进行回应，他们主张应当在社会行动与历史背景基础上理解“民间创作”的意义与价值，将“民间创作”纳入遗产保护的范畴是文明多样性与包容性的体现，而“危险”“不稳定”之类的表述更能表达民间创作及其传承者面临的困境，能从更为广泛的世界体系内理解“民间创作”面临的风险。①

值得一提的是，漫长的殖民历史、多元族群混杂的状况以及 20 世纪 60 年代后对民族主义的反思使得拉美国家的代表主张超越民族主义的建构属性，承认土著、非洲裔等边缘群体在“民间创作”中的主体地位。他们认为，土著人、非洲裔等少数族裔与移民在“民间创作”形成与发展中扮演着重要的角色，应当对不同群体在“民间创作”中的主体地位与困境的问题进行关注。《建议案》接受了他们的主张，承认了多元主体在“民间创作”中的主体地位，呼吁评估他们的文化需求并制定相应的政策。

虽然 2003 年版的《公约》最终选择“非物质文化遗产”的概念，但 2003 年版的《公约》却在相当程度上沿袭了 1989 年《建议案》中的相关理念。近年来，联合国教科文组织更为频繁地使用“活态遗产”。2018 年，联合国教科文组织非物质文化遗产科（Intangible Cultural Heritage Section）更名为活态遗产处（Living Heritage Entity），也在相当程度上显示着 1989 年《建议案》中拉美国家代表主张的重要影响。

1991 年 7 月，拉丁美洲多个国家政府首脑在墨西哥的瓜达拉哈拉召开政府间首脑会议，文化成为拉美国家共同关注的议题。此次会议提出，“将我们联系在一起的历史与文化视为推动区域国家对话、合作与团结发展的工具”。②1999 年 6 月 27 日至 30 日，在《建议案》颁布 10 周年之际，史密森学会（Smithsonian Institution）举办了对“1989 年关于《建议案》全球评估：地方赋权和国际合作”

---

① Anthony McCann, “The 1989 recommendation ten years on: Towards a critical analysis,” in *Safeguarding traditional cultures: A global assessment*, ed. Peter Seitel (Washington, D.C:Center for Folklife and Cultural Heritage Smithsonian Institution, 2001), p.57—63.

② UNESCO, “The Guadalajara Declaration,” https://unesdoc.unesco.org/ark:/48223/pf0000091218, 2023 年 5 月 4 日访问。

的国际学术研讨会，并陆续在全球8个区域举办了对《建议案》评估的会议。拉丁美洲和加勒比地区评估会于当年9月在墨西哥城召开。当时，拉美和加勒比地区11个国家提交了书面调查问卷的回复，16个国家代表参与了专题研讨会，对拉美和加勒比地区传统文化与民俗文化的保护进行分析。此次会议制定了让少数族裔和其他社群充分参与并表达其创造力和文化认同的行动计划。根据《建议案》制定了促进传统与民间创作的文化政策，确立扩大区域合作，确定总体方向和推进具体项目保护的行动方向。此次会议还达成了如下的共识：保护民间创作是民主化进程中促进各国人民和平共处的基本要求；通过权力下放鼓励基层社区参与民间创作的保护；民间创作者、传播者以及与民间创作相关的不同学科的专家都是民间创作保护行动成功的关键；在墨西哥城设立拉丁美洲和加勒比地区大众文化中心，并在中美洲设立分中心，在南美洲设立两个分中心。建议于1999年在玻利维亚召开拉美和加勒比地区文化主管部门会议，讨论拉美国家对《建议案》的总结并制定推进《建议案》的计划书等。①

（三）拉美国家非遗保护的制度建设概览

在非物质文化遗产保护工作开展后，拉丁美洲多个国家不仅很快签署了《公约》，成为《公约》的协定国，更成立了“拉丁美洲保护非物质文化遗产地区中心”（El Centro para la Salvaguardia del Patrimonio Cultural Inmaterial de América Latina，CRESPIAL），力求在联合国教科文组织非物质文化遗产保护的框架下，促成拉丁美洲国家在非物质文化遗产保护领域的合作。随着联合国《2030年可持续发展宣言》的颁布，非物质文化遗产更成为可持续发展的重要支持。在这一背景下，非物质文化遗产保护成为拉丁美洲国家文化政策与公共政策的重要方面。在政府、社会组织和大众的共同参与推动下，拉丁美洲许多国家探索了一系列非物质文化遗产保护与发展的实践。

由于政治原因、经济发展水平以及社会制度上的不同，以及在遗产保护的历史和人员建设上存在着诸多差异，拉丁美洲各个国家非遗保护的行动和策略存在诸多差异。拉丁美洲保护非物质文化遗产地区中心出版的《拉丁美洲非物质文化遗产保护的经验和政策》一书，对拉美国家的非遗保制度做出了总体层次上的归纳：

① Peter Seitel (ed.), *Safeguarding traditional cultures: A global assessment* (Washington, D.C:Center for Folklife and Cultural HeritageSmithsonian Institution, 2001).

a）存在保护非物质文化遗产的国家政策。这一政策是基于数十年来对本国文化传统保护的文化政策的基础上。例如巴西，从20世纪30年代以来就建立了具体制度登记与保护物质与非物质文化遗产，包括建筑遗产。巴西1937年通过的《通巴门托法》（*Ley de Tombamento*）不仅在拉丁美洲，在世界范围内都是开创性的，这也正是联合国教科文组织制定文化政策的重要参考。

第二种情况是最近出现非物质文化遗产保护政策的国家。这些国家非物质文化遗产保护政策的出现与宪法变革有关，这意味着国家政策的重大变化，同时也体现出国际政策的影响。非物质文化遗产保护是2003年联合国教科文组织《保护非物质文化遗产公约》通过后出现的行动。哥伦比亚、厄瓜多尔和玻利维亚等国家就是这种情况。玻利维亚通最新宪法已将国家正式名称更改为“多民族玻利维亚国”，由此构成非物质文化遗产保护立法与保护非物质文化遗产的必要性。另一方面，哥伦比亚和厄瓜多尔显示出古老的经验和牢固的体制对非物质文化遗产保护的影响。近年来，两国的政策都明确了对保护非物质文化遗产的关注。就哥伦比亚而言，自1991年宪法修订以来，国家政策发生了重大转变，包括实施文化促进政策，以及在各级政府中采用土著政治代表机制。值得一提的是，几十年来，哥伦比亚关于非物质文化遗产的学术研究不断推进，对国家层面上非物质文化遗产保护政策产生重要影响。厄瓜多尔国家遗产政策的制定可以追溯到20世纪70至80年代，始于对基多（Quito）和昆卡（Cuenca）等城市纪念价值的重新评估。随后，更广泛的遗产概念被纳入其中。直到200年，才在文化遗产紧急法令的框架内制定了国家一级遗产保护的紧急计划。

b）第三种情况是指那些在保护非物质文化遗产方面做出了重要努力和举措的国家，但如果从严格意义上而言，这些国家缺乏国家政策框架。目前秘鲁、智利、乌拉圭和巴拉圭的情况就是如此。这些国家最近都实施了旨在记录非物质文化遗产的表述，或是执行具体的保护策略的项目和计划。这些行动通常与2003年《保护非物质文化遗产公约》的通过有关，但与非遗相关的国家政策仍然缺乏，而这种缺乏恰恰是近期国家和私人对非遗保护倡议面临的主要挑战。秘鲁最近成立了文化部，开始承担国家文化研究所的职能，短期内的重要工作是集中制定文化领域的国家政策，非物质文化遗产保护会成为国家文化政策制定的重点。智利通过了国家文化指导方针，其中包括保护非物质文化遗产的行动，但却缺乏建立保护非物质文化遗产的具体框架制度。乌拉圭和巴拉圭，两国文化政策领域的发展有限。由于2003年《公约》的影响，两个在改善遗产管理方面，和保护非物质文化遗产方面做出了一定的努力。[①]

在加入联合国教科文组织《保护非物质文化遗产公约》后，拉丁美洲的多个国家开始专门设立非物质文化遗产保护的机构。虽然许多拉美国家非遗保护的历史并不算短，在很长一段时间内，拉丁美洲的许多国家并没有建立非物质文化遗产保护的专业机构。一些国家非遗保护的职能或是由教育部负责承担，或者是由文化部管理。在联合国教科文组织《保护非物质文化遗产公约》通过后，随着拉丁美洲保护非物质文化遗产地区中心的设立，以及非遗在拉美国家外交中扮演的角色越来越重要。许多拉美国家或是独立设置了文化部，或者是在教育部下面，增加设置了非遗保护的专业机构。例如，秘鲁2010年成立了文化部，在文化部下设了跨文化分部（Despacho Viceministerial De Interculturalidad）和文化遗产和文化产业分部（Despacho Viceministerial De Patrimonio Cultural y Industrias Culturales）。文化遗产和文化产业分部下设文化遗产总局（Dirección General de Patrimonio Cultural），其中的非物质文化遗产司（Dirección Patrimonio Inmaterial）专门处理非遗保护的相关工作。2015年，墨西哥成立文化部，并设立了大众、土著和城市文化总局（Dirección General de Culturas Populares Indígenas y Urbanas，DGCPIU），成为国家层面上非物质文化遗产保护的重要机构。玻利维亚的胡安·埃沃·莫拉莱斯·艾玛（Juan Evo Morales Ayma）总统上台执政后，成立了文化部，开始对非物质文化遗产保护领域的管理。厄瓜多尔也于2007年成立了文化部，管理国家非物质文化遗产保护工作。南美大国智利是一个例外，国家文化艺术委员会并没有设立专门管理非物质文化遗产的机构。客观来说，受制于政治秩序、经济发展水平等诸多限制，拉美国家在非物质文化遗产保护的机构建设上良莠不齐，但必须承认的是，在加入《保护非物质文化遗产公约》后，拉美国家在非遗保护的机构建

---

① Ramón Pajuelo Teves, *Experiencias y políticas de salvaguardia del patrimonio cultural inmaterial en América Latina* (Cusco:Centro Regional para la Salvaguardia del Patrimonio Cultural Inmaterial de América Latina2010), p.40—42.

设上取得了长足的进步。一些代表性拉美国家非遗保护的机构建设见表 1。

表 1　拉美各国非遗保护机构名录

国家	机构
阿根廷（Argentina）	遗产保护委员会 Comisión de Preservación del Patrimonio
	遗产和博物馆局 Dirección de Patrimonio y Museos
玻利维亚（Bolivia）	文化部非物质遗产区 Ministerio de Culturas, Área de Patrimonio Inmaterial
	文化部登记编目单位 Ministerio de Cultura, Unidad de Registro y Catalogación
巴西（Brasil）	国家历史和艺术遗产研究所 Instituto de Patrimonio Histórico y Artístico Nacional (IPHAN)
	国家民俗和大众文化中心 Centro Nacional de Folclore y Cultura Popular (CNFCP)
哥伦比亚（Colombia）	文化部遗产管理局 Ministerio de Cultura, Dirección de Patrimonio
	非物质文化遗产跨部门委员会 Comité Intersectorial del PCI
智利（Chile）	国家文化艺术委员会 Consejo Nacional de la Cultura y las Artes (CNCA)
	图书馆、档案馆和博物馆管理局 Dirección de Bibliotecas, Archivos y Museos (DBAM)
厄瓜多尔（Ecuador）	文化部 Ministerio de Cultura (2007)
	自然和文化遗产部 Ministerio Coordinador del Patrimonio Natural y Cultural (2007)
秘鲁（Perú）	文化部 Ministerio de Cultura (2010)
巴拉圭（Paraguay）	遗产总局 Dirección General de Patrimonio
乌拉圭（Uruguay）	教育与文化部文化遗产委员会 Ministerio de Educación y Cultura, Comisión de Patrimonio Cultural

本表引自 Ramón Pajuelo Teves, Experiencias y políticas de salvaguardia del patrimonio cultural inmaterial en América Latina (Cusco:Centro Regional para la Salvaguardia del Patrimonio Cultural Inmaterial de América Latina2010), p.47.

二、拉美学界对于非物质文化遗产的概念属性的认知

拉美多个国家有着文化遗产保护的悠久历史，在联合国教科文组织发起非遗保护的行动后，他们接受《保护非物质文化遗产公约》的相关主张，形成了非遗概念与保护实践的本土化认知。这突出表现为“活态遗产”（la herencia viva）理论主张与保护实践上。

如前所述，早在1976年，墨西哥国立人类学历史学研究所所长、人类学家吉列尔莫·邦菲尔·巴塔拉（Guillermo Bonfil Batalla）就在《墨西哥保护文化遗产宪章》（*Carta de México en Defensa del Patrimonio Cultural*）中明确提到了对“表达人们信念和理解的活态遗产”（la herencia viva）的保护。在《保护非物质文化遗产公约》通过后，墨西哥学者伊莎贝尔·维拉塞诺尔（Isabel Villaseñor）和埃米利亚诺·佐拉（Emiliano Zolla）认为，非物质文化遗产的根本特征并非基于分类学基础上静态的“非物质性”，而是在于其活态文化的属性，以及在此基础上流动的、开放的特征。非遗保护的对象，并非仅是作为技术的、可见部分的文化遗产，而是涉及遗产之所以成为遗产的社会关系实与运作逻辑。[①]曾在《公约》制定中发挥重要作用的墨西哥学者卢尔德·阿里兹佩（Lourdes Arizpe）也从总体层面上，对已有的概念进行了深刻的反思，她认为：

> 传统一词掩盖了许多实践的当代或多文化根源，并且阻碍了群体的创造能力，他们拥有依据自身的决定，实现文化自由的合法权利。更糟糕的是，“民俗”这个概念忽略了赋予仪式和节日物品和活动意义的背景，使文化实践支离破碎，甚至变成博物馆的藏品。[②]

墨西哥国立人类学历史学研究所蒙特塞拉特岛帕特里夏·雷博洛·克鲁斯（Montserrat Patricia Rebollo Cruz）赞同坎克里尼（Canclini）遗产是“选择赋

---

① Isabel Villaseñor Alonso and Emiliano Zolla Márquez, “Del patrimonio cultural inmaterial o la patrimonialización de la cultura,” *Cultura y representaciones sociales* .Vol.12, No.6(2012).

② Lourdes Arizpe, *Culturas en movimiento. interactividad cultural y procesos globales* (México: Miguel Ángel Porrúa, Cámara de Diputados, CRIM-UNAM, 2006), p.22—23.

予物体或社会实践遗产的意义，以此赋予其社会价值”的定义，认为遗产化是一各种积极干预的行动者共同参与的过程，其特点是不断运动、变化、表达意义的过程。他援引克里斯蒂娜·阿梅斯卡·查韦斯（Cristina Amescua Chávez）2013 年在国立人类学历史学院“非遗事务政策”讲座中的主张，认为应当从如下几个层面定义非物质文化遗产的活态属性：

它是对一个群体的身份和生命意义的深刻感受。

随着时间的推移，它的意义、价值具备活力与足够适应与再生产的能力。

他们是随着时间的流逝对文化中最具代表性的文化表达的保护。

它会不断地创造与创新，以使其随着时间的推移保持活力，并不完全改变这一表达在文化层面上的意义与价值。例如墨西哥亡灵节庆祝活动，尽管在祭品、音乐或食物方面有所创新，并没有动摇改变亡灵节的意义，庆祝活动仍然在继续，包括每年接受死者的亡灵并与死者一起生活几日。

它可以暂时中止或停止实践。由于某种原因，它可以由年青一代重新评估中得到实践。也就是说，遗产不会消亡，只是随着时间推移而沉睡，文化实践复兴的进程是有可能的。

非物质文化遗产是通过文化群体的表达和代表，以身体的方式实现传播，通过口头传统方式代代相传，将过去、现在与未来联系。具体而言，这种传承主要包括两个方面：代际间的传承，从一代人传递到另一代人，包括从祖父母传承到父母一辈，再传承到孩子。在代际内相同年龄段的文化共享。比如在一些地方，语言是一种文化元素，中年人传承给年轻人，后来这种知识继续复制成为遗产。

非物质文化遗产具有公共和私人两个层面。通常有传承群体依据集体商议评估、决定其公开与不公开的一面。

它可以在以下维度上进行识别：地方、国家和国际。

非物质文化遗产具有人类学的意涵：赋予身份认同，加强内部社会联系，引导与其他群体成员的社会关系，产生认同感和归属感。

它具有美学的价值，由传承它的文化群体提供。基于每个群体审美理念，根据他们的象征性评价与欣赏，表达他们关于美和和谐的认知。

它具有有趣的成分。即这一文化表达会在实践者中激发一种娱乐、欢乐、消遣和笑声的态度。①

墨西哥学者的主张，很大程度上得到了阿根廷学者的认同。人类学家阿道夫·科隆布雷斯（Adolfo Colombres）在《阿根廷非物质文化遗产现状》中认为，《公约》中对非物质文化遗产的定义仍有严重不足，不足以涵盖拉丁美洲复杂而丰富的非物质文化遗产存续的现实，关于非物质文化遗产的定义和分类需要在具体的时间和语境中修正和细化。物质文化遗产和非物质文化遗产之间存在着辩证关系，不能将二者分割来看。因为宇宙观、技艺、语言等无形遗产丰富了物质遗产的历史和人文内涵，物质遗产又是复杂的象征和技术过程的有形抓手。虽然一些手工艺技术被认为是非物质文化遗产，他们也不能离开手工艺品的物质呈现；恰玛梅（Chamamé）这类的歌舞型艺术遗产，也包含了传统特定的服饰、乐器等物质表达。探戈的传承发展离开不“米隆加”（Milongas）这种物质空间的存在。②

布宜诺斯艾利斯自治市在2003年第1227号法律第5条更是直接纳入了“活态文化遗产”（Patrimonio Cultural Viviente）的概念，将其定义为“个人和社会团体形成的传统，由此表现为大众文化形式的各种表现形式。”③2010年通过的布宜诺斯艾利斯省第14134号法规定埃西雅·莫雷拉夫人（Doña Ercilla Moreira）是活态文化遗产潘帕女性传统织布机（la tradición femenina del telar pampa）的传承人。阿根廷传统手工业市场（Mercado de Artesanas Tradicionales de la República Argentina, MATRA）负责人、阿根廷国立艺术大学（Universidad Nacional de las Artes, UNA）教授保罗·拉斐尔·波拿巴（Pablo Rafael Bonaparte）认为，即使是重要的物质遗产，它们的价值也不在于空间本身，而在于其在

① Montserrat Patricia Rebollo Cruz, “Un acercamiento al patrimonio cultural inmaterial su salvaguarda y patrimonialización,” *Campos en Ciencias Sociales*, Vol.5, No.1&2(2017).

② Adolfo Colombres, “La situación actual del patrimonio cultural inmaterial en Argentina,” in *Experiencias y políticas de salvaguardia del patrimonio cultural inmaterial en América Latina*, ed. Ramón Pajuelo Teves (Cusco : CRESPIAL, 2010), p.63—69.

③ “La Legislatura de la Ciudad Autónoma de Buenos Aires.El texto completo de la ley Nº 1227,” https://www.pagina12.com.ar/diario/suplementos/m2/subnotas/418-48-2004-03-13.html, 2024年9月2日访问。

“文化－历史进程”中刻上的意义烙印。因此，不论是物质遗产还是非物质遗产，其本质都是非物质的。这种非物质性的文化遗产通过对传统和长期记忆的关注，构成了民族认同的基石。这决定了遗产的概念本质上是政治性的。遗产的这一属性要求国家或社区通过战略性的文化计划捍卫文化遗产，反对其他社会部门为了经济利益将其破坏，以免大众陷入集体记忆的真空，造成社会和社区联系的解体。① 换句话说，文化遗产的保护正是马克·奥热（Marc Augé）所言的“想象力之战”（La guerre des rêves）的一部分。②

拉蒙·帕胡埃洛（Ramón Pajuelo）认为，活态是非物质文化遗产的根本特征，非遗活态属性来源于地方社会的文化表达之于传承者的实践意义，这是非遗活力和生命力的显现，也是其不同于物质文化遗产的根本特征。进而，非物质文化遗产在语义上与过去联系，并表现出基于共同记忆之上的认同特征，它不应在时间维度上保持冻结的状态。③ 沃尔特·西维拉·普拉多（Walter Silvera Prado）认为，非物质文化遗产是我们从祖辈那里学习、理解和再创造的遗产，它们联结着日常生活、节日、仪式与自然，是塑造生活方式、决定集体身份的活态遗产。非物质文化遗产赋予社区认同感和连续性，形成基于历史记忆之上的/连续性的身份认同，联结着遥远的过去、现在，并投射到未来。④ 秘鲁文化部充分认同学者们的主张，认为非物质文化遗产是一种活态文化（Cultura Viva），包括民俗、烹饪艺术、流行艺术、仪式、习俗、传统医学、空间的表达、用途、技术、表现、知识和艺术，以及社区的文化价值观，并通过故事与实践传承至下一代。非物质文化遗产是历史文化遗产的重要组成部分，是在历史发展进程中，人们创造的有形的或者是无形的文化元素与表现形式。作为历史发展进程的产物，其是某个国家、地区社会发展的特征。⑤ 基于非遗活态文化

---

① Pablo Rafael Bonaparte, *La mirada del marciano: ensayos para conocer lo conocido* (Eudeba:Universidad de Buenos Aires, 2001), p.22—32.

② Marc Augé, *La guerre des rêves. Exercices d'ethno-fiction* (Média Diffusion, 2015).

③ Ramón Pajuelo Teves. Experiencias y Políticas de Salvaguardia del Patrimonio Cultural Inmaterial en América Latina. Cusco (Perú: Instituto de Estudios Peruanos, 2010), p.56.

④ Walter Silvera Prado, “El Patrimonio Inmaterial y Su Relación con el Territorio,” https://cooperaccion.org.pe/opinion/8736-2，2024 年 5 月 22 日访问。

⑤ J.Alonso and J.Martín, “Activos culturales y desarrollo sostenible: la importancia económica del Patrimonio Cultural.” *Política y Sociedad*, Vol.50, No.3(2013).

的属性，秘鲁官方和学界认为，非物质文化遗产在经济、社会以及其他多个层面上，具备着文化之外的补充功能。一个社群的物质文化遗产与非物质文化遗产，必须为其提供竞争优势，以此形成区别于其他社区的独特性。在现代市场的语境中，商业化是非物质文化遗产活态性传承要求的必然，但在商业化的进程中必须考虑其社会与文化根源的属性。① 秘鲁饮食文化，是非物质文化遗产活态保护与传承的标志性案例。②

根据文化遗产咨询委员会第 49 次会议的决定，巴西政府在 2006 年 8 月 3 日颁布 001 号决议，将非物质文化遗产定义为“建立在传统基础上，由个人或者群体表现出来，作为其文化和社会身份表达的动态的、程序性的文化创造”，“作为不断变化的生产性、仪式性和象征性的实践，非物质文化遗产为群体维持现在和过去的联系”。③ 巴西官方认为非物质文化遗产是一种涵盖所有群体和社会阶层的文化表现形式。此外，巴西有着大众文化与传统大众文化研究的悠久历史。巴西学界对大众文化的研究主张通过文化生产、消费与传播，将文化发展进程与外部社会联结，在重建文化动力机制的同时，推动文化传承服务于整体社会的可持续发展。学者卡斯特罗（Castro）认为这些历史悠久的文化传统，在传承与发展的进程中不断实现转换与意义的再生，并以此在当前社会的语境中获得新的意义。④ 基于这一认识，巴西学界注意到遗产保护进程中多样性的代理人卷入文化遗产保护的事实，强调在文化遗产公共政策制定中应当考虑多方诉求，注意到文化包容性和多样性等一系列社会议题。⑤

巴西官方与学者的这一主张，在很大程度上影响着他们对非遗属性的认知。

---

① Betty Noralma Corozo-Angulo, Mauricio Edmundo Ojeda-Morán and Nelly del Rocío Panchano-Valencia, “Patrimonio cultural inmaterial y turismo comunitario en el norte de la provincia de Esmeraldas,” *Sociedad & Tecnología*, Vol.5, No.1(2023).

② G.Cánepa Koch, M.Zuleta García, M.Hernández Macedo, et al. *Cocina e identidad: la culinaria peruana como patrimonio cultural inmaterial* (Lima:Ministerio de Cultura, 2011).

③ IPHAN, *O registro do patrimônio imaterial: dossiê final das atividades da Comissão do Grupo de Trabalho Patrimônio Imaterial* (Brasília: Instituto Patrimônio Histórico Nacional, 2006), p.35-36.

④ Mário de Andrade, *Danças dramáticas do Brasil* (São Paulo: Instituto Nacional do Livro, Fundação Nacional Pró-Memória, 1982).

⑤ Maria Laura Viveiros de Castro and Maria Cecília Londres, *Patrimônio imaterial no Brasil* (Brasília: UNESCO, Educarte, 2008), p.12.

巴西学者认为，非遗概念是发展概念、教育计划和文化民主化相关思想融合的产物。这不是基于同质性与民族中心主义的诉求，通过确保不同社会阶层、群体获得文化和信息资源，实现阶层与群体融合的进程，而是有助于不同社会阶层和群体了解、重视自身的文化表现形式的进程。[①] 巴西学者并不赞同物质与非物质的二分，主张两者在概念维度上是互补的。他们批判“遗产”概念财产权的属性，认为在巴西文化遗产保护的范畴中，“传统文化”“大众文化”和“口头遗产”等概念具有相同的含义。在非物质文化遗产保护的范畴中，口头文化、传统知识、价值体系和艺术表现形式是人们文化认同的基本表现形式，是非遗公共政策领域的保护对象。[②]

此外，萨尔瓦多的人类学家埃德加多·萨莫拉（Edgardo Zamora）也认为，非物质文化遗产是通过仪式、庆祝活动、口头叙述和其他表达方式代代相传的实践、表达方式、知识和传统。它是以社区为基础的，具有标准属性和价值观意义的知识、象征、传统和历史，是活生生的文化遗产。[③]

基于活态遗产的属性，拉美学界认为，不应该采用博物馆式的标准化的保护方式，而是应该在尊重文化多样性的基础上，通过差异性的丰富与促进文化发展的战略，使遭受殖民主义、种族主义和资本主义压迫的少数群体拥有保存自身文化传统的路径[④]。曾经数次参与联合国教科文组织非遗保护工作的墨西哥学者卢尔德·阿里斯佩在墨西哥城举办的第一届非物质文化遗产保护国际经验大会上的发言颇具概括性。她认为有两种保护非物质文化遗产的方法：一种是被动的，即一遍又一遍地重复同样的事情；另一种是以符号、图像、颜色与历史场景重新组合的活跃进程。人类学家在促进非物质文化遗产所在地的行动者、表演者和组织者的合作中发挥着非常重要的作用。可以通过三种方式来达到这

① Maria Laura Viveiros de Castro and Maria Cecília Londres, *Patrimônio imaterial no Brasil* (Brasília: UNESCO, Educarte, 2008), p.13.

② Maria Laura Viveiros de Castro and Maria Cecília Londres, *Patrimônio imaterial no Brasil* (Brasília: UNESCO, Educarte, 2008), p.13.

③ “Ministerio de Cultura.Brindan ponencia sobre patrimonio cultural inmaterial,” https://www.cultura.gob.sv/brindan-ponencia-sobre-patrimonio-cultural-inmaterial/, 2024 年 1 月 5 日访问。

④ Chérif Khaznadar, *Desafíos en la implementación de la Convención de 2003* (México: UNAM-CRIM-CONACULTA, 2011), p.30—31.

一目标。首先，可以通过历史学和民族志的方法，拯救这些符号与图像；其次，通过视听方式记录非遗，使用数字和照片制作数字视听记录。最后，协调社区与周边环境的关系，以此保护非物质文化遗产。这些周围环境主要包括支持他们的民间社会组织、市政府和宗教组织等。最重要的人类学家与他们的合作。当务之急是防止非物质文化遗产被剥夺，社区必须参与非遗的保护和处理中，通过商业活动、集市和旅游业项目实现创收，使当地民众从中收益，而不是由外部人员侵占文化。①

拉丁美洲保护非物质文化遗产地区中心发布的《拉丁美洲非物质文化遗产保护政策和计划》（*Políticas y planes para la salvaguardia patrimonio cultural inmaterial en América Latina*）从多个维度，对拉丁美洲非物质文化遗产保护的一些理念进行了定义与澄清。在关于遗产传承时，《拉丁美洲非物质文化遗产保护政策和计划》是如下定义的：

> 遗产化进程涉及各种社会行为者的融合，其中承载文化表达的国家、学术机构和社区最为突出。
>
> 国家有促进文化表现形式传承的作用。此外，学院通过研究和知识生产来发挥作用，并补充这一进程。然而，这两个主体之间的联系薄弱或者说甚微，由此造成遗产化进程与保护的紧张关系。
>
> 由于与旅游、商业和媒体之间的联系，遗产化进程中优先考虑节日和手工艺品，这是一个关键性的趋势。
>
> 学术研究可以凸显非物质文化遗产保护其他表达方式的重要性，但是这些表达方式不一定符合政府的政治议程，因此常被忽视。
>
> 就社区而言，首先要确认它是遗产的主要参与者。它必须以协调一致的参与方式，就任何需要开展的文化行动做出决定。社区将保护其代代世袭和传播的文化表现形式，并且在许多情况下，他们自发地且独立于政府和学术机构，以此保护这些文化表现形式。
>
> 尽管传承是一个涉及国家的进程，但依据联合国教科文组织《保护非

① Lourdes Arizpe, *Videoconferencia ante el 1 Congreso Internacional sobre experiencias en la salvaguardia del patrimonio cultural inmaterial* (México: Portada de Semillas, Tepoztlán, Morelos, 2011).

物质文化遗产公约》的条款，在社区之外推广并非有效选择。负面经验的出现使得有必要制定关于国家参与这些进程的法规。重要的是，国家起到工具性的作用，以便社区能够做出自己的决定。①

《拉丁美洲非物质文化遗产保护政策和计划》从宏观层面上对非物质文化遗产保护进行了定义：

> 为了保护一项文化表现，并在其所属的社会进程中保持连续性，需要对风险和威胁因素做出识别。同样，保护工作必须确保能够实现代际传承，因此考虑教育层面的重要性不言而喻。
>
> 另一方面，遗产化并不是非物质文化遗产保护的唯一策略。事实上，文化遗产化进程在很多情况下并非遗产保护最佳的实施策略，因为这可能会在社区内部和外部造成冲突和威胁。
>
> 在对任何非物质文化遗产的保护中，必须预先进行一次全面评估，重点是识别出其潜在的风险和威胁。这些问题的界定因地而异，并应通过社区参与的咨询过程来明确。我们不能单纯从外部视角出发对文化表达做出假设，而是需要通过与社区的直接对话对其精准识别。②

《拉丁美洲非物质文化遗产保护政策和计划》对保护计划与战略制定的细则进行了相应的规定：

> 依靠社区自身评估，同时纳入学术界及国家研究人员的参与，在此基础上形成对文化表达背景的深刻理解，三者不可或缺。
>
> 应特别关注社区内部动态。此举可确保传承群体的可持续性，并在保护进程内有效抵御外部的威胁。

---

① Gabriela Valenzuela Bejarano, "Políticas y planes para la salvaguardia patrimonio cultural inmaterial en América Latina," Ponencia presentada al Primer Congreso Latinoamericano de Gestión Cultural, entre los días 23 al 27 de abril de 2014.

② Gabriela Valenzuela Bejarano, "Políticas y planes para la salvaguardia patrimonio cultural inmaterial en América Latina," Ponencia presentada al Primer Congreso Latinoamericano de Gestión Cultural, entre los días 23 al 27 de abril de 2014.

一项必要建议是将生活质量、教育、身份和文化遗产之间的相互依存关系纳入考量。教育是实施保护计划的必要手段。然而，教育应取其广义概念，即包括正规教育和非正规教育，因为后者是确保非物质文化遗产文化表现传承的关键。此外，还需要将环境议题同文化遗产议题联系起来。

可持续旅游是可持续发展的一种可行策略。要考虑到可持续旅游业的具体背景，因为社区内部存在等级制度和不平等现象，这可能导致这项工作仅使部分社区成员受益。①

《拉丁美洲非物质文化遗产保护政策和计划》确定了非物质文化遗产保护的政策建议：

将文化遗产化理解为一种涉及文化权力、身份认同及恢复集体权力和集体历史的政治工具。框定一项旨在恢复记忆、承认多样性、维护民族认同以及保证全体人民共同福祉的政治承诺。实现非物质文化遗产保护工作的跨部门协作，以便与文化、环境、教育和旅游等领域建立联系。提倡为计划实施提供学术支持。在实施保护计划时，应明确指导原则和协议，确定各方行动人士的角色和职责。②

《拉丁美洲非物质文化遗产保护政策和计划》确定了实施保护计划的手段与方法：

1. 保护计划的可持续战略

除了技术和财务的维度，还应从社区角度出发理解可持续性。为了确保非物质文化遗产保护计划具有充分的可持续性，必须保障传承条件得到

① Gabriela Valenzuela Bejarano, “Políticas y planes para la salvaguardia patrimonio cultural inmaterial en América Latina,” Ponencia presentada al Primer Congreso Latinoamericano de Gestión Cultural, entre los días 23 al 27 de abril de 2014.

② Gabriela Valenzuela Bejarano, “Políticas y planes para la salvaguardia patrimonio cultural inmaterial en América Latina,” Ponencia presentada al Primer Congreso Latinoamericano de Gestión Cultural, entre los días 23 al 27 de abril de 2014.

社区或传承人认可，并由该社区保证传承政策的实施。通过提升能力以确保可持续性，包括开展广泛的培训项目和促进不同文化表现形式参与者之间的交流。同时，还应维系文化表现的代代相传，确保计划长期的可持续性。企业可以提供支持，但不应直接参与管理，以免资本因素凌驾于文化、社区福利和文化表现的之上，从而防止商业化。另一方面，在文化遗产化过程中，常见国家采取家长式和高度政治化的行动，这最终会偏离保护进程的努力方向，并加剧社区内部的社会紧张。再一方面，重要的是要考虑到大学在执行计划和评估工作，特别是监测方面的角色。同时，计划应在地方、区域、国家乃至国际层面进行整合。同样建议各国制定明确的文化遗产政策框架，以避免政府更迭导致的规则变更。

2. 关于保护计划可持续的社区战略的建议

要确保文化形式能够代代相传，需要加强对儿童和青少年的宣传及普及，以提高上述群体的保护意识。在拥有独特语言和方言形式的社区中强调语言的重要性，并开展行动确保其存续。将与文化表现可持续性相关的行动置于一个开放且灵活的过程中。

3. 关于制定财务战略以确保计划可持续性的建议

可持续计划由国家提供公共资源的初始支持，特别是在实施的初期阶段，但目标是实现计划的自我维持。在实施保护计划的前提下，通过提供税收优惠寻求私营企业的支持。鼓励社区自我管理资源。制定关于私营企业赞助的规章制度（应规范文化表现中广告的使用）。①

《拉丁美洲非物质文化遗产保护政策和计划》对非遗保护计划的检测与评估也做出了相应的规定：

为了确保能够使用合适的工具和方法论来充分评估已实施的政策和计划取得的成效，应开展人力资源培训，使其掌握制定非物质文化遗产相关项目的方法论，并培养他们使用这些监测和评估计划的工具的能力。所采

① Gabriela Valenzuela Bejarano, “Políticas y planes para la salvaguardia patrimonio cultural inmaterial en América Latina,” Ponencia presentada al Primer Congreso Latinoamericano de Gestión Cultural, entre los días 23 al 27 de abril de 2014.

用的评估工具应与保护政策、计划和行动相协调，并且应被视为国家检测和评估体系的一部分，还应支持区域级别的比较分析。此外，规定只有在实施前经过充分诊断的计划才能开展评估工作。重要的是由谁开展评估，以便开发出能够从多个层面进行评估的工具。就非物质文化遗产而言，应开发出一种工具方便社区进行监督。政府在制定、监督以及界定评估层级方面应扮演重要角色。同时，政府还需要执行监督职能，关注测量和评估结果，并具备足够的灵活性以评估计划的变更和调整。就社区而言，除了在计划实施中扮演主要角色之外，它在监督和要求其他参与方践行承诺方面也具有关键作用。

1. 关于开发工具及其应用的建议

围绕政策、计划、目标和覆盖范围制定指标和调查问卷，作为制度层面非物质文化遗产保护计划的支撑结构。评估应以社区参与的方式展开。保护计划的评估工具应与社区共同制定并达成一致，这也意味着需要进行自我评估。评估指标应简洁明了，以便具有可比性、可靠性和可传播性。应设立针对威胁或风险的评级系统，以便在必要时制定紧急保护措施。开发自我评估指南等工具，融入以口头语言为主的社会形式，关注文化多样性和文化特殊性。应尊重传统的审议和决策空间，并将社区对计划的监督和评估纳入范畴。在宣传非物质文化遗产政策及保护计划时，应考虑语言和工具的清晰度。要认识到与地方政府（市政府）的关系对管理的重要性，建议对市政府进行有关非物质文化遗产及其保护的立法培训。培训社区的文化管理人员，对非物质文化遗产进行战略管理，同时开发适合传承人参与的项目。

2. 关于评估行动预期影响的建议

提升承载社区的管理能力，加强有效保障。增加非物质文化遗产的记录，并提高其可见性。提升非物质文化遗产的社会价值与社会认同。支持那些不受市场青睐、不具备商业利益的传统文化表现形式。加强文化权利和公民身份认同要素的文化实践。非物质文化遗产还应促进社区福祉。最后，必须要强调的是，报告中提到的结论和建议，都是基于对目前参与拉丁美洲保护非物质文化遗产地区中心的 14 个国家在保护计划和政策方面的各种经验的分析和讨论产生的。这种反思和自我批评的视角旨在提高拉丁美洲非物质文化遗产保护的有效性，并将其视为我们所有人共同承担的责任。[①]

三、拉美学界对非遗保护社会意义的认知

如前所述，在民族主义推动下，拉美国家开始了文化遗产的挖掘与保护。非遗保护在拉丁美洲的兴起，集中体现了拉美国家在文化层面上对全球化的回应。就此而言，在拉丁美洲国家，非遗保护从来都不是一项单纯的文化实践，而是承载了政治、经济属性的社会行动。在拉美国家开展非遗保护之后，拉美学界对非遗保护的社会意义进行了多方面的认知，主要体现为作为权力场域的非物质文化遗产保护、作为社会治理机制革新的非物质文化遗产保护和作为可持续发展路径的非物质文化遗产保护三个方面。

（一）作为权力场域的非物质文化遗产保护

从概念构成而言，物质文化遗产和非物质文化遗产都属于文化的范畴。只有那些具备代表性意义的、特殊的文化类别与事象才会被定义为文化遗产。在彻底摆脱殖民统治，实现国家独立后，民族身份与认同的构建成为拉美国家共同面临的问题，这构成了文化遗产保护在拉美兴起的基本动力。

漫长的殖民历史造就的多元族群混合杂居的事实，种族主义、殖民主义对拉美社会多元族群的阶序性建构，却使得拉丁美洲国家民族认同的建构并不顺畅。知识分子始终面临着西方中心主义支配下拉美文明合法性的困境。[②] 20 世纪 30 年代后，拉丁美洲许多国家出现了民族主义的思潮，拉美多国的政治精英将目光投向本土社会多样形态的历史文化遗产。基于拉美社会的本土文明和发展历史、具备纪念性和象征性的文化传统与物质存在，得到知识分子与政治精

---

① Gabriela Valenzuela Bejarano, “Políticas y planes para la salvaguardia patrimonio cultural inmaterial en América Latina,” Ponencia presentada al Primer Congreso Latinoamericano de Gestión Cultural, entre los días 23 al 27 de abril de 2014.

② N.García Canclini, *Culturas híbridas. Estrategias para entrar y salir de la modernidad* (México: Grijalbo, 1990).

英的认可。他们将其视为民族身份的象征，加以保护与珍藏，这构成了文化遗产保护在拉丁美洲兴起的原初动力。[①] 在对文化遗产的挖掘、保护中，推动着现代意义上的人类学、历史学、社会学、考古学、艺术学和教育学等学科在拉丁美洲的兴起。[②] 然而，民族国家神圣性建构的需要，使得这些学科对文化遗产的挖掘、呈现与研究表现为遗产象征意义的重塑。在此背景下，遗产研究关注的是象征意义的挖掘与呈现，而忽视对遗产本土的理解与阐释，由此导致遗产研究的去语境化，使其呈现出神秘主义、理想主义的取向。

20 世纪 60 年代后，在后现代主义思潮的洗礼下，民族主义的神圣性、统一性受到质疑。随着左翼运动、解放神学运动和土著人运动在拉丁美洲的兴起，国家权力统一性与合法性开始遭到知识分子的批判。国家权力对文化遗产支配、建构的事实被揭露、呈现与批判。[③] 不少研究指出拉丁美洲的统治阶级利用文化遗产麻醉、控制民众的事实。从这一意义上来说，拉丁美洲知识分子的批判指出了这样的事实，在拉丁美洲国家独立与革命之后，统治阶级不再使用武力维持其支配性与合法性，而是转为利用间接的方法，制造一整套知识、道德等具备霸权象征的文化，从而使得人们自发接受、依附，甘愿接受政治精英的统治。文化遗产的认同与再造正是知识分子霸权主义文化生产的重要组成。统治精英对于文化遗产意义属性的建构，不断通过教育、媒体等多元叙事方式得到强化，由此使其具备相当程度的真实属性，成为具有普遍共识的意识形态。就此而言，拉丁美洲权力阶层对文化遗产象征意义的建构，无疑是对葛兰西国家与文化生产理论的验证。知识分子对文化遗产的批判在消除国家权力对遗产支配地位、完成对文化遗产神圣性祛魅的同时，亦将文化遗产与权力主体的关系纳入遗产

---

① Jorge Iván Vergara, Jorge Vergara Estévez and Hans Gundermann, “Elementos para una teoría crítica de las identidades culturales en América Latina,” *Utopía y praxis latinoamericana*, Vol.51, No, 15(2010).

② S.Castro-Gómez, *La reestructuración de las ciencias sociales en América Latina* (Bogotá: Pensar, Instituto de Estudios Sociales y Culturales, 2000). p.29—48.

③ E.B.da Costa, “Patrimonioterritorial: y territorio de excepción en América Latina, conceptos decoloniales y praxis/Territorial-heritage and exceptional territory in Latin America, decolonial concepts and praxis,” *Revista Geográfica Venezolana*, Vol.62, No.1(2021).

保护的视域。[1] 随着20世纪70年代后，以土著运动为代表的大众运动在拉丁美洲的大规模兴起，墨西哥、阿根廷、巴西等国的许多学者进一步反思了国家权力对文化遗产保护的介入，在不同维度上解构着文化遗产神圣性与神秘主义的属性。

拉丁美洲的大众运动虽然在相当程度上动摇了民族主义支配遗产保护的合法性，却并没有从根本上改变国家权力支配遗产保护的格局。在20世纪70年代新自由主义改革在拉美持续推进后，拉丁美洲文化遗产保护的等级秩序才开始出现变化。1972年，陷入独裁统治与经济发展双重困境的智利接受了美国新自由主义理论，由此拉开了拉丁美洲新自由主义改革的序幕。包括墨西哥、秘鲁、阿根廷、巴西等多个拉美国家相继开始了新自由主义的改革。拉丁美洲的统治阶层力图通过国外资本的引入，缓解政治统治与经济秩序的双重危机。然而，在新自由主义改革进程中，资本逐渐成长为拉美社会的重要力量。此外，经济自由主义的改革倒逼拉美国家的政治改革，瓦解着权贵阶层的政治霸权，在推动拉丁美洲国家民主化转型的同时，推动着一个开放、包容的社会秩序的生成。在社会结构巨变的情形下，资本、市场也参与到文化遗产保护的行动中，推动着文化遗产保护从民族国家的象征到经济发展动力的转型。在彻底解构文化遗产神圣属性的同时，也使得文化遗产保护成为多元权力主体共同参与的场域。

在此影响下，从20世纪80年代以来，拉丁美洲文化遗产研究出现了较大的转型。文化遗产历史意义的挖掘、文化遗产的象征属性的剖析以及文化遗产神圣权威赋予等议题逐渐冷淡。在新自由主义改革导致土著、农民运动大规模发生情形下，土著、农民等社会大众也成为拉丁美洲政治参与的重要主体。文化遗产成为他们捍卫政治主体地位，表达对多样性诉求的重要路径。社会大众对于遗产保护的广泛参与，使得人类学者、社会学者彻底否定了遗产的神圣属性，将遗产定义为社会建构的世俗化进程。[2] 他们将关注的重点

---

① Luigi Maria.Lombardi Satriani, *Apropiación y destrucción de la cultura de las clases subalternas* (Buenos Aires: Nueva Imagen, 1978).

② Néstor García Canclini, "Los usos sociales del patrimonio cultural," in *Patrimonio Etnológico. Nuevas perspectivas de studio*,Encarnación Aguilar Criado(Sevilla: Instituto Andaluz del Patrimonio Histórico, 1999), p.16—33.

转移至遗产的制造与流通，以及不同主体如何在对遗产的使用、实践中表达自身的诉求。由此，文化遗产的概念演变成为基于当下诉求，对历史文化传统重建与恢复的进程。①

2003 年，联合国教科文组织《保护非物质文化遗产公约》通过，拉丁美洲多个国家成为《公约》签约国，发起了一系列非遗保护的实践。作为一项国家权力发起的、自上而下的文化保护实践，拉美国家的非遗保护在相当程度上继承了遗产保护的权力格局。国家权力以法律和制度建设的名义，确定其对非遗保护的支配地位，并使得拉美国家的非遗保护在相当程度上表现出民族主义支配下的等级性与排他性的特征。然而，在民主化转型已经发生，农民、土著人在内的社会大众运动广泛兴起的情形下，国家权力并非非遗保护的绝对主体。包括地方社会、传承人、土著族群、农民和文化组织在内的多重主体，参与到非遗保护的行动中来，实现着非物质文化遗产的意义更新。诚如加西亚·坎克里尼（García Canclini）所言："在这种新的情形下，在历史进程中积累形成的世袭的遗产，虽然每个人都可以接触，在形式上似乎属于每个人，但却并不真正属于任何的个体。"②

联合国教科文组织对非物质文化遗产保护的相关规定，更在一定程度上强化了社会大众对于非遗保护的参与。为了改变权力、资本对非物质文化遗产的挪用、侵占，联合国教科文组织《保护非物质文化遗产公约》明确强调了传承人、社群等主体在非物质文化遗产保护中的基础性作用，支持传承人在《公约》的框架下传承、发展、弘扬、创新其所持有的非遗，承认社群在非遗保护中的重要作用，由此构成非遗保护包容性的重要内容。教科文组织的这一规定，在很大程度上契合了当代拉丁美洲大众运动对文化多样性的主张，推动着拉美国家的非遗保护与大众运动的结合，使得拉美国家非遗保护呈现出较为强烈的大众参与的特征。

在内外因素的共同推动下，拉丁美洲非物质文化遗产的保护呈现出如下的

---

① Josué Llull Peñalba, "Evolución del concepto y de la significación social del patrimonio cultural," *Arte, individuo y sociedad*, Vol.17(2005).

② N.García Canclini, "El patrimonio cultural de México y la construcción imaginaria de lo nacional," in *El patrimonio nacional de México*(Vol. 1), ed. Enrique Florescano (México: Fondo de Cultura Económica, 1997), p.57—86.

特征。首先，非物质文化遗产保护成为国家权力、传承群体、土著族群以及农民等多元主体共同参与、博弈的权力场域。在《公约》的框架下，除了国家、传承群体外，大量个体的行动者和社会组织也参与到非遗保护的进程中。这极大激发了拉美社会多元主体的文化自觉，拓宽了非物质文化遗产保护权力场域的范畴。其次，对多元主体的政治动员与主体意识的培养，极大激发了社会主体的文化自觉，在相当层面上拓宽了文化遗产的范畴。传统的物质文化遗产之外，民众世世代代口耳相传的地方性知识、音乐、舞蹈、文化空间、习俗甚至是一些具备象征意义的事件得以纳入非遗保护的范畴。最后，更为重要的是，正是多元主体对非物质文化遗产保护的参与，使得拉美国家的非遗保护突破了单一的文化维度，成为拉美社会治理领域的重要组成。

（二）作为社会治理机制革新的非物质文化遗产保护

今天的拉丁美洲，在社会治理领域面临着重重挑战。殖民主义对拉丁美洲的掠夺，造就了今日拉丁美洲的落后与不发达。庇护主义传统的遗留，造成了一些拉丁美洲国家政治动荡与区域社会暴力犯罪的频繁发生。20 世纪 70 年代以来，新自由主义在拉丁美洲的盛行，加剧了拉美社会的不平等。种族主义、性别歧视的遗留，甚至在一切国家造成了人道主义的危机。历史与现实、政治与文化多重因素的叠加，使得一些拉美国家陷入政治动荡、经济发展停滞不前的困局。一些国家甚至面临社会秩序崩溃，难以为继的困境。

作为联合国教科文组织发起的全球文化行动，非物质文化遗产保护在拉美的推进，是在文化领域内对拉美社会发展困境的应对，是以文化的方式，对拉丁美洲现代化与社会发展秩序的一种重塑。非物质文化遗产保护的对象，不是那些显性的、具备明显物质存在的文化载体，而是关注那些口耳相传的，具备标定社群身份与文化意义的活态文化。非物质文化遗产的概念内涵，是对种族主义、霸权主义支配下、建立在西方文明观与发展观基础上文化遗产定义的一种革命。这一概念通过对西方知识论之外边缘族群、底边社会活态文化的关注，反思种族主义、殖民主义支配下等西方社会的文明观、发展观对全球秩序的支配，以对他者“文化”合法性承认的方式，实现全球社会秩序的重新配置。在多元族群共生，社会运动风起云涌的拉丁美洲，非物质文化遗产保护“承认”

的属性越发强烈。[①] 在大众运动政治动员的普遍发生，土著、农民等群体广泛参与到非物质文化遗产保护行动的情形下，作为文化行动的非物质文化遗产保护更在实践维度上具备了社会治理的属性，成为拉美社会多元主体共同参与下社会秩序重构的进程，由此具备了全球南方的行动意义。

非物质文化遗产保护对拉美社会治理的参与，主要体现在以下三个方面：

第一，表现为在个体层面上对土著族群、农民和妇女等拉美社会边缘群体的尊严、价值与需求的认可。非物质文化遗产对传承人和活态文化的价值认定，解构了权贵阶层、知识精英对遗产价值认定的独断权，将承认的范畴从可见的、固定的物的存在拓宽至更大的、活态的文化与拉美社会多元的群体，在文化领域内打破了种族主义、殖民主义及其遗留对拉美社会的阶序性建构，使得拉丁美洲社会结构中长期以来被否定的土著族群、农民、女性、非洲裔等边缘的、底层的族群、阶层得以走上前台，在文化维度上构建了平等的秩序。[②] 此外，非物质文化遗产保护对个体传承人价值与尊严的肯定，具备着基层的、微观的政治动员与启蒙的意义。作为联合国教科文组织发起的系统性文化遗产保护的实践，联合国、国家和地方等各级政府以及各种文化与社会组织对非物质文化遗产项目的评估，对非遗项目价值属性的确认，对传承群体主体性的承认，一系列综合性、系统性保护措施的建立，对一个相对公平、包容的社会秩序的生成，起到了基础性的推动作用。

第二，非物质文化遗产保护在拉美的开展，打破了权贵阶层、统治精英主导的社会治理格局，推动着多元主体共同参与的社会治理机制的革新。殖民时代前，阿兹特克、玛雅和印加文明表现为政治精英主导的城邦文明的体系，这一统治秩序在西班牙人入侵后仍然得到延续。在实现国家独立后，一些拉美政府或是通过独裁，或是通过民粹主义的政治动员，实现国家秩序的建立。然而，随着新自由主义改革在拉美国家的推进与民主化转型的普遍发生，拉丁美洲的许多国家重新陷入地方权力的控制之中，导致弱国家、强社会现象的普遍发生。

---

① Márcia Regina Romeiro Chuva, “Prefácio,” in *Experimentações, políticas culturais e patrimonios*, ed.Hilda Jaqueline de Fraga , Claudira do Socorro Cirino Cardoso (Porto Alegre: Edições,2018), p.7—10.

② Gonzalo D.Andrés, et al. “PCI-Inclusión Social: una perspectiva multidimensional desde Latinoamérica y el Caribe,” *Patrimonio cultural inmaterial e inclusión social* .Vol.12(2012).

这样的社会治理格局，恶化了拉美国家的政治生态，导致局部社会暴力犯罪、冲突持续不断。客观上来说，当前拉丁美洲国家社会治理的困局，固然与拉美地区整体发展的困境有关，但殖民主义对拉美国家的切割，以及在此基础上包括国家、地方社会在内的多重社会主体之间联系、互动的缺失也是重要原因。非物质文化遗产保护在拉美的发展与推进，在文化领域内为拉美地方社会治理体系的重构提供了契机。这一契机，首先表现为非物质文化遗产保护对地方社会活态文化价值属性与传承群体主体地位的认定。这一认定超越了欧洲中心主义、种族主义对拉美地方社会文化传统的负面定义，大量边缘的、沉默的社会行动者在对文化权力的主张中成长为社会治理的重要主体。① 其次，作为国际性的文化保护实践，非物质文化遗产保护不仅是地方社会多元主体文化自觉生成、培养的过程，更是联合国教科文组织、社会主体等外部力量介入地方社会，并在这一过程中明晰不同主体权责体系的进程。这一文化领域内的实践，打破殖民时代以来拉美社会结构性壁垒，使得拉丁美洲非遗保护表现为公共权力的政府机关、作为知识机构的大学和文化组织与社会大众对话、互动的进程。② 更为重要的是，这一社会治理机制的重塑，是建立在殖民时代以来拉美人民接连遭受殖民主义、资本主义压迫的苦难历程的基础上，由此推动着非物质文化遗产保护与拉美大众运动的联合，赋予非遗保护革命性的同时，也为拉美社会治理的更新与重塑增添了强劲的动力。③

第三，非物质文化遗产保护在拉美的兴起，表达着拉美社会多元主体参与、重构全球秩序的努力。首先，拉美社会多元主体在试图通过对地方社会多样性文化的尊重与保护，对资本主义主导下同质化的抗争。非物质文化遗产保护的对象，并非新自由主义语境下，都市、主流抑或是上流阶层流行的大众文化，而是被消费社会、自由主义经济抹杀的、盛行于地方社会多样性、本土性、异质性的文化实践。在对地方社会多样性文化传统的关注中，拯救那些受到全球

---

① Patricia Silvana San Martín, *Patrimonio Cultural Inmaterial e Inclusión Social. Aportes para la agenda de desarrollo de la era post-COVID en América Latina y el Caribe* (Montevideo: UNESCO, 2022), p.50—68.

② Montserrat Patricia Rebollo Cruz, “Un acercamiento al patrimonio cultural inmaterial su salvaguarda y patrimonialización,” *Campos en Ciencias Sociales,* Vol.5, No.1&2 , 2017.

③ Montserrat Patricia Rebollo Cruz, “Un acercamiento al patrimonio cultural inmaterial su salvaguarda y patrimonialización,” *Campos en Ciencias Sociales*, Vol.5, No.1&2 , 2017.

化与消费社会冲击的地方社会的文化传统，在回应民众诉求的同时，对新自由主义造成的同质化发起抗争。[①] 正因为如此，拉丁美洲非物质文化遗产保护成为20世纪80年代以来反新自由主义运动的重要组成。其次，非物质文化遗产保护在拉美国家的推进，以及对拉美国家共有文化遗产的保护，对构建拉美地区认同，推进拉美区域协作与整体发展上扮演了重要角色。为了最大限度地确保西班牙人的殖民统治，殖民者在拉丁美洲采取了政治上分而治之、经济上切断联系的统治方式。拉美各国在对殖民主义和帝国主义的抵抗中，促成了拉美认同的生成，但区域社会内部仍然存在着较大的分歧与差距。这种分歧与差距更因为新自由主义的推进呈现出逐渐增大的态势。作为全球性文化保护的行动，非物质文化遗产保护在拉美地区的推进，通过对拉美各国共有的文化传统的保护，在实践层面上强化了拉美国家的联结与认同。此外，拉美各国的非遗保护实践亦在政策层面上强化着各国的联结与互动。拉美各国有着大量共享的非遗项目，面临着相似的境遇，各国之间保持着密切的合作。非物质文化遗产保护成为拉美国家文化外交的重要方面。这也是拉丁美洲保护非物质文化遗产地区中心得以持续运转的重要原因。[②] 作为联合国教科文组织二类区域中心，拉丁美洲保护非物质文化遗产地区中心自2006年成立以来，一直致力于推动拉丁美洲区域内国家非物质文化遗产保护区域协作，并以推进2003年《公约》、推进各国形成非物质文艺遗产保护工作的制度建设、加强区域内国家的合作为基本工作目标。拉丁美洲保护非物质文化遗产地区中心通过一系列区域项目的推进，在横向层面上强化成员国与参与国之间的联合，推动各国政府对非遗保护多元主体的尊重与联合。由此使得非物质文化遗产保护成为拉美各国文化政策的重要主题，并为拉美各国文化政策的交流与协作创造了契机。最后，在非物质文化遗产保护的框架下，拉美社会多元主体对区域社会文化传统的共享，是从文化维度对专政统治和地缘政治暴力的抵抗。对本国、本族群之外文化的认同与共享，超越了民族主义、殖民主义对全球社会的切分，是在世界体系边缘地带的拉丁美洲发起对殖民主义与全球秩序的挑战，显示出一种底层的世界主义的生成，以

① P.Alabarces, “Transculturas pospopulares. Las culturas populares, las hibridaciones y lo nacional-popular,” *Oficios Terrestres*.Vol.30, No.1(2014).

② Gabriel Joaquín Comparato, “Nuevos enfoques para el fortalecimiento de la ciudadanía sustantiva del MERCOSUR,” *Revista MERCOSUR de políticas sociales*, No.1(2017).

及这一世界主义对人类社会团结的探寻。[①]

（三）作为可持续发展路径的非物质文化遗产保护

随着《2030年可持续发展议程》的颁布，可持续发展成为人类社会共同的目标与共识。在发展思想与实践最为多元的拉丁美洲，非物质文化遗产保护也被视为可持续发展的重要组成。在可持续发展的视域下，非物质文化遗产保护不仅是在全球化和社会结构巨变的情形下，对拉丁美洲本土的、地方性的文化传统的保护，更是以非物质文化遗产的保护为契机，寻求人、自然、社会联结的可能，对人类社会可持续发展路径的探寻。

首先，非物质文化遗产保护对地方社会多元文化传统的尊重与保护，是在认识论的层面上为人类社会的多元发展提供了可能。人、自然、社会共生的历史，形塑了拉丁美洲连续性的文明观与发展观。[②]然而，这一主张人、自然、社会和谐共生的发展理念，却因为与资本主义掠夺型文明的冲突，一直饱受西方社会的非议与责难。非物质文化遗产保护对拉美地方文化传统的尊重与保护，是在认识论和主体论的层面上对拉丁美洲文明的认可，其不仅否定了西方中心主义对拉美文明的边缘化建构，更在事实层面上打破了西方资本主义发展道路的唯一性，在宏观层面上承认了人类社会多元发展的可能。此外，非物质文化遗产保护，是从区域社会内部、实践、微观的层面上对人－自然－社会整体性发展倡议的落实，以及对人类社会可持续发展的探索。当前拉丁美洲面临着环境污染加剧、资源枯竭、生物多样性损害等一系列问题。越来越多的民众意识到，这些问题出现的根源在于人们认知、理解与开发自然的理念与方式，其实质是发展观与文明观的危机。主张人、自然和社会共生的拉美本土发展观的知识与实践在应对全球发展危机中有着重要的意义。基于此，哥伦比亚学者认为，非物质文化遗产保护是保护自然资源、防止过度开采以及治理环境问题的重要

---

① Patricia Silvana San Martín, *Patrimonio Cultural Inmaterial e Inclusión Social. Aportes para la agenda de desarrollo de la era post-COVID en América Latina y el Caribe* (Montevideo: UNESCO, 2022), p12.

② Juan David Gómez-Quintero, "La colonialidad del ser y del saber: la mitologización del desarrollo en América Latina," *El ágora USB*, Vol.10.No.1(2010).

应对策略。[①] 这也意味着，基于地方社会文明观与发展观之上的非物质文化遗产，不仅是推动地方经济社会发展的动力，更在实践层面上具备应对全球社会发展危机，探寻人类社会可持续发展道路的意义与价值。

其次，非物质文化遗产保护对可持续发展的推动，亦表现为非物质文化遗产公共政策的制定对社群、区域社会复原力的恢复与再生产。从玻利维亚提出非物质文化遗产保护的倡议开始，拉丁美洲国家对于非物质文化遗产的保护并非只是停留在对项目本身的关注上，而是致力于以文化为契机，推动区域社会的整体发展。联合国教科文组织对非物质文化遗产整体性保护的倡议，更进一步强化了拉丁美洲国家非物质文化遗产保护对社群生活的整体性关注。在此背景下，拉美国家非物质文化遗产保护政策方案的制订，不仅着眼于项目本身的搜集、整理与保护，更强调以项目为依托，通过对项目传承、保护与发展的推进，聚焦地方社群生存能力与适应能力的恢复与培养，在社会变迁的语境下强调地方社会生存策略与生活经验的灵活性和适应性。[②] 非物质文化遗产公共政策对社群复原力的培养与可持续发展的探索首先表现为政治维度上对民众权力的尊重与认可。拉美多国非物质文化遗产保护公共政策的制定，是建立在对普遍人权尊重的基础上，对地方社会多元主体文化权力的认可。在此基础上，将长期以来被排除在决策进程之外的多元社会主体纳入政治参与的进程中，保障遗产所属社群的生存权、平等权、健康权和教育权以及获得体面工作的权利。[③] 另外，拉美国家非物质文化遗产公共政策对社群可持续发展的探索，更表现为以非物质文化遗产为依托，对社群生存环境与生活质量的改善。这种探索即表现在社会变迁的背景下，在对非物质文化遗产保护的实践中，恢复非物质文化遗产之于社群发展的意义，重构社会发展的动力，使之成为推动地方社会可持续

---

① E.Martos Núñez and A.Martos García, "Ecoficciones e imaginarios del agua y su importancia para la memoria cultural y la sostenibilidad," *Alpha: Revista de Artes, Letras y Filosofía*, vol.36(2013).

② Cleyton Cortés Ferreira, "Soluciones creativas en la gestión del patrimonio cultural inmaterial: Análisis de caso a las Buenas Prácticas de Salvaguardia de la UNESCO en Sudamérica," *Sophia Austral*, Vol.27(2021).

③ Rosa María Aguilera-Guzmán, Liliana Mondragón Barrios and Ma Elena Medina-Mora Icaza, "Consideraciones éticas en intervenciones comunitarias: la pertinencia del consentimiento informado," *Salud mental*, Vol.31, No.2(2008).

发展的源泉，推动社区生活质量的整体性改善与提升。[①] 更为重要的是，非物质文化遗产保护对地方社会经济发展的推动，不仅表现在教育培训机会与就业机会的增多、生活质量的提升与贫困问题的缓解上，更表现在与通过非遗保护相关的商业开发，推动收益的公平分配，以此应对新自由主义改革带来贫富收入差距过大等问题。这也正是当前拉美多个国家共同面临的问题。[②]

最后，非物质文化遗产对拉美社会可持续发展的推动，更表现为以非物质文化遗产保护与为切入，对地方社会经济发展的创新探索。由于殖民主义的掠夺，加之政治局势的持续动荡，拉丁美洲的许多国家面临着经济发展的巨大压力。如何将非物质文化遗产保护与经济社会发展融合，在延续地方社会文化传统的同时，实现文化传承与经济发展的双向互动，是许多拉美国家非遗保护公共政策制定的重要方向。[③] 拉美各国以非遗保护为抓手，对地方社会经济发展进行了一系列的创新探索。首先表现为非遗旅游的兴起。20 世纪 50 年代后，拉丁美洲许多国家相继开始了遗产旅游的探索。在非遗保护开始后，以整体性的情境展演为特色，强调参与、体验的非遗旅游成为许多拉丁美洲国家非遗商业开发的重要面向，并形成美食之旅、节日与宗教体验等一系列非遗旅游的标志性产品。[④] 一些研究肯定了非遗旅游对地方社会经济发展的推动，也有研究指出了非遗旅游开发中存在对地方社会文化传统的物化、传承群体主体性缺失等一系列问题。虽然存在诸多问题，拉丁美洲非遗旅游的兴起却在事实层面上扩大了非遗的传承范围，是对非遗传统的一种弘扬。许多民族志表明，在非遗旅游项目的实施中，地方社会的凝聚力与认同感得到了相当程度的强化，这亦是非遗

---

① Alejandro Martínez-de la Rosa, "Patrimonialización de elementos culturales inmateriales y desarrollo local sostenible," *Ra Ximhai*, Vol.11, No.2 (2015).

② Guillermo Bonfil Batalla, "Pensar nuestra cultura, en Dirección General de Culturas Populares e Indígenas," *Diálogos en la acción, primera etapa*, 2004, p.117—134.

③ J.Mejía, "Política para la gestión, protección y salvaguardia del patrimonio cultural," in *Compendio de políticas culturales*,Ministerio de Cultura de República de Colombia (Bogotá: Ministerio de Cultura de República de Colombia,2010), p.225—247.

④ Francesc Fusté-Forné, "Los paisajes de la cultura: la gastronomía y el patrimonio culinario," *Dixit*, Vol.24,No.1(2016).

传承路径的创新。[1]另外，一些拉美国家立足于本地多样性的非遗资源，研发手工艺品、有机农产品、美食、音乐和特色民俗电影极具地方性与商业险的文化创意产品。以非遗为基础的文化创意产品是在新自由主义语境下，重构非遗生命力的一种方式。然而，对非遗的产业开发却面临着市场风险增大，以及可能存在的非遗物化和对传承人群体的剥削等一系列问题。[2]针对这一批评，墨西哥国立人类学历史学研究所的玛丽娜（Marina）教授认为，非遗从来都不是外在于权力、资本之外的封闭性的文化传统，与其批判非遗旅游开发，谴责国家权力和商业资本对非遗的滥用与误用，不如直面全球化带来社会转型的事实，着力培养传承人与少数族裔的主体意识，使其以文化主体的身份，参与到非遗旅游开发的进程中，成长为全球化权力网络体系中的重要主体，才能更好地实现非遗对地方社会发展的推动。[3]

总体上来说，在拉丁美洲许多国家，非物质文化遗产保护不仅仅只是对口传的活态文化保护的行动，而是多重主体共同参与的社会治理进程，是实现人类社会可持续发展的重要路径。作为非物质文化遗产保护的首倡地，拉丁美洲的许多国家制定了一系列非物质文化遗产保护的政策，并在非物质文化遗产保护，传承与创造性发展中积累了相当的经验。

四、本书的研究对象、研究框架和资料来源

（一）研究对象

基于对拉丁美洲非物质文化遗产保护历史、拉美国家对《公约》贡献和学术观点的梳理，本研究选择拉丁美洲代表性国家墨西哥、秘鲁为重点，对拉丁

---

① Betty Noralma Corozo-Angulo, Mauricio Edmundo Ojeda-Morán and Nelly del Rocío Panchano-Valencia, “Patrimonio cultural inmaterial y turismo comunitario en el norte de la provincia de Esmeraldas,” *Sociedad & Tecnología*, Vol.5,No.1(2023).

② S.L.Sandoval Aragón, “El mezcal: enfant terrible de México. Estudio sociológico sobre la cultura y comercialización del mezcal en un contexto globalizado,” *Estudios Sociales: Revista de Alimentación Contemporánea y Desarrollo Regional*, Vol.55,No.30(2020).

③ 访谈人：张青仁；访谈对象：玛丽娜·阿隆索-博拉尼奥斯（Marina Alonso-Bolaños）教授；访谈时间：2023 年 5 月 8 日；访谈地点：中央民族大学北智楼 201 会议室。

美洲国家非物质文化遗产保护的知识贡献与地方性实践进行研究。

（二）研究框架

绪论部分，从宏观层面，梳理非遗保护在拉丁美洲兴起的历史以及拉美国家非遗保护的制度建设，呈现拉美国家在《公约》制定的知识贡献，梳理拉美学界对非遗保护的基本观点，阐明本课题的研究方法、资料来源与主要结构。第一，西班牙殖民者入侵拉丁美洲后，为拉丁美洲带来了白人、非洲裔与华人等多元族群。与族群混杂相对应的是文化上的交融。土著文明、天主教文明和非裔、华人等族群文化交织在一起，形成了拉丁美洲“杂糅文化”的特征。民族主义的支配、对新自由主义的回应以及对文化多样性的接受构成非遗保护在拉美兴起的动力。19 世纪拉美国家独立运动后，在自由主义的支配下，拉丁美洲的许多国家一度出现了以欧洲、美国文明为核心的效仿运动。然而，欧美国家对拉美国家的侵犯，进一步激发了拉美国家民族主义思潮的兴起，具备拉美特色的、包容多元族群的文化成为民族主义的重要构成。第二，在对文化遗产保护的热潮中，包括墨西哥、阿根廷等国将文化遗产保护的范畴拓展民俗文化的层面，并提出了“精神民俗”和“活态遗产”等概念。20 世纪 70 年代后，拉美国家参与到非遗保护的推动中，1982 年《墨西哥城文化政策宣言》和 1989 年《保护民间创作建议案》集中体现了拉美国家对《公约》制定的知识贡献，在签署《保护非物质文化遗产公约》后，拉美国家开启了一系列非遗保护的实践。非物质文化遗产保护成为拉丁美洲国家文化政策与公共政策的主要方面。在政府、社会组织和大众的共同参与推动下，拉丁美洲许多国家探索了一系列非物质文化遗产保护与发展的实践。第三，拉美各国接受《保护非物质文化遗产公约》的相关主张，形成了非遗概念与保护实践的本土化认知。这突出表现为“活态遗产”（la herencia viva）理论主张与保护实践上。第四，拉美国家知识分子认为，非遗保护从来都不是一项单纯的文化实践，而是承载了政治、经济属性的社会行动。在拉美国家开展非遗保护之后，拉美学界对非遗保护的社会意义进行了多方面的认知，主要体现为作为权力场域的非物质文化遗产保护、作为社会治理路径的非物质文化遗产保护和作为可持续发展路径的非物质文化遗产保护三个方面。第五，本研究以墨西哥和秘鲁为案例，立足于扎实的文献梳理与田野研究，对拉美国家非遗保护的知识贡献与地方实践进行呈现。

上篇，墨西哥非物质文化遗产保护的历史、理念与实践。第一，20 世纪墨西哥大革命后，在民族主义思潮的洗礼下，墨西哥政府开始了文化遗产保护的行动。20 世纪 60 年代后，墨西哥政府陆续颁布了一系列法律，并于 1976 年开始了对“活态遗产”保护的计划。第二，在加入《保护非物质文化遗产公约》后，墨西哥公共教育部下属的文化秘书处负责墨西哥非遗的保护。2015 年后由新成立的文化部负责。此外还有一系列学术团体和社会结构参与到非遗保护中。墨西哥文化部在国家层面上完成了非遗保护的清单编制与制度建设，建立了一系列非遗保护的行动机制。第三，墨西哥学者主张从整体层面对非遗进行系统保护，认为非遗保护不是对遗产历史恢复的神圣过程，而是多元主体共同参与中实现遗产意义更新的世俗化进程。由此，墨西哥学者批判非遗的“本真性”与“持有者”理论，主张从人、社区和生活的视角制订“活态遗产”保护的方案。第四，“有声档案”是墨西哥国立人类学历史学院教授于 2009 年发起的非遗保护项目。这一项目主张以学者主导，多元主体共同参与，项目实施主要包括培训、调查、建档、归档、管理和传播及评估六个步骤。

下篇，秘鲁非物质文化遗产保护的历史、理念与实践。第一，20 世纪 60 年代后，在民主化转型、文化多样性理念以及“新土著主义”思潮兴起的背景下，秘鲁政府发起非遗的保护。第二，秘鲁政府建立了国际化与本土化并行的非遗保护体系。秘鲁文化部及其下属各省的文化部是秘鲁非遗保护的专业机构，主要承担国内非遗保护的工作。拉丁美洲非遗保护区域中心设在秘鲁的库斯科，以加强成员国的合作、推动签约国非遗的跨国保护为使命。基于秘鲁实际，秘鲁文化部将非遗分为九个类别，设立了三种类型的非遗保护体系。第三，秘鲁政府认同非物质文化遗产“活态文化”的属性，主张非遗连续性、流动性与特殊性的特征，强调社区是活态的非物质文化遗产保护的基本单位。基于活态文化的特征，秘鲁学者提出“多种本真性”的主张，强调非遗保护的“剧目”思维。主张多元主体共同参与非遗保护，以此实现对文化多样性与可持续发展的深度推进。值得一提的是，秘鲁政府并不是将其国家保护的行动僵化地置于《公约》下，而是战略性地利用《公约》这一全球协议支持实施响应秘鲁社会的多元诉求，由此形成对待《公约》实用主义的态度。第四，印加传统饮食文化空间皮坎特利亚成为秘鲁国家非物质文化遗产是在圣马丁大学教师伊莎贝拉团队的努力下，文化部门、传承人等多元主体相互联结，在相互启蒙、更新遗产认知的同时，共同参与遗产保护的过程。

结语，以非物质文化遗产保护为依托深化中拉文明交流互鉴。第一，在本土现代化进程中理解拉丁美洲全球南方的遗产观。文化现代化的实践构成了当代拉丁美洲非遗保护的基本背景，也在很大程度上决定当代拉美非遗保护的基本特征，使其呈现出一种全球南方的遗产观与保护实践。第二，虽然当前一些拉美国家面临着突出的政治经济和社会发展问题，但大部分拉美国家加入了《保护非物质文化遗产公约》，完成了非遗保护的法律和制度建设，设立了管理非遗保护的文化机构，建立了文化部门与旅游、教育和新闻出版等国家机构共同参与非遗保护体系。第三，在百年未有之大变局的当下，应当超越西方中心主义与种族主义对拉美社会的边缘建构，尊重拉美人民的历史创造，在对非遗理念与保护实践的交流中，深化习近平主席“全球文明倡议”，推进中拉文明的交流与互鉴。

（三）资料来源

本研究的资料主要有以下三个部分的来源。首先是文献资料的搜集与整理。本课题详细搜集了各国非物质文化遗产保护的法规、制度文件，并对拉美本土学者非遗保护的相关研究成果进行了详细的梳理。其次，田野调查资料。在文献研究的基础上，本课题团队于 2017 年至今先后多次在墨西哥、秘鲁开展实地田野。其中包括本人 2017 年 7—8 月对墨西哥国立人类学历史学院实地田野，2018 年 7—8 月对墨西哥国立人类学历史学研究所、墨西哥国立自治大学相关机构人员的访谈和对墨西哥国立人类学历史学院“有声档案”项目团队的调查，2019 年 12 月对秘鲁天主教大学非遗保护团队的实地调研。此外，我的硕士生杨慧云 2018 年 11 月至 2019 年 7 月对秘鲁文化部、库斯科文化中心进行调研，并对库斯科地区国家非物质文化遗产皮坎特利亚的保护进行了深度调查。

上 篇

墨西哥非物质文化遗产保护的历史、理念与实践

墨西哥是世界文明大国。在西班牙殖民者来到墨西哥之前，这里就已经定居了多个土著族群，阿兹特克、玛雅文明更是享誉世界。西班牙殖民者入侵后，天主教文明传入墨西哥。跨大西洋贸易的形成，非洲裔和亚裔族群的相继进入，形塑了墨西哥深厚、多元的文化传统。截至 2023 年底，墨西哥有着各种类型的文化遗产与资源，其中包括 2000 座历史古迹、1321 座博物馆、1976 个文化中心、10 个被联合国教科文组织列为世界遗产的城市。值得一提的是，墨西哥全境共有特奥蒂瓦坎（Teotihuacán）、阿尔班山遗址（Monte Albán）、图卢姆（Tulúm）、埃尔塔津（El Tajín）、帕伦克（Palenque）、奇琴伊察（Chichén Itzá）等 189 个考古遗址，奇琴伊察玛雅被认为是新世界七大奇迹之一。此外，墨西哥有 35 处遗址被联合国教科文组织列为世界遗产。其中 27 处为文化遗产，6 处为自然遗产，代表玛雅文明与自然环境和谐相处的古城卡拉克穆尔（Calakmul）和特瓦坎・奎卡特兰山谷（Valle de Tehuacán Cuicatlán）为自然和文化混合遗产。[①]

2003 年 10 月 17 日，联合国教科文组织通过了《保护非物质文化遗产公约》。2005 年 10 月 27 日墨西哥联邦参议院批准了这一公约，此后墨西哥在国家行政体系的框架内开始了一系列非物质文化遗产保护的行动。截至 2024 年，墨西哥全国共有 11 个项目入选人类口头和非物质遗产代表作名录，在拉丁美洲和加勒比地区名列前茅。

与墨西哥丰富多样的文化遗产相得益彰的是墨西哥文化遗产保护的悠久历史。在非物质文化遗产保护成为全球重要文化行动的当下，墨西哥本土学者也对非物质文化遗产的属性、意义与保护主张进行了激烈的讨论。本章在墨西哥历史发展的语境中，对墨西哥文化遗产保护的历史、制度建设进行分析，剖析墨西哥学界非物质文化遗产保护的理论与主张。在文献研究的基础上，立足笔者对墨西哥国立人类学历史学院“有声档案”项目的实地田野，对墨西哥非遗保护的具体实践进行呈现。

---

① Oficinas Estatales de Turismo, “Ciudades Mexicanas Patrimonio Mundial,” https://www.datatur.sectur.gob.mx/SitePages/CiudadesPatrimonio.aspx，2023 年 5 月 4 日访问。

一、民族主义与墨西哥文化遗产保护的兴起

虽然土著族群在墨西哥社会创造了深厚的文化遗产，但在殖民之后很长的一段时间里，土著社会深厚的文化遗产并不被认可。西班牙殖民者入侵墨西哥后，在种族主义和殖民主义的支配下，强化着社会大众对土著人落后、愚昧的认知和对种族区隔的习惯性认同。为了瓦解“可怜的土著人世袭的制度”，真正让土著人完全融入国家秩序，西班牙殖民者制定了一系列剥夺土著人土地与财产的政策。[①] 墨西哥独立后，继承了殖民时代的统治秩序。种族主义与自由主义、发展主义思想融合，构成了独立后墨西哥社会的重要思潮。统治者认为，土著人在文明上是野蛮的，在体质上是落后的，有碍于国家的发展与稳定。他们的身份、财产甚至是文明都应当成为国家权力侵占、剥夺的对象。曾经在墨西哥政府担任要职的自由主义精英奥尔蒂斯（Ortiz）的观点颇具代表性。他认为，摆脱殖民统治后，墨西哥国家的发展取决于政治秩序、经济类型和为个人的创造性发展留出空间的自由主义。进而，政治与经济才是立国之本。作为殖民时代遗留下的话语体系，种族问题只是过去的、虚无的神话，从来都不应该被纳入国家发展的议题之中。落后的、土著社会的制度是自由主义国家应当清理的对象。[②]

严格意义上来说，墨西哥国家层面上对文化遗产的保护始于20世纪初的墨西哥大革命。19世纪末20世纪初，墨西哥进入波菲里奥·迪亚斯（Porfirio Díaz）统治时期。迪亚斯主张进化论，在执政面向上表现出对白人与欧洲文化的极端推崇，大力鼓吹外来文化。[③] 随着迪亚斯统治末期经济危机的发生，民众的不满情绪持续高涨。1910年，迪亚斯再次谋求总统职位的行为激起了民众的强烈不满，直接导致了墨西哥大革命的爆发。在大革命初期，“墨西哥民族”成为革命领袖政治动员最为常见的口号。民众反抗的不仅是迪亚斯的独裁统治，

---

① Pietschmann, Horst, Consideraciones en Torno al Protoliberalismo, Reformas Borbónicas y Revolución. La Nueva España en el Último Tercio del Siglo XVIII, *Historia Mexicana,*vol.41,No.2,1991.

② Tadeo Ortiz, *México Considerado Como Nación Independiente y Libre* (Ciudad de México:CONACULTA, 1996), p.294—295.

③ 张家唐:《论波菲里奥·迪亚斯政权的兴亡》,《湘潭大学学报》（哲学社会科学版）1996年第4期。

更是进化论支配下的迪亚斯政权对墨西哥民众利益的整体性侵蚀和对墨西哥民族的严重歧视。

在对迪亚斯统治的反对中，墨西哥社会出现了强烈的民族主义思潮。自由主义的政治家里卡多·弗洛雷斯·马贡（Ricardo Flores Magón）1910 年 11 月 12 日在他创立的《新生报》（*Regeneración*）上，写下了这样的话语："对于波菲里奥·迪亚斯和掌权者来说，没有哪个种族比墨西哥种族更低、更愚蠢、更懒惰、更恶毒、更不道德、更难以适应文明。"[①] "建立墨西哥人的墨西哥"（Hacer México para los mexicanos）成为大革命期间墨西哥社会的普遍共识。随着民族主义情绪的持续蔓延，本土的知识分子强调从墨西哥社会出发，对人民心态诉求的回应，实现对民众的动员，以此推翻对于迪亚斯的独裁，这可以被视为现代意义上墨西哥文化遗产政策形成的起点。

随着大革命的进入高潮，在知识分子弗朗西斯科·伊格纳西奥·马德罗（Francisco Ignacio Madero）与何塞·巴斯孔塞洛斯（Jose Vasconcelos）担任革命领导者后，其对墨西哥国家文化政策的制定产生了重要影响。1917 年，由贝努斯蒂亚诺·卡兰萨（Venustiano Carranza）领导的立宪运动取得重大突破，在克雷塔罗市（Querétaro）召开了制宪会议。[②] 在大革命期间活跃的，主张民族主义的知识分子在政治活动中脱颖而出，诸如维森特·隆巴尔多·托莱达诺（Vicente Lombardo Toledano）、曼努埃尔·戈麦斯·莫林（Manuel Gómez Morin）、纳西索·巴索斯（Narciso Bassols）等知识分子开始在大革命政府中担任要职。1921 年，在墨西哥国立自治大学校长何塞·巴斯孔塞洛斯的倡议下，革命政府成立了公共教育部（Secretaría de Educación Pública，SEP）。巴斯孔塞洛斯成为公共教育部的部长，在民族主义的支配下，革命制度党政府制定了一系列连贯的文化政策。[③]

民族主义思潮在墨西哥的兴起，固然与大革命对民众政治动员的普遍发生密不可分。大革命期间许多知识分子离开墨西哥，以及陷入"一战"泥潭的欧

---

① Ricardo Flores Magón, "El odio a la raza," *Regeneración*, 12 de noviembre, 1910.

② José Antonio Aguilar Rivera, "La Constitución y la tiranía: Emilio Rabasa y la carta de Querétaro de 1917," *Historia Mexicana*.Vol.66,No.3(2017).

③ Michael J Gonzales, "Imagining Mexico in 1921: visions of the revolutionary state and society in the centennial celebration in Mexico City," *Mexican Studies,*Vol.25,No.2(2009).

洲国家无法向墨西哥进行持续的文化输出亦是墨西哥民族主义思潮兴起的重要原因。在此背景下，墨西哥本土的知识分子将目光投向本土。土著社区成为民族主义思潮源头和民族主义文化政策的重要领域。担任教育部部长后，巴斯孔塞洛斯发起了一系列针对农村地区的教育计划，其中包括促进教育特别是在土著和农村地区发展，增加对农村地区教育预算，推动图书和出版工程，推动艺术的传播，强化与拉丁美洲其他西语国家的文化接触。此外，其亦通过教育和一系列文化政策，强化土著族群对于民族国家的融入，并通过一系列政策的制定推动和传播本土的手工艺产品。①

大革命末期，社会大众也表现出对民族主义的强烈需要，原因主要包括如下两点。一方面，墨西哥大革命对社会大众的动员，使得大量底层的民众卷入革命运动之中。然而，革命力量的撤退造成的失望感，使得陷入革命情绪中的民众急需新的精神支柱。另一方面，大革命后期，革命理想与现实的差距，导致民众的不满情绪的增强。更为重要的是，“一战”对欧洲的影响也使得相当一部分社会大众产生了“旧欧洲衰落”的认知，在此背景下，一股强烈的民族主义的思潮得到了墨西哥民众和官方的共同认可。这一文化民族主义的情绪在席卷全国的壁画运动中得到了淋漓尽致的展现。壁画运动的出现，是艺术家对1910年以来墨西哥社会历史变迁的回应。②然而，壁画运动民族主义的面向却又在相当程度上赋予了墨西哥历史传统与大众文化通俗化的面向，由此使得文化民族主义的有效性、真实性和权威性大大下降。在这一影响下，20世纪20年代末30年代初，墨西哥文化领域一度出现了欧美化的热潮。包括何塞·戈罗斯蒂萨（José Gorostiza）、卡洛斯·佩利塞（Carlos Pellicer）、萨尔瓦多·诺沃（Salvador Novo）、泽维尔·比利亚鲁蒂亚（Xavier Villaurrutia）、豪尔赫·奎斯塔（Jorge Cuesta）在内的大批艺术家因为对民族主义和地方主义的文化政策的不满，引进了大量英语和法语国家的诗歌、戏剧与文学作品，一度呈现出与民族主义文化形态分庭抗礼的姿态。③

① Javier Ocampo López, “José Vasconcelos y la educación mexicana,” *Revista Historia de la Educación Latinoamericana*,Vol.7(2003).

② 韩琦等:《墨西哥文化革新运动与现代化》，北京：社会科学文献出版社，2021，第255页。

③ Xavier Villaurrutia, *Crítica cinematográfica* (México. UNAM,1970).

1930—1931 年，拉萨罗·卡德纳斯·德尔里奥（Lázaro Cárdenas del Río）担任国民革命党（Partido Nacional Revolucionario, PNR）的主席。1934 年底，卡德纳斯开始担任墨西哥总统。在卡德纳斯的领导下，墨西哥经历了一个政治和社会经济深刻变革的进程。卡德纳斯认为，民族主义的发展应该以保卫国家的领土和经济发展为重点，民族主义的施政取向应该与社会主义联系起来，通过领土完整性的确立、国家对土地的控制，以及信贷与工业集中的国有化政策与帝国主义的抗争。在这一进程中，墨西哥大革命对公平和社会正义倡导的思想再次得到弘扬，并表现为一系列持续的政治经济和文化政策。卡德纳斯执政期间，创立了对墨西哥社会有着深远影响的法团主义体系（Corporativismo de Estado)，在制度层面上实现了对农民、工人、教师、军人和社会大众等墨西哥民众的有效整合。[①] 卡德纳斯大力推进国有化的战略，完成了石油国有化和铁路国有化，并创立了联邦电力委员会（Comisión Federal de Electricidad, CFE)，大力推进土地改革，在土著村社建立了集体土地所有的村社制度，并确立了向土著社区持续分配土地的政策。

在文化方面，卡德纳斯大力吸收墨西哥人类学之父曼努埃尔·加米奥（Manuel Gamio）的主张。1911 年，师从博厄斯获得人类学硕士学位的加米奥回到墨西哥，因在报纸上发表一系列批判迪亚斯独裁政权的文章在墨西哥政坛小有名气。此后，加米奥积极参与政治，在卡德纳斯竞选期间担任国家农业委员会的成员。在卡德纳斯执政期间，加米奥是 1940 年帕茨夸罗（Pátzcuaro）第一届美洲土著人大会的主要组织者和推动者之一，并于 1948 年创立了包括国立土著研究所（Instituto Nacional Indigena, INI）等一系列机构，对墨西哥人类学发展起到了重要的作用。[②]

早在墨西哥大革命期间，加米奥就对墨西哥国家发展的现状进行了深度的思考。他认为独立之后，墨西哥并没有真正意义上建成一个强大的国家，原因有如下两点。首先，墨西哥社会存在的种族异质性的状况，缺少一个真正的、

① Hubert C de Grammont, Horacio y Mackinlay, “Las organizaciones sociales campesinas e indígenas frente a los partidos políticos y el Estado, México 1938—2006,” *Revista mexicana de sociología*, Vol.68,No.4(2006).

② Guillermo Castillo Ramírez, “El programa integracionista durante el cardenismo. La diversidad cultural según Gamio,” *Signos históricos* .Vol.17,No.34(2015).

和谐的和明确的智力生产的民族环境。虽然大部分墨西哥人身上都有着土著人的血统，但墨西哥社会却一直存在着对于土著人的不了解与敌视。当然，更不用说欧洲裔对土著人的敌视了。[①] 其次，独立之后，墨西哥政府一直施行着一种排他主义的政治体系，土著人被排除在政治体系之外。“虽然独立后的墨西哥一直实行代议制民主，实际情况却并非如此。土著族群被迫生活在源于欧洲人需求而制定的法制之下，代议制所代表的群体只是人口中占少数的白人，却鲜少有同样是墨西哥国民的土著的代表”。[②] 加米奥认为，想要解决这些问题，完成民族国家的建设，必须首先对墨西哥社会的人口构成及其文化特征进行深度的阐释。加米奥将墨西哥国民分为土著人、混血人种和白人后裔三类。他认为，墨西哥社会中的第一类人口是“纯土著和轻微混血的土著人种”。他们是“被遗弃者、被剥夺者、被压迫者”。虽然他们有自己的文明，但这种文明“相对于现代文明来说是落后的”。虽然土著人拥有勇气、能量和正义的抱负，但他们缺乏反抗的能力，无法获得彻底拯救与解脱。他们在殖民时代前取得了巨大的成就，但在当下，他们的文明是停滞的、落后的，是与现代社会“不合时宜”“不切实际”的。墨西哥社会的第二类人口是“混血人种”。包括那些有欧洲血统，特别是有西班牙血统的人。这个群体是不同类型“混血儿”的联合体，是墨西哥社会的主要构成，也是墨西哥社会的“中间阶级”（clase media）。他们是永恒的反叛者，是暴动与革命的主力与推动者。他们能够理解土著阶层的苦难，并且懂得利用土著阶层的能量作为权力运作的杠杆。加米奥认为，这个阶级是墨西哥唯一的已经实现生产智识的阶层，并在此基础上形成了具备创造性的“中间文化”（cultura media）。这是一种既不是西方的，也不是土著人的文化传统。虽然这种文化，是在“没有科学原理、方法和设施的情况下发展起来的，有一些明显的缺陷和变形，就像任何克服重重困难绽放的鲜花一样”。然而，这些民族文化，却是决定墨西哥命运的文化，可以作为“墨西哥民族”文化的基础和模板。墨西哥社会的第三类人是在墨西哥定居的外国人及其后裔。他们的血统与中间阶层和土著人没有任何交集。他们是社会上的贵族。富有时，这些人形成了中

① Manuel Gamio,.*Forjando patria: Pro-nacionalismo*(Ciudad de México: Libreria de Porrúa Hermanos, 1916), p.9.

② Manuel Gamio, *Forjando patria: Pro-nacionalismo*(Ciudad de México: Libreria de Porrúa Hermanos, 1916), p.16.

世纪的共济会组织。贫穷时，他们则是一个个尴尬、无用的群众。他们的文化是如此的不合时宜，在墨西哥这样一个多元的国家中，他们没有任何真正意义上的知识生产。[①]

加米奥明显对混血人种表现出相当的肯定与赞誉。他认为占据墨西哥人口大多数的、融合白人与土著人血统的混血人种是最具创造力与活力的阶层，是“墨西哥民族”的中坚力量与理想形态，他们持有“中间文化”具备强烈的墨西哥特色，是可以为墨西哥民族国家建设服务的文化形式[②]。加米奥对德国、法国、日本等单一民族国家进行了分析，认为它们都是“有一个占该国大多数人口的统一族群，属于统一种族，说一种通用语言，不同的社会群体和阶级体现的都是同一种文化的不同方面。他们有共同的情感基础的美学、道德、宗教表达”[③]。进而，加米奥认为，民族国家建设的基础是一个团结的、具有共同文化基础的单一民族。在墨西哥，占据人口大多数的，融合白人与土著人血统的“混血种族”无疑具备墨西哥国族的属性。

加米奥的分析，事实上表明了这样的事实，虽然在意识形态上，加米奥反对进化论的主张，在相关理念和主张上大力承认土著文明的合法性，强调土著族群之于其他族群的平等地位，然而，加米奥本质上仍然是一个现代化忠实的支持者。主张效仿欧洲与美国，在墨西哥完成科学、技术和资本主义的再生产，并将一个同质化的种族，统一的文化与单一的语言定为墨西哥民族国家建设的目标，寻求民族主义支配下“民族与政治的统一性”。因此，加米奥的文化主张表现出相当的模糊性、不确定性的特点。一方面，他将墨西哥民族国家的基石溯源至本土的土著文明，致力于对土著历史文化遗产的挖掘与意义的阐释。另一方面，却又在现实层面上主张对土著人进行文化上的改造与教育，减少土著文明的多样性对统一民族国家建设的威胁。

民族主义支配的卡德纳斯总统表现出对土著文化的极大兴趣，但如同加米

① Manuel Gamio, *Forjando patria: Pro-nacionalismo*(Ciudad de México: Libreria de Porrúa Hermanos, 1916), p.167—178.

② Manuel Gamio, *Forjando patria: Pro-nacionalismo*(Ciudad de México: Libreria de Porrúa Hermanos, 1916), p.173—177.

③ Manuel Gamio, *Forjando patria: Pro-nacionalismo*(Ciudad de México: Libreria de Porrúa Hermanos, 1916), p.10—11.

奥一般，卡德纳斯总统对于土著文化的兴趣并不是对土著文化多样性与主体性的认可，而是强调前哥伦布时代土著文化之于墨西哥民族国家建设基础性的角色与地位，以及对土著族群及其文化的现代化改造。基于此，在1940年第一届的美洲国家土著人会议（Congreso Indigenista Interamericano）上，卡德纳斯总统就曾明确表示：解决墨西哥土著问题并不在于保留其原本的文化特征，也非将墨西哥人“土著化”，而是应该将土著人“墨西哥化”。[①] 这也意味着，对于土著历史文化遗产的象征意义的确立和对当前土著文化的现代化改造是其文化民族主义执政的两个基本面向。

为了构建墨西哥民族国家的根基，寻求民族国家整合发展的路径，卡德纳斯领导下革命制度党政府参与创设了一系列文化研究的公共机构。事实上，早在1915年，在华盛顿举行的第二届泛美大会（el Segundo Congreso Panamericano）上，作为墨西哥代表的加米奥就曾提议每个拉丁美洲国家应当建立人类学机构，对国内族群和人口问题进行科学研究，解决国家发展的重要问题。[②]1932年1月9日，阿方索·卡索·安德拉德（Alfonso Caso Andrade）在瓦哈卡州发现了阿尔班山7号墓。这是墨西哥考古史上最壮观、最丰富的发现之一。这一消息迅速传遍世界，国际考古学界为之震动。在这一情形下，卡索再次提议设立专业的人类学机构，以期投入对墨西哥国家文化遗产保护的行动中。

在对国家发展与学者诉求回应的基础上，卡德纳斯于1936年创立了土著事务部（Departamento de Asuntos Indígenas），这是国立土著研究所的前身[③]。1937年，国立理工学院（Instituto Politécnico Nacional, IPN）生物科学学院成立人类学系，致力于从体质人类学视角对土著族群进行研究。[④]1939年2月3日，卡德纳斯总统颁布了创立国立人类学历史学研究所（Instituto Nacional de Antropología

---

① L Cárdenas, “Discurso del Presidente de la República en el Primer Congreso Indigenista Interamericano,” Pátzcuaro, Michoacán de Ocampo, 14 de abril de 1940.

② Miguel León Portilla, “El pensamiento sociológico de Manuel Gamio,” *Revista Mexicana de Sociología*,Vol.23,No.1(1961).

③ Francisco Sixtos Niniz, “Lázaro Cárdenas y su legado en la educación,” *Revista Vinculando* .Vol.8, No.1(2010).

④ Abraham O.Valencia Flores, “En pos de organizar la educación técnica en México. La construcción del Instituto Politécnico Nacional,” *Estudios de historia moderna y contemporánea de México*.Vol.61(2021).

e Historia, INAH）的法令，发起一项将自然资源、生物资源和地方文化纳入国家经济、政治、教育和旅游发展的计划，以强化对墨西哥本土历史文化财富的了解与普及，推动大众对墨西哥本土文化的认知。① 国立人类学历史学研究所是在教育部的框架下，具有独立法人资格的研究机构，其继承了旧时代墨西哥考古文化研究所的团队及其成果。国立考古、历史和民族志博物馆（el Museo Nacional de Arqueología, Historia y Etnografía）以及有关土著族群的多个研究机构都被整合至国立人类学与历史学研究所中。

虽然面临着政治变革、经济自由主义的转型，国立人类学历史学研究所在墨西哥本土文化遗产的挖掘、恢复、保护和社会利用方面做出了持续的贡献。首任所长阿方索·卡索以加强民族认同，确立墨西哥民众的身份归属作为其学术研究的基本使命，发起并参与了一系列构建墨西哥民族共同起源与记忆的项目。在他的影响下，国立人类学历史学研究所亦开始关注墨西哥本土的文化习俗、口头传统与历史记忆，以人类学理论与实践参与到墨西哥民族身份的建构之中。1939 年成立以来，国立人类学历史学研究所已经发展成为一个有 160 多个博物馆、191 个考古点，遍布墨西哥全国境内的研究网络体系。此外，墨西哥国立人类学历史学研究所参与创立了 4 所相关的人类学民族学研究的教学与科研机构，其中包括国立人类学历史学院（Escuela Nacional de Antropología e Historia, ENAH）、国立保护、修复和博物馆学学院（Escuela Nacional de Conservación, Restauración y Museografía, ENCRyM）、北墨西哥人类学与历史学院（Escuela de Antropología e Historia del Norte de México, EAHNM）和西方文化遗产保护与修复学院（Escuela de Conservación y Restauración de Occidente, ECRO）。此后，国立人类学历史学研究所更是作为主要机构参与到世界遗产保护和非物质文化遗产保护的行动中，得到墨西哥民众的高度认可，并在国际社会享有盛誉。②

① Julia Tuñón, “Educación y exilio español en México. El Instituto Luis Vives, 1939-2010, México, inah(Historia, Enlace),” *Diario de Campo*,Vol.9(2015).

② INAH, “¿Quiénes somos?,” https://www.inah.gob.mx/quienes-somos, 2023 年 5 月 4 日访问。

图 2　墨西哥国立人类学历史学院

差不多同一时期，新成立的国立美术研究所（Instituto Nacional de Bellas Artes,INBAL）发起了一系列建筑文化遗产保护的行动。[①] 在联邦层面之下，各个州、市政府也发起了一系列文化遗产保护的项目。在土著人聚居的恰帕斯、维拉克鲁斯等州，哈佛大学、芝加哥大学的专家团队与墨西哥本土学者合作，开始了一系列土著遗址的发掘，并对区域社会各种类型的文化遗产进行了持续的关注。在官方的专家团队之外，更有知识分子、地方文化精英等民间社会力量也参与到墨西哥文化遗产保护的行动之中。

值得一提的是，卡德纳斯执政期间，在他的家乡米切肯州的塔拉斯坎（Tarascan）地区发起了一项由美国与墨西哥两国学者合作的塔拉斯坎项目（Proyecto Tarasco）。起初，这一项目主要是由威斯康星大学的专家团队在塔拉斯坎地区推广的土著语言扫盲运动。此后，在加州大学洛杉矶分校社会学和人

① Margarita Tortajada Quiroz, “La investigación artística mexicana en el siglo XX: la experiencia oficial de Departamento de Bellas Artes y del Instituto Nacional de Bellas Artes,” *Cultura y representaciones sociales.Vol.*2,No.4(2008).

类学系教授拉尔夫·比尔斯（Ralph Beals）和墨西哥城国家理工学院生物科学学院协调员丹尼尔·鲁宾·德拉博博拉（Daniel Rubín de la Borbolla）的倡议下，塔拉斯坎项目逐渐从语言学的扫盲运动拓展到对这一地区文化遗产的民族志书写中。[①]1943 至 1946 年，一系列记载塔拉斯坎切兰地区饮食、建筑等文化遗产的民族志报告得以出版，并涌现出了诸如《帝国的孩子》（*Hijos del imperio*）等一系列标志性的民族志作品[②]。

20 世纪中叶后，越来越多的人类学者、社会学者和文化研究者投入对土著族群文化遗产的搜集保护中。知识分子明确意识到，在考古等物质文化遗产外，墨西哥地方社会中还有着大量的地方传统知识、民间传说、大众宗教信仰，这些不同类型的文化遗产亟须保护。彼时，遗留物的观念仍然盛行于墨西哥人类学研究中，如何在精神和象征层面挖掘土著历史文化遗产，并将其融入民族国家的建设中，成为当时墨西哥人类学研究的重要使命。1978 年，联邦层面上成立了大众文化总局（la Dirección General de Culturas Populares），开始对本国多元的、有着悠久历史的大众文化传统进行系统研究。[③]诸如安东尼奥·卡索（Antonio Caso）、阿吉雷·贝尔特兰（Aguirre Beltrán）、邦菲尔·巴塔拉（Bonfil Batalla）等著名人类学家也参与到对墨西哥大众文化的研究与保护中，并在学术层面上对如何保护本土社会多样性形态的文化遗产等议题进行了思考。墨西哥社会对文化遗产和大众文化挖掘、保护的历史，构成了非物质文化遗产保护兴起的历史背景。

二、从物质文化遗产保护到非物质文化遗产保护

20 世纪墨西哥大革命之后，革命制度党政府改变了此前数百年种族主义与殖民主义对土著历史文化遗产的否定态度，开始对土著文化遗产的挖掘、整理与保护。如前所述，这种保护并非对历史文化遗产价值意义的彻底认同，亦非

---

① Robert V Kemper, “Estado y antropología en México y Estados Unidos: reflexiones sobre los Proyectos Tarascos,” *Relaciones. Estudios de historia y Sociedad*.Vol.128,No,32(2011).

② George M.Foster, *Los hijos del imperio*(Mich: El Colegio de Michoacán.1983).

③ Francisco Salazar Sotelo, “De la cultura popular a la cultura de masas en México(la ciudad de México en la década de los ochenta),” *Sociológica México*.Vol.15(2015).

对土著族群主体性的承认，而是通过对土著历史文化遗产的挖掘，完成民族国家的认同再造。1968 年墨西哥奥运会前夕，墨西哥城爆发了特拉特洛尔科大屠杀（Masacre de Tlatelolco）[①]。这一事件的爆发，激起了许多人类学者的反思。他们对人类学研究与民族国家的关系进行了深刻的反思。差不多同一时期，后现代思潮也影响墨西哥，并与墨西哥本土的少数族群运动和解放神学运动融合，进一步推动着人类学者的反思，由此造成人类学者与国家权力结盟关系的中断。在这一转型中，人类学者开始强调对土著、少数族群主体性的认可，对于文化多样性主张的呼声也日益强烈，物质文化遗产之外，活态的文化遗产也逐渐成为学者关注的对象。这构成墨西哥非物质文化遗产保护兴起的社会语境。在这一情境下，墨西哥政府通过了一系列立法与国家文化保护计划，开始对物质文化遗产之外的活态文化遗产的保护。

在特拉特洛尔科事件爆发后的 1969 年，墨西哥颁布了《国家财产总法》（*la Ley General de Bienes Nacionales*）[②]。这是墨西哥文化遗产保护的第一部法律。《国家财产总法》主要从物质文化遗产的层面，对墨西哥文化遗产保护范围进行界定，并对国家权力机构在文化遗产保护中的职责进行界定。法律规定，考古遗迹，艺术品、文件和档案、重要或稀有的原始手稿、古版书、书籍、报纸、地图等，以及民族学和古生物学、钱币和集邮作品，图像或任何被联邦及其下属权力组织认定的具备特殊价值的物品都被界定为文化遗产。法律还规定，国家通过公共教育和遗产与工业发展部（las secretarías de Educación Pública y de Patrimonio y Fomento Industrial）确认遗产的属性，并强调联邦、州、市政府或者是任何个体等遗产的拥有者都有保护遗产的义务，未经许可同意不能对遗产进行任何修改。未经法律允许，不得将遗产进行交易、捐赠等。虽然民族主义仍然在一定程度上支配着文化遗产保护的方向，但《国家财产总法》已经开始强调对遗产所有者的尊重与保护。

① 1968 年 10 月 2 日，在墨西哥奥运会开幕的前十天，由于奥运会预算超标等问题，大批学生与平民发起示威运动，最终导致革命制度党政府发起镇压学生与平民的特拉特洛尔科大屠杀。此次事件在一定程度上动摇了革命制度党统治，为墨西哥民主化的转型打下了基础。

② Poder judicial de Chiapas, “LEY GENERAL DE BIENES NACIONALES,” https://www.poderjudicialchiapas.gob.mx/archivos/manager/C50AD2CD-606F-4250-953A-EA471D94BD8A.pdf,2023 年 5 月 6 日访问。

1970年，墨西哥颁布了《联邦国家文化遗产法》(*la Ley Federal del Patrimonio Cultural de la Nación*)。[1]1972年，联合国教科文组织开始世界文化遗产保护后，依据教科文组织的相关规定，墨西哥政府修改了法律，并将其命名为《联邦纪念碑和考古、艺术和历史遗址法》(*la Ley Federal sobre Monumentos y Zonas Arqueológicos, Artísticos e Históricos*)。这一法律规定，为了公共利益，应当保护、保存、恢复和增加在艺术、历史、传统、科学或技术方面有着一定价值的遗产，这些遗产是属于国家的文化遗产。在1969年《国家财产总法》界定的遗产范围外，科学技术收藏品、自然景观和历史文化遗产等任何代表国家利益的遗迹都属于文化遗产。这一法律还规定公共教育部及其附属的文化机构，应当在法律规定的范围内开展有利于文化遗产保护和发展的永久性运动，通过对公共教育的参与实现对国家文化遗产的保护与普遍尊重。公共教育部下属的国立人类学历史学研究所和国立美术学院是承担遗产保护和遗产教育的机构。此外，法律还明确规定，教育部应当通过教育咨询和奖学金计划等多样化的形式，为文化遗产的教学、研究与保护提供专项支持。在两个国家层面的机构之外，联邦各州、国有企业、其他团体、个人也有权利和义务参与到国家文化遗产保护的行动中，教育部应当对这些参与遗产保护的多元主体给予同样的资助。《文化遗产法》鼓励发起“民众行动”，即授权任何协会或个人对其持有的文化遗产提出隶属关系，并启动相应的文化遗产保护程序。法律还对文化遗产保护和所有权确认的具体程序做出了明晰规定。具体包括教育部负责对文化遗产的监管，拥有文化遗产的任何主体不得以损害遗产价值的方式使用、影响文化遗产。文化遗产只有在得到教育部许可的前提下才能进入名录并决定其去向。虽然文化遗产所有者有权决定遗产的使用去向，但必须得到教育部文化遗产公共秘书处的认可。对于遗产的修复，应当首先以符合法律规定的方式对其内容、属性、特征及其与环境的关系进行声明。当遗产物品为私人财产时，国家有权没收遗产，需要给予文化遗产价值相匹配的用途与安置场所。增加国家和地方博物馆、图书馆、档案馆和私立收藏馆对文化的保护与陈列。作为文化遗产组成部分的不动产在转让时需要获得教育部的授权。这一法律还规定，联邦各州

---

① Secretaria de Educacion Publica, “Ley Federal Del Patrimonio Cultural de La Nación,” https://es.scribd.com/document/437979624/Ley-Federal-Del-Patrimonio-Cultural-de-La-Nacion#,2023年5月8日访问。

的公共财产登记处（Registro Público de la Propiedad）亦有权力将地方社会的历史遗留命名为文化遗产。此外，这一法律还对前哥伦布时代文化遗产的合法性进行了确认，规定“前西班牙文明所有遗留下来的动产与不动产，以及与这些文明相关的人类遗迹、动植物都是国家的文物”。规定墨西哥国立人类学历史学研究所等具备公益属性的研究机构具备发掘、探测史前文物的资格。这一法律还承认了殖民时代形成的文化遗迹的合法性。规定 16 至 19 世纪的宗教建筑，殖民机构修建的政治的、民事的、军事的遗迹与慈善机构的建筑物，以及与墨西哥历史相关的手稿、文案和印刷品也应被列入文物和文化遗产的名录中。①

图 3　墨西哥国立人类学博物馆中土著村社民具的陈列

1974 年，墨西哥国家手工艺促进基金（El Fondo Nacional para el Fomento de las Artesanías, FONART）成立。这一基金的成立，极大地推动了墨西哥甚至整

① Cámara de Diputados. “la Ley Federal sobre Monumentos y Zonas Arqueológicos, Artísticos e Históricos,” https://www.diputados.gob.mx/LeyesBiblio/pdf/131_160218.pdf, 2023 年 5 月 3 日访问。

个拉丁美洲国家手工艺保护的工作。1976 年 8 月 12 日，人类学家吉列尔莫·邦菲尔·巴塔拉（Guillermo Bonfil Batalla）担任国立人类学历史学研究所所长时，签署了《墨西哥保护文化遗产宪章》，这份文件强调了全球化进程中地方社会文化多样性保护的重要意义，重点论述了遗产保护在人类社会价值重塑和地方社会创造力表达中的重要价值，并第一次提到了“活态遗产”的概念。邦菲尔认为“人类文化遗产保护包括过去遗存下来的遗产的识别、保护与保存，也包括对传统技术、艺术技能、审美态度以及表达人们信念和理解的活态遗产的保护”，这一活态遗产的概念几乎等同于非物质文化遗产。此外，宪章亦重点强调了社区在文化遗产保护中的重要地位：“为了更充分、完整地保护遗产，确定其生存与活力，最为重要的是社区自身对其文化传统价值的认知。这只能通过对遗产本身的性质及其构成要素逐渐深入的了解，这唯有通过当地居民的持续参与才能实现。同样重要的是，遗产保护的文件及其结果应该返回至社区，由此捍卫遗产真实性与保护的目的。”①

1976 年颁布的《联邦公共行政组织法》（*la Ley Orgánica de la Administración Pública Federal*）详细规定了联邦行政权力机构在文化遗产保护方面的任务。这一法律规定教育部在文化遗产保护、文化传播和文化教育方面承担着最为重要的职责。教育部的职责主要包括组织和发展官方艺术教育，将艺术教育纳入国家教育系统，负责管理各种类型的图书馆，建立科学技术机构、实验室等从事文化教育和研究的机构。教育部承担赞助和举办科学、技术、文化和教育等方面的大会竞赛等职能，为从事文化研究的学者提供奖学金支持，参与负责一系列文化推广行动等职责。此外，教育部还负责历史、考古、艺术等博物馆的组织、维护和管理，承担保护古迹、历史名胜或自然文化遗产等职责，承担保护和研究土著族群及其文化传统的职能，并在职责范围内制定相关的法律措施。《联邦公共行政组织法》还对其他行政部门的文化职能进行了界定。诸如内政部（la Secretaría de Gobernación）负责管理国家总档案馆，指导和管理电台、电视台的运营，负责对出版物、广播或电视传输和电影的监督。遗产和工业发展部（la Secretaría de Patrimonio y Fomento Industrial）负责拥有、监督和管理未分配给其他机构的文化遗产，并对文化遗产的所有权进行管理，负责文化遗产的评

① INAH, “Carta de México en Defensa del Patrimonio Cultural,” https://revistas.inah.gob.mx/index.php/conversaciones/article/view/13570/14662, 2023 年 1 月 9 日访问。

估与登记。交通运输部为无线电广播和文化电视台的建立与运营颁发特许权和许可证。外交部负责向国外传播与民族文化有关的信息，制定交流协定和外交档案等。①

1982 年 7 月 26 日至 8 月 6 日，联合国教科文组织在墨西哥城召开了世界文化政策会议，这是墨西哥文化遗产保护史上的大事，对墨西哥乃至世界文化遗产的保护产生了重要的影响。此次会议明确了文化与发展的关系，此次会议形成的《墨西哥城文化政策宣言》为 2001 年联合国教科文组织《世界文化多样性宣言》、2003 年《保护非物质文化遗产公约》的制定打下了坚实的基础。此次会议上，墨西哥派出了公共教育部部长费尔南多 · 索拉纳 · 莫拉莱斯（Fernando Solana Morales）和文化部副部长罗杰 · 迪亚兹 · 德 · 科西奥（Roger Díaz de Cossío）组成的代表团。代表团参与会议宣言的制定中，支持“促进更广泛地参与文化生活，鼓励文化活动”。②《墨西哥城文化政策宣言》界定了文化的概念，强调“文化是社会或社会群体特有的精神、物质、智力和情感特征的综合体。它不仅包括艺术和文学，还包括生活方式、人的基本权利、价值体系、传统和信仰”。这一定义超越了自然和文化遗产对文化概念的切分，强调了文化涵盖日常生活的方方面面，主张文化是人民生活的方式，是价值观的表达。此外，此次会议还重新定义了发展的概念，认为发展并非仅是以经济为核心的单向进化或是经济还原主义的问题，而是一个复杂的、多维度的进程。主张“真正发展的目的在于使每个人都永远过着幸福和充实的生活”。会议重申了不同文化之间的平等地位，强调：“国际文化合作应以尊重文化特性、承认所有文化的尊严和价值、承认国家独立和主权和互不干涉为基础，应避免一切形式的从属关系或以一种文化取代另一种文化。”③ 强调文化之于过去、未来和社会发展的重要意

① Instituto Nacional de Desarrollo Social, “Ley Orgánica De La Administración Pública Federa,” https://www.gob.mx/indesol/documentos/ley-organica-de-la-administracion-publica-federal-62720, 2023 年 5 月 9 日访问。

② Carlos Javier Villaseñor Anaya, “Políticas culturales para la salvaguardia del patrimonio cultural inmaterial. Antecedentes, evolución y perspectivas a future，en Lara Plata, Lucio,” in *Comunidades en movimiento. Aproximaciones a la expresión inmaterial del patrimonio cultural*(México: Secretaría de Cultura,2017), p.105—132.

③ 联合国教科文组织：《从理念到实践——联合国教科文组织 70 年》，联合国教育科学文化组织，2020 年。

义，主张政府和社区都应该参与到文化政策的制定之中。

1992 年，世界记忆计划（el Programa de la Memoria del Mundo）在墨西哥的实施，进一步推动着墨西哥政府对于活态遗产的保护。1994 年，土著人聚居的墨西哥恰帕斯州爆发萨帕塔民族解放运动（EZLN）。在这一运动的推动下，2001 年颁布的《宪法》明确承认了墨西哥社会的文化多样性。宪法第 2 条规定“国家有最初由多元文化的土著人民构成，他们是这片土地原有的主人，他们保留了自己的社会、经济、文化和政治制度。”在宪法第 2 条 A 节中，土著人民和社区的自治、自决权得到了承认和保障。他们被赋予拥有自主决定其内部共存和组织形式的权力。强调对土著族群的语言、知识和构成文化身份的所有元素的保护，这对后续的非物质文化遗产保护产生了重要的影响。[①] 在宪法改革的基础上，2003 年 3 月，墨西哥颁布了《土著人民语言权利总法》（*Ley General de Derechos Lingüísticos de los Pueblos Indígenas*），设立了国立土著语言研究所（Instituto Nacional de Lenguas Indígenas）。[②]2003 年 5 月 21 日，墨西哥政府通过了国家土著人民发展委员会法（la Ley de la Comisión Nacional para el Desarrollo de los Pueblos Indígenas）[③]，宣布废除大革命时期设立的、致力于整合土著族群的国家土著研究所。2005 年 10 月 27 日，墨西哥联邦参议院批准了《保护非物质文化遗产公约》，成为《公约》第 155 个缔约签署国。至此，墨西哥政府在《保护非物质文化遗产公约》的框架下，正式开始对本国非物质文化遗产的保护。

三、官方主导：墨西哥非物质文化遗产保护的制度建设

墨西哥有着漫长的、悠久的非物质文化遗产保护的历史，在联合国教科文组织批准《非物质文化遗产保护公约》后的不久，墨西哥就成为《公约》缔约

① Moisés Jaime Bailón Corres, *Derechos Indígenas en México 2001- 2019: Algunas consideraciones sobre la evolución de las resoluciones del Poder Judicial de la Federación*(Ciudad de México:CNDH,2019), p.143.

② Instituto Nacional de Lenguas Indígenas, “Ley General de Derechos Lingüísticos de los Pueblos Indígenas ,” https://site.inali.gob.mx/LGDPI/pdfs/Ley_pame.pdf, 2023 年 4 月 20 日访问。

③ Cámara de Diputados, “Ley de la Comisión Nacional para el Desarrollo de los Pueblos Indígenas,” https://www.diputados.gob.mx/LeyesBiblio/abro/lcndpi/LCNDPI_abro_04dic18.pdf, 2023 年 4 月 19 日访问。

国。在相当长的时间里，墨西哥政府延续了文化遗产保护的各种机构与制度，在非物质文化遗产保护的制度建设上表现出明显的官方主导的特征。

（一）墨西哥非物质文化遗产保护的机构设置

1. 从文化秘书处到文化部：联邦层级非遗保护的机构

墨西哥联邦层级文化遗产保护机构的设置始于20世纪50年代。海梅·托雷斯·博德（Jaime Torres Bodet）在担任教育部部长时设立了文化事务司（la Subsecretaría de Asuntos Culturales），将文化遗产的挖掘、保护等职能纳入教育部的行政管理中。[①] 此外，诸如国立人类学历史学研究所、国立美术研究所、墨西哥国立青年研究所（Instituto Nacional de la Juventud Mexicana）、图书馆和视听教育总局（Departamento de Bibliotecas y la Dirección General de Educación Audiovisual）也隶属于该秘书处管理。

1971年，文化事务司专门成立了大众艺术总局（Dirección de Arte Popular），试图将大众艺术与公共文化活动纳入行政管理体系中，以此回应20世纪60年代以来社会力量借大众艺术之名发起抵抗运动，确保国家秩序的稳定。由于机构级别过低、职责不清与人员匮乏等诸多原因，这一机构成立后并没有太多活动。[②]1977年，波菲里奥·穆尼奥斯·莱多（Porfirio Muñoz Ledo）担任教育部部长，应人类学家鲁道夫·斯塔文哈根（Rodolfo Stavenhagen）的要求，他在大众艺术总局的基础上，成立了直属于文化事务司的大众文化研究所（Instituto de las Culturas Populares），以推动、服务大众文化的生产、研究和管理为主要目的。[③]

1988年，在文化多样性逐步得到墨西哥社会认同的情形下，文化事务司被改造为直属于教育部的国家文化艺术委员会（Consejo Nacional para la Cultura y las Artes，CONACULTA）。国家文化艺术委员会成为挖掘、保护墨西哥多元文化传统的重要机构，并承担了文化遗产的保护与传播、推动墨西哥民间艺术发

---

① Fabio Moraga Valle, “Jaime Torres Bodet y la permanencia del ‘espiritualismo’ en el sistema educativo mexicano, 1921—1964,” *Cuadernos Chilenos de Historia de la Educación*. Vol.10(2018).

② Carlos Monsiváis, “Notas sobre cultura popular en México,” *Latin American Perspectives*.Vol. 5,No.1(1978).

③ Claudia Fedora Rojas Mira, “Los anfitriones del exilio chileno en México, 1973-1993,” *Historia crítica*.Vol.60 (2016).

展等职责。[①]1989年，在人类学者吉列尔莫·邦菲尔（Guillermo Bonfil）的提议下，墨西哥国家文化艺术委员会发起了市政和社区文化支持计划（el Programa de Apoyo a las Culturas Municipales y Comunitarias，PACMYC）。这是一个以社区和地方社会为主体的公共文化培育计划，目的在于通过地方社会活力与主体的再造，挖掘、培育、传承具备突出影响力的公众文化活动，生产能够体现出墨西哥价值的大众文化传统。市政和社区文化支持计划力求在对文化多样性保护的同时，在文化层面培育墨西哥民族国家的创造力。[②]

值得一提的是，在市政和社区文化支持计划的框架下，各州纷纷设立了大众创作规划和支持委员会（Comisiones de Planeación y Apoyo a Creación Popular CACREP）。这是教育部与地方文化机构、民间社会代表共同组成的合议机构，主要负责市政和社区文化支持计划在各州与地方的执行。这一项目通常由传承人提出，他们在州级文化单位的指导下，选择与对这一项目感兴趣的行政、企业主体合作，最终在项目所在地完成大众文化的传承、创作与更新。截至2016年，这一项目已经资助23800个文化项目，其中65%来源于农村地区，约50%的项目是土著族群的传承人发起的。[③]这一始于1989年的项目，成为当下墨西哥非遗保护的重要方式。仅在2017年，这一项目就拨付了8000万比索，对国内1350个非遗项目发起了保护。正是在这一项目的支持下，索塔文托地区（Sotavento）濒临灭迹的文化传统亚罗桥（Jarocho）得到了延续。玛雅地区前西班牙音乐文化玛雅派克斯（Mayapax）得到了恢复。此外，米切肯州普雷佩查（Purépecha）和蒂拉卡连特（Tierra Caliente）等地音乐舞蹈传统，瓦哈卡和格雷罗海岸的音乐和传统舞蹈，以及华斯特卡（Huasteca）等地的音乐传统也均得到了支持。在2017年拉丁美洲保护非物质文化遗产地区中心的年度会议上，参与会议的15个拉丁美洲国家对“市政和社区文化支持计划”给予了极高的评价，认为这一项目在非物质文化遗产保护的资金投入、持续年限和保护效果上都取

---

① Sergio Yáñez Reyes, “El Instituto Nacional de Antropología e Historia: antecedentes, trayectoria y cambios a partir de la creación del CONACULTA,” *Cuicuilco,*Vol.38,No.13(2006).

② Héctor Rosales, “Cultura popular. Definiciones y acciones,” *Culturas populares e indígenas*.Vol.18(2004).

③ Carlos Javier Villaseñor Anaya, *Estado del Arte de la Salvaguardia del Patrimonio Cultural Inmaterial. México* (Cusco:UNESCO / CRESPIAL,2017), p.35.

得了极佳的效果，是墨西哥在非物质文化遗产保护的公共政策上为拉丁美洲国家做出的良好示范。①

在正式加入《公约》、非物质文化遗产保护工作如火如荼的情形下，2007 年，墨西哥教育部统筹了国内非遗保护的多方力量，先后成立了促进和保护非物质文化遗产工作组（Grupo de Trabajo para la Promoción y Protección del Patrimonio Cultural Inmaterial）和墨西哥国家非物质文化遗产委员会（Comisión Nacional del Patrimonio Cultural Inmaterial de México），这是墨西哥非物质文化遗产保护的正式机构。促进和保护非物质文化遗产工作组主要处理非物质文化遗产保护的技术标准与保护清单的要求。承担包括召集专家组，系统学习联合国相关文件精神，制定墨西哥非物质文化遗产名录的标准与保护工作清单，向联合国教科文组织报告墨西哥非物质文化遗产制度建设的文件，确立墨西哥非物质文化遗产保护范畴与重点领域等职责。②

2010 年 11 月，在原有促进和保护非物质文化遗产工作组的基础上，墨西哥国家文化艺术委员会宣布成立国家保护非物质文化遗产委员会（Comisión para la Salvaguardia del Patrimonio Cultural Inmaterial de México），并最终于 2011 年 3 月 22 日正式运作。墨西哥国家非物质文化遗产委员会由墨西哥国家文化艺术委员会发起，由大众文化总局、外交部、教育部、国立人类学和历史研究所、国立艺术研究所、国家土著人民发展委员会、国家土著语言研究所、墨西哥国立自治大学、众议院文化委员会和全国州长会议文化委员会等共同组成。在强调各部门自身权责的基础上，墨西哥国家非物质文化遗产委员会致力于推动不同部门的协作与配合，进一步推进非物质文化遗产的保护工作。委员会设有由不同领域的专家、学者和研究人员共同组成的技术委员会，以及一个由非政府组织组成的咨询委员会。技术委员会承担了非物质文化遗产保护的基本工作，并确立了非物质文化遗产保护的一系列制度建设。具体内容包括确立墨西哥国家非物质文化遗产委员会建立、运行的法律和行政基础，建立联合国大会决议在墨西哥的实施机制，

---

① Secretaría de Cultura, “Unen esfuerzos para salvaguardar el patrimonio cultural inmaterial de México,” https://www.gob.mx/cultura/es/prensa/unen-esfuerzos-para-salvaguardar-el-patrimonio-cultural-inmaterial-de-mexico?idiom=es, 2023 年 4 月 18 日访问。

② Carlos Javier Villaseñor Anaya, *Estado del Arte de la Salvaguardia del Patrimonio Cultural Inmaterial México* (Cusco:UNESCO / CRESPIAL,2017), p.18—19.

与社区、学术机构间的整合互动机制，确立墨西哥政府依据《公约》清单制作注册文件的机制，建立墨西哥向联合国教科文组织提交提案的官方渠道，在联邦与各州、市政府间建立协调机制，制定、实施非物质文化遗产保护的综合性国家机制，建立评估各州、市推进非物质文化遗产保护的标准等。①

基于国家文化艺术委员会在非物质文化遗产保护中的作用，2014—2018 年文化艺术特别计划（Programa Especial de Cultura y Arte, PECA）确立了国家文化艺术委员会是墨西哥非物质文化遗产保护的联邦执行机构，是墨西哥非遗保护国家行动方案的制订者。虽然国家文化艺术委员会在墨西哥非物质文化遗产保护中起着重要作用，但国家文化艺术委员会并非独立的行政部门，而是隶属于教育部，是在教育部职能体系下对文化活动进行管理的权力下放机构。墨西哥缺少独立的文化管理机构的状况在 2015 年发生了变化。②2015 年 9 月 7 日，佩尼亚·涅托总统关于创设独立的"文化部"（Secretaría de Cultura）的提案被送往众议院。当年 12 月 13 日，教育部部长抨击了墨西哥既有行政体系对文化部门的忽视，强调独立的文化部门的设立对保障民众的文化权利，推动国家和社会发展有着重要意义、2015 年 12 月 17 日，联邦官方公报宣布通过成立文化部的法案，并于 2015 年 12 月 18 日生效。③ 文化部的成立，宣告着成立 27 年的国家艺术委员会从教育部中独立，成为联邦政府内阁的重要部门。依据墨西哥法律规定，在 2018 年新总统上任之前，国家文化艺术委员会仍然是墨西哥非物质文化遗产保护最为重要的官方机构。2018 年总统选举完成，奥布拉多尔总统上台后，非物质文化遗产保护的工作直接由文化部负责。

新成立的文化部，不仅沿袭了国家文化艺术委员的相关职能，其职能也得到了极大的扩张。墨西哥文化部以负责全面保护国家文化遗产的各种艺术和文化表现形式、促进文化的创造、发展与传承，通过文化政策的制定与实施使整个墨西哥社会受益为宗旨。目前，文化部的主要职责包括承担墨西哥艺术和文

---

① Carlos Javier Villaseñor Anaya, *Estado del Arte de la Salvaguardia del Patrimonio Cultural Inmaterial México*(Cusco:UNESCO / CRESPIAL,2017), p.19—21.

② Carlos Javier Villaseñor Anaya, *Estado del Arte de la Salvaguardia del Patrimonio Cultural Inmaterial México*(Cusco:UNESCO / CRESPIAL,2017), p.25.

③ Secretaría de Gobernación, "DOF: 17/12/2015," https://dof.gob.mx/nota_detalle.php?codigo=5420363&fecha=17/12/2015，2023 年 4 月 8 日访问。

化表现形式的推广和传播，促进教育和艺术文化研究，为文化基础设施提供空间和服务，保护、促进和传播遗产和文化多样性共识，支持艺术创作和创意产业的发展，为社会提供充足的文化产品和服务、通过数字技术促进大众文化发展等职能。

文化部成立后，原有的大众文化总局更名为大众、土著和城市文化总局（Dirección General de Culturas Populares Indígenas y Urbanas，DGCPIU），成为墨西哥文化部的重要组成。大众、土著和城市文化总局以推动对大众文化的保护，尤其是土著族群和非裔族群的文化保护为使命，承担了非物质文化遗产保护、发展的职能。大众、土著和城市文化总局与拉丁美洲非物质文化遗产保护协调中心保持密切的联系，促进、鼓励对各种类型的非物质文化遗产的保护、推广与研究，在制定和协调本土文化表现形式与非物质文化遗产保护战略关系的基础上，从整体层面上推动国家文化的发展。此外，大众、土著和城市文化总局与 20 多个州的文化单位建立了联系，形成遍布墨西哥各州的非物质文化遗产保护网络。①

2. 其他参与非遗保护的行政与事业主体

在官方行政体系之外，墨西哥社会还有一系列学术机构和社会团体也参与到非遗保护的行动，其中代表性的机构如下：

（1）国立人类学历史学研究所②

如前所述，国立人类学历史学研究所是卡德纳斯总统执政时期专门设立的，致力于挖掘墨西哥社会土著文化遗产，服务于民族国家建设的机构。国立人类学历史学研究所参与制定了一系列保护土著文化遗产的法律法规。国立人类学历史研究所对土著文化遗产保护的实践，甚至可以被视为今天墨西哥非遗保护的前身。近年来，国立人类学历史学研究所开始各类文化遗产进行系统调研，并完成了清单编制的工作。在得到文化部授权后，国立人类学历史学研究所专门设立了非遗保护的机构，推动多个学术机构参与至非遗保护的行动中，并对

① Secretaría de Cultura, “Dirección General de Culturas Populares Indígenas y Urbanas,” https://www.culturaspopulareseindigenas.gob.mx/index.php/quienes-somos/directorio/oficinas-centrales/659-directorio-dgcpiu, 2023 年 5 月 3 日访问。

② Carlos Javier Villaseñor Anaya, *Estado del Arte de la Salvaguardia del Patrimonio Cultural Inmaterial México*(Cusco:UNESCO / CRESPIAL,2017), p.26—27.

这些机构非遗保护的实践进行指导。

具体而言，国立人类学历史学研究所设有两个专业的非遗保护机构，即国家人类学委员会（la Coordinación Nacional de Antropología）和世界遗产局（la Dirección de Patrimonio Mundial）。国家人类学委员会致力于联系国内人类学机构与学者，开展非物质文化遗产的研究、培训和传播等活动，力求从整体层面推动墨西哥学界对非物质文化遗产的研究。因此，国家人类学委员会曾举办“21 世纪变革背景下的文化遗产”（El Patrimonio Cultural en el Contexto de las Transformaciones del Siglo XXI）的研讨会，在墨西哥社会变迁的语境下对非物质文化遗产保护的定义、属性与保护方向等问题进行探讨。世界遗产局成立于 2001 年，目的是将国立人类学历史学研究所遗产保护业务与联合国教科文组织秘书处对接。世界遗产局最初是在自然和文化遗产领域负责与教科文组织对接的工作。在非物质文化遗产保护开始后，世界遗产局也参与非物质文化遗产保护领域的工作。其中包括对教科文组织非物质文化遗产保护相关文件的解读，参与《公约》在墨西哥实施方案的制订，参与墨西哥国家非物质文化遗产名录的制定等工作。

依托于国立人类学历史学研究所的国立人类学历史学院也是墨西哥非物质文化遗产保护的重要机构。国立人类学历史学院在人类学学科体系下培养大量参与非物质文化遗产保护的专业人员，推动多个非物质文化遗产研究的学术性项目，参与制定非物质文化遗产保护的公共政策、战略与各种法规的制定。

此外，国立人类学历史学研究所组织了一系列非物质文化遗产保护的学术活动。2017 年，国立人类学历史学研究所与拉丁美洲保护非物质文化遗产地区中心在墨西哥索诺拉州（Sonora）埃莫西约（Hermosillo）联合举办了保护非物质文化遗产国际大会。此次会议上，来自拉丁美洲多个国家的 290 名学者分享了拉美各国非遗保护的理念与实践，探讨了非物质文化遗产保护与移民、大众文化和少数族群关系等议题。

（2）国立土著语言研究所[①]

依据《土著人民语言权利总法》（*La Ley General de Derechos Lingüísticos de los Pueblos Indígenas*，LGDLPI），墨西哥于 2003 年创立了国立土著语言研究所。

---

① Gobierno de Mexico, “Instituto Nacional de Lenguas Indígenas,” https://www.inali.gob.mx, 2023 年 5 月 8 日访问。

作为墨西哥官方土著语言研究与保护机构，国立土著语言研究所以促进土著语言的保护与发展为宗旨。通过对墨西哥三级政府的政策咨询与建议，参与国家土著语言保护方案的制订。在文化部成立后，国家土著语言研究所归属文化部管理，在非物质文化遗产尤其是语言文化遗产保护上做出了重要贡献。

（3）国家版权局（Instituto Nacional del Derecho de Autor，INDAUTOR）①

国家版权局隶属于墨西哥文化部。《联邦版权法》（*La Ley Federal del Derecho de Autor*，LFDA）规定国家版权局是墨西哥版权保护的行政机构。国家版权局也是非物质文化遗产保护的重要主体。《联邦版权法》第103条规定了国家版权局在非遗保护方面的权力，其中包括对流行艺术、大众文化版权保护的职责。《联邦版权法》规定，对于构成墨西哥多元文化传统的表现形式、习俗以及传统的使用方式，只要他们有一个可供识别的作者，就与其他作品一样，拥有受到版权保护的权利。需要提及的是，《联邦版权法》对非物质文化遗产版权的规定，并非对所有者经济利益的强调。版权法主张对非物质文化遗产的使用是免费的、公开的，主张不应歪曲地方社会多元文化传统，不应对非遗所属社群的声誉造成损害。

（4）国家土著人民发展委员会（Comisión Nacional para el Desarrollo de los Pueblos Indígenas, CDI）②

国家土著人民发展委员会是直接隶属于联邦行政部门的机构，以促进土著人民的整体发展，减少土著地区的贫困作为基本职能。虽然国家土著人民发展委员会没有直接参与非物质文化遗产保护，其却在宏观层面对墨西哥非物质文化遗产保护做出了一系列指导。国家土著人民发展委员会在2014至2018年土著人民特别计划中，明确提出要“加强和保护土著人民的文化，承认他们的民族遗产的特征”。“土著人民特别计划”强调促进旨在保护、发展和传播土著人民、社区艺术和文化表现形式的行动，承认土著族群文化习俗，并将其作为决策的基本要素。这些都在宏观层面上为墨西哥非物质文化遗产保护，尤其是土

① “Instituto Nacional del Derecho de Autor.Misión y visión,” https://www.indautor.gob.mx, 2023年4月29日访问。

② Gobierno de México, “Comisión Nacional para el Desarrollo de los Pueblos Indígenas,” https://www.gob.mx/inea/documentos/comision-nacional-para-el-desarrollo-de-los-pueblos-indigenas, 2023年4月29日访问。

著族群非物质文化遗产保护提供了重要的参考。

（5）墨西哥社会人类学高等调查研究中心（Centro de Investigaciones y Estudios Superiores en Antropología Social, CIESAS）①

社会人类学高等研究中心是隶属于国家科学技术委员会（Consejo Nacional de Humanidades, Ciencias y Tecnologías, CONACYT）的公共研究机构，主要从事社会人类学、历史学、民族史学和语言学等学科的学术研究与人才培养，此外亦有地理学、社会学和政治学等相关学科。社会人类学高等研究中心拥有 160 名研究人员，在墨西哥城、哈利斯科州、韦拉克鲁斯州、瓦哈卡州、恰帕斯州、尤卡坦州和新莱昂州等多地设有分支机构。作为一个跨学科研究机构，社会人类学研究中心的学者参与到大量的非物质文化遗产保护的工作中。

图 4　墨西哥社会人类学高等调查研究中心墨西哥城总部

① Centro de Investigaciones y Estudios Superiores en Antropología Social，“Nuestra historia,” https://ciesas.edu.mx，2023 年 4 月 29 日访问。

（6）墨西哥国立自治大学多学科研究区域中心（Centro Regional de Investigaciones Multidisciplinarias, CRIM）①

墨西哥国立自治大学多学科区域研究中心发起了一系列文化、政治和多样性研究计划（Programa de Estudios Cultura, Política y Diversidad）。对于非物质文化遗产的跨学科研究正是这一计划的重要组成。近年来，多学科研究中心发起了非物质文化遗产和文化多样性讲坛（Cátedra de Patrimonio Cultural Inmaterial y Diversidad Cultural）。依托于这一平台，墨西哥已经参与、举办了数届国际非物质文化遗产保护经验大会。

（二）墨西哥非物质文化遗产保护的相关立法

虽然墨西哥非遗保护的历史并不算短，但必须承认的是，截至 2023 年，墨西哥并没有在国家层面上建立非遗保护的法律体系。此外，在墨西哥现有联邦法律体系下，联邦宪法高于专业法律。实质性的、专业性的法律是对联邦宪法在相关领域内的具体化。此外，联邦宪法和联邦专业法律高于州一级别的宪法。市一级的议会缺乏立法权，只能在市政层面上颁布各项法规。

在缺乏统一的、专业性法律的情形下，各州政府只能依据地方性经验，在州一级层面上对非遗保护进行立法，导致当前墨西哥各州非遗立法的诸多问题。虽然各州政府都声称区域立法都是基于联合国教科文组织和文化部对于非物质文化遗产保护的相关规定，但各州对非物质文化遗产的立法都不区分物质与非物质文化遗产，更没有确立保障措施与具体内容。大多数州非遗法律的制定多是由旅游部门、发展部门完成的，州一级的文化部门对非遗立法的参与非常有限。在这一背景下，大部分州只是从旅游发展、商业开发的视角对非物质文化遗产保护与利用进行规定。没有明确政府部门保障非物质文化遗产的职责，没有制定非遗保护的具体措施，没有确立非遗资源分配的机制，没有提及社区在非遗保护中的主体地位。一些州的非遗立法甚至与《公约》的相关规定冲突。

虽然缺少非物质文化遗产保护的专业法律，《联邦公共行政组织法》（*Ley Orgánica de la Administración Pública Federal*）第 41 条第 2 款详细规定了文化部

① Centro Regional de Investigaciones Multidisciplinarias, “Historia,” https://www.crim.unam.mx, 2023 年 4 月 29 日访问。

的职能，尤其是在非物质文化遗产保护中的职能，其中包括：[①]

1. 在联邦公共行政部门的其他机构和实体以及联邦实体、市政当局和文化界的参与下制定和实施国家文化政策；

2. 保存、保护、维持国家文化遗产的考古、历史和艺术遗迹；

3. 根据相关法律规定制定和实施国家文化计划；

4. 根据相关法律规定，在以下方面配合采取的行动：

a）主要涉及国家人口，文化、考古和历史遗产保护和修复相关的人类学与历史研究；上述遗产的保护、保存、修复和恢复以及上述事项的推广和传播，以及；

b）音乐、雕塑艺术、戏剧、舞蹈、各类型文学、建筑的培养、促进、鼓励、创作、专业教育、艺术性与文学性研究和艺术传播。

5. 组织和管理公共图书馆和博物馆、艺术展览、会议和其他文化活动；

6. 与公共教育部门合作设计适用于各级学校和公共机构、注册机构及认可机构的艺术教育与文化研究课程，以促进各类艺术形式及传统或流行艺术的教学与传播；

7. 制定策略、机制和措施，以及促进和传播文化、历史和艺术的项目、计划及行动的制定，并推动形成公共、社会和私人部门共同参与的新公共空间；

8. 促进文化传播和发展的手段，关注文化多样性的所有表现形式；

9. 促进、传播和保护土著语言、文化表现形式、土著语言创作，以及土著人民以社区方式对其艺术创作持有的文化和财产权；

10. 促进和鼓励历史、传统及流行艺术的研究、保护和推广；

11. 促进与其他国家的文化关系；促进并参与文化交流协议，并与外交部合作，在国际上推广墨西哥文化；

12. 促进广播、电视及出版业的电影、视听制作，鼓励在其中纳入具有文化和艺术相关主题，以及旨在促进文化发展和有民族语言归属的主题，以及设计、推广和提出文化和艺术制作的方针；

---

① Sil, “Ley Orgánica de la Administración Pública Federal,” https://nsil.gobernacion.gob.mx/, 2023 年 5 月 9 日访问。

13. 指导和调整除隶属其他机构外的隶属联邦行政部门传播文化内容的广播和电视的管理；

14. 促进国内戏剧的发展与进步，以及对创作者、演员、布景人加以支持；

15. 为墨西哥国内外计划开展艺术、文化研究相关的学生提供奖学金，并促进文化和艺术交流的合作协议；

16. 与其他机构合作，促进和鼓励利用信息通信技术传播和发展文化，以及推动国家提供的文化产品和服务，同时考虑到文化多样性的多种表达，在符合相关规定的情况下，充分尊重创作自由；

17. 行使《国家资产总法》和《联邦考古、艺术和历史遗迹法》就考古、艺术和历史遗迹以及考古、艺术和历史遗迹领域规定的所有权力；

18. 组织、管理并及时更新文学、艺术所有权的登记，并根据《联邦版权法》的规定行使版权和相关事务的权力；

19. 制定全国各地区历史文化遗产名录；

20. 制定和管理国家古迹名录；

21. 组织、支持和管理历史、考古和艺术博物馆、美术馆与展览，关注国家文化遗产的历史与艺术瑰宝的完整性、维护与保护工作；

22. 设立机构间的咨询委员会，政府部门的专家也可以参与其中；

23. 起草并签署公共或私人、国家和国际机构就其职权范围内的事项的公约、协议、协调基础和其他法律文书，以及

24. 在有特定社会问题的城市中，与联邦公共行政的其他附属机构和部门合作开展社区文化项目及活动；

25. 与联邦实体、市政当局和社区的相应部门合作，在国内外促进、联系、发展和传播艺术作品；

26. 促进艺术创作和文化接触，以及文化权力的行使。

2016年，《文化部内政条例》（*Reglamento Interior de la Secretaría de Cultura*）对文化部在非物质文化遗产保护领域内的具体职责做出了更为细化的规定：[1]

① Secretaría de Gobernación, "Reglamento Interior de la Secretaría de Cultura," https://www.dof.gob.mx/nota_detalle.php?codigo=5460041&fecha=08/11/2016, 2023 年 5 月 9 日访问。

文化部设内部监督机构，按照本条例第八章的规定进行管理。根据适用的法律规定，文化部将根据其授权预算设立必要的下属单位，并履行该部总体组织手册中规定的职能。

第三章

第 9 条　除了本条例第 7 条规定外，文化多样性与阅读推广部还将负责以下事项：

1. 协调激发文化创造力的项目和行动；就艺术、文化和遗产以及文化基础设施问题与联邦和市政府联络；包括物质和非物质遗产、大众文化和城市文化和文化旅游；文化部参与的出版物，以及促进书店、图书馆和其他公共和私人阅读和传播书籍的场所的建立和发展；

2. 通过与公共、私营和社会部门建立联系，协调和监督旨在促进文化旅游的行动和方案；

3. 协调文化部参与出版计划，以及国家公共图书馆网络的扩展和现代化，促进和鼓励图书和期刊的编辑、发行和商业化，力求丰富图书及其阅读的价值链；

4. 协调社区文化项目与行动，以及旨在加强边缘化城市的社会联结的项目和行动，以及传播、促进和鼓励墨西哥文化多样性的项目和行动，

第五章

第 14 条　除本条例第 12 条的规定外，国际事务总局履行以下职责：

8. 在文化相关的国际场合代表文化部，以在国外传播国家文化和艺术遗产并促进在墨西哥的其他国家文化活动；

9. 参与有关物质和非物质文化遗产抢救、保护、保存、编目、传播、管理的国际合作项目，以及支持社会广泛参与的国际文化合作项目；

14. 与外交部协调，通过展览、论坛、研讨会、大会、国际展览会和节庆活动传播考古、历史和艺术遗产，提升墨西哥在国外的形象。

第 18 条　除本条例第 12 条的规定外，大众、土著和城市文化总局具有以下职责：

1. 与有关当局协调，提出社会和社区层面的文化艺术方案，并开展有关文化活动以在暴力发生率较高的社区重建社会团结；

2. 设计保护和发展大众文化、土著文化和城市文化的政策，必须通过

制定机构间协调计划，以综合方式考虑文化现象，从而加强对大众、土著和城市文化表达形式的尊重、欣赏和推广；

3. 促进和鼓励对历史、传统、大众艺术和非物质文化遗产的研究、保护和推广；

4. 通过工艺、传统、舞蹈、音乐、语言、服装、美食、建筑、习俗和流行表演，促进大众艺术的研究、保护、推广、表达和传播，以及形成和协调传统相关的大众和土著艺术的数据库；

5. 设计、制定、协调和评估加强对大众和本土文化表达形式和非物质文化遗产的尊重、欣赏、推广和保护的战略，以促进国家的文化发展；

6. 促进创建支持手段，以发展大众社区和土著社区成员的艺术和智慧技能；

7. 制定和促进大众和土著社区成员的培训战略，使其致力于研究、保护和促进他们的文化价值；

8. 与社会各阶层一起安排行动，使人们认识到大众文化的创造潜力；

9. 考虑人口的条件、需求和特点，设计和推广大众文化活动；

10. 规划、组织和管理由文化部协调的专门用于促进和传播艺术、大众和土著文化的博物馆空间的开发和运营，以促进所述艺术、文化及其创作者的传播；

11. 协调、实行和监督市政和社区文化的活动，以及

12. 在国家层面推广非物质文化遗产和大众和土著文化。

第 19 条　除了本条例第 12 条的规定外，国家有声资料总局履行以下职责：

1. 通过实施收集、保护、保存、获取和了解有声遗产的方法，保护国家的有声遗产，使研究者、教师、学生和公众能够接触到墨西哥的声音遗产；

9. 实施允许访问音频图书馆、虚拟平台和阅览室的战略，制定保证公众可接触到文化部有声遗产的指南，以增加对我国有声遗产的了解；

11. 制定允许传播有声遗产的艺术和文化活动方案，并通过音乐会、展览和声音装置等活动促进有声文化，以增进公众对保护记忆重要性的认识。

虽然面临重重困境，墨西哥文化部并没有放弃非遗立法的努力。文化部坚持认为，立法在非遗保护中具有重要的意义与价值。尤其是在新自由主义深入墨西哥社会的当下，对于非遗的立法，能为土著、乡村社区的知识、表现形式、文化传统提供法律保护，避免其被商业利用与剽窃。2017 年，墨西哥文化部与参议院召开非物质文化遗产保护立法的协调会，以期进一步推进墨西哥非遗立法的工作，为墨西哥非物质文化遗产保护创立良好公共环境。

（三）关于非物质文化遗产保护清单编制的标准与流程

虽然缺少相应的法律制度，但在国家文化艺术委员会和文化部的领导下，墨西哥建立了非物质文化遗产保护名录编制标准和流程，对非物质文化遗产订单标准的各种原则、程序做了清晰的界定。

1. 非物质文化遗产保护名录制定的标准

2007 至 2008 年，国家非物质文化遗产保护技术委员会对墨西哥非物质文化遗产保护名录制定的标准做了清晰的界定，这些标准成为当前墨西哥非物质文化遗产保护清单名录制作的基本原则①：

1. 该名录应是政府机构、促进非遗发展的民间社会组织及社区之间合作的产物。社区的积极参与将有助凸显对社区而言最重要的内容。

2. 制定非遗名录时，应注意处理交叉信息，兼顾不同层面的意义。应确保所记录的表达方式和表现形式在概念、象征意义和程序上具有一致性。非物质文化遗产是概念体系的组成部分，因此有必要在清单编制过程中超越简单的分类与归类。

3. 制定非物质文化遗产名录时，应考虑对非遗传承人的定义、概念和评估，并依照社区的交流方式或语言来记录相关信息。

4. 非物质文化遗产应被视为一个完整的过程，名录中不仅应记录其意义和相关知识，还应包括其构思方式及具体生成过程，尤其是涉及或应用的知识类型。编制名录的目的在于从发展的视角记录非物质文化遗产的表现形式，而非单纯记录其结果。文化表现形式的可复原性通常取决于对其

① Carlos Javier Villaseñor Anaya, *Estado del Arte de la Salvaguardia del Patrimonio Cultural Inmaterial. México*(Cusco:UNESCO / CRESPIAL,2017), p.59—61.

发展过程的有效捕捉。

5. 名录不应仅为非物质文化遗产不同表现形式的简单列举，而应具备系统性，以便尽可能真实地反映文化的整体性及其各领域的相互渗透：如生产和仪式、世界观与行业、健康与疾病相关的神话与观念等。

6. 在制定名录时，必须考虑社会、文化和环境背景（文化与生态系统的紧密关系），而非孤立地进行。

7. 在非物质文化遗产再现的社区组织框架内进行考量，经济、政治和历史等其他因素同样会显著影响文化表现形式的延续。

8. 在区域层面，不仅应从地方社区或市政辖区的正式范围来看待社区遗产，也应从构成文化或跨文化地区的空间角度审视。同时，还需考虑因社会流动和国内外移民而发生的文化传播。

9. 除了记录意义和习俗外，与之相关的物品、象征性领地和圣地也应被纳入遗产记录之中。

10. 在制定名录时，既要考虑祖传的用途和悠久的传统，也要考虑能够丰富社区、民族或国家文化遗产，并为之赋予活力的新表现形式。

11. 活态文化包括新近出现的表现形式。即便它们不是传统的一部分，或尚未被特别认定并与其他文化遗产区分开来，但它们依然具有充分的现实性和普及性。此外，许多团体正在积极推广并寻求对各种习俗的认可，使其成为合法的遗产。这就提出了一个挑战，即如何界定某些新创造的表现形式是否可被视为非物质文化遗产。一种可能的解决办法是，当这些新近的文化创新或习俗被社区采纳、接受和重视，并且证明它们被纳入文化体系后有助于该体系的强化和延续时，可以将其视为文化遗产。这有助于避免将整体文化与特定遗产相混淆。考虑创新过程及其作用至关重要，因为在某些情况下，传统的延续或获得新的意义取决于年青一代推动的创造性过程。

12. 鉴于国家文化的广泛性，非物质文化遗产名录不可能涵盖所有文化现象，但应尽可能具有代表性，并应定期更新。名录数据库必须是公开的，因此需要明确管理责任人，以及社群、非物质文化遗产传承人及相关利益方在数据库的构建和信息获取中的参与方式。因此，需尽早制定与信息展示相关的伦理规范，尤其是涉及某些情况下不宜公开的集体知识或知识产权信息时。

13. 非遗名录要记录现存的表现形式；收集已停止表现或废弃的文化遗产的证据，因为它们可能会再次出现；此外，还应记录因外部因素而濒危，或更为脆弱的文化表现形式。

14. 识别社区如何根据自身的经验和传统创造出自己的方法，来确保文化遗产的保护和传承，也具有重要意义。这些保存方式本身也是一种遗产。

15. 必须挖掘在非遗名录目录、登记册或清单方面已经存在的经验和努力。

16. 非遗名录应以文化习俗为基础构建，避免将文化表现形式强行纳入预设框架。

17. 制定名录时需要考虑地理定位、环境和生态因素，以便对非物质文化遗产进行全面系统的认识。

2. 非物质文化遗产保护的申报流程

大众文化总局在制度层面上建立了非物质文化遗产保护的申报流程。①

作为非物质文化遗产保护方法的一部分，首先建议确定一个群体、社区或个人希望保护的非物质文化遗产。在此过程中使用一份不断完善的登记表，将其作为后续工作的基础，特别是在涉及濒危非物质文化遗产的情况时。

根据《保护非物质文化遗产公约》（联合国教科文组织）的规定，并非所有通过大众文化总局登记表确定的文化习俗都属于非物质文化遗产。

非物质文化遗产是指被各群体、团体，有时是个人，视为其文化遗产组成部分的各种社会习俗、观念表述、表现形式、知识、技能和技巧，以及相关的工具、实物、手工艺品和文化场所。这种非物质文化遗产代代相传，在各社区和群体适应周围环境以及与自然和历史的互动中，被不断地再创造，从而赋予其身份认同感和延续性，促进对文化多样性和人类创造力的尊重。

所有被认定的文化习俗都记录在一份按州和市排序的清单中，且包含部分全国性的习俗。

---

① Carlos Javier Villaseñor Anaya, *Estado del Arte de la Salvaguardia del Patrimonio Cultural Inmaterial México*(Cusco:UNESCO / CRESPIAL,2017), p.64—71.

如果识别出处于濒危状态的非物质文化遗产，且传承人有意愿进行保护工作，保护定义为：“确保非物质文化遗产可持续性的措施，包括识别、记录、研究、保护、推广、评估、传承……以及在其不同方面复兴这一遗产的措施。”地区和市政发展局（Dirección de Desarrollo Regional y Municipal）提议共同努力，成立一个跨机构委员会，以支持制定和实施保护其非物质文化遗产的计划。

在召集各级政府相关机构参与委员会，并签署相应的委员会组建协议（确定大众文化总局将作为制定保护计划的咨询机构）后，地区和市政发展局将集中各方力量，明确参与保护计划制定工作坊的群体，以及活动的地点、日期和时间。

在工作坊期间，采用的方法有助于让传承者在专家和公务人员的协助下，分析其非物质文化遗产面临的问题，提出解决方案，并根据实际需要制定保护计划。

文化表现形式与习俗的认定

大众文化总局已获接众多申请，旨在将某些民间文化内容认定为非物质文化遗产。即使是通过将某一文化元素列入联合国教科文组织名录而获得“认可”，也并不意味着非物质文化遗产得到了巩固；相反，很多时候保护非遗的目标往往会被遗忘，反而成为吸引旅游或访客的媒介策略，这些游客带来的经济收益不一定惠及传承群体或其非物质文化遗产。但目前在这方面尚无国家层面的法律文书。某些州或市政层面的法律和倡议推动了相关的申报。

因此，在处理每项申请时，首先会探讨申请者的目标意图。如果申请者的出发点是为了保留一种文化习俗，使其在环境、与自然的互动及自身历史方面具有身份认同感和延续感，就将鼓励他们逐步开展保护非物质文化遗产的工作。

文化表现形式与习俗认定表

启动认定流程的第一步是填写登记表，该表将作为后续行动的基础。这是一个简单的Word文档，用于整理现有的关于该文化习俗的信息，相关人员可以通过电子邮件获取表格。其目的是生成系统化的信息，为非物质文化遗产的保护提供指导。

文化表现形式与习俗认定清单

根据登记表的信息，将文化习俗纳入墨西哥文化习俗识别清单。按州和市记录文化习俗不仅是一种管理机制，还为及时更新全国非物质文化遗产名录提供了有用信息。

需要说明的是，文化部大众文化总局通过其与地区和市政发展局，持续更新各州、市记录的文化习俗识别清单。这使得关于墨西哥文化习俗的系统化信息得以汇总，并为非物质文化遗产的鉴定提供了重要依据。

该清单基于总局内部以及互联网上可用的信息编制，并通过接收到的登记表不断完善。

清单的编制遵循以下规范：

1. 州代码和名称

2. 市镇数量

3. 城市代码和名称

4. 对于每个识别出的文化习俗，填写以下四栏：

市：按字母顺序记录践行文化习俗的一个或多个市。如果某项习俗在全州范围内开展，则标注为“州级”。[①]

文化习俗：注明文化习俗的名称，多个名称，以斜线分隔，例如：“拉拉姆里球赛 / 拉哈帕里球赛 / 拉拉希普阿米球赛”。

登记表：注明登记表的来源，如果在区域和市政发展局档案中有保存旧格式表格，打√标记。

日期、庆祝时段及观察备注：在这一栏中，根据具体情况首先记录庆祝日期或时段，然后填写相关观察备注。

5. 如果确认的文化习俗获得了市级、州级的宣告认定，或已列入《人类非物质文化遗产代表作名录》，应在备注栏中注明。

6. 文化习俗认定清单中的信息每三个月（3 月、6 月、9 月）进行一次修改和或更新，各州通过大众文化总局计划和项目运作单位提供信息，依信息更新。

7. 各州的文化习俗认定清单必须经过该州文化主管部门的批准和 / 或修改。

---

① 如果在全国范围内开展，该文化习俗将被列入《国家级文化习俗名录》。

全国非物质文化遗产名录

《文化表现与习俗名录》将提交给国家职能部门，由其决定哪些内容将被纳入《墨西哥非物质文化遗产名录》。该名录每两年在 11 月提交给联合国教科文组织，下一次提交将于 2017 年进行。

需要明确的是，若要将某项非物质文化遗产实践纳入国家名录，必须获得该遗产传承人关于保护其非物质文化遗产的认可和支持。

为此，需遵循以下步骤：

1. 确认这是一项社会倡议。根据大众文化总局的经验，和 2003 年《非物质文化遗产保护公约》的原则，制定保护计划必须基于非遗传承人自身的要求、关切和需求。

2. 认定文化习俗。运用登记表（FRPCI-DGCP-2016）明确该文化习俗是否为濒临消亡的非物质文化遗产，明确相关的巩固、延续措施，及当前开展的保护行动。

3. 跨机构委员会。若发现濒危非物质文化遗产，需要成立一个跨机构委员会，由负责或有助于保护非物质文化遗产的不同机构组成。该委员会将制定和监督相应的保护计划，具体结构如下：

a）主席。委员会主席应由文化遗产所在州的文化主管领导担任。① 每个委员会将确定其工作方针，并设立执行秘书处，下设咨询理事会和技术理事会。

b）执行秘书处。在委员会主席的认可下，负责落实协议并召集会议。

c）咨询理事会。由持有非物质文化遗产并希望有效参与保护其非物质文化遗产的个人、社区、团体和组织组成。

d）技术理事会。由专门从事非遗工作的文化推广者、非遗领域的研究人员、学者组成。

4. 保护计划。每个咨询理事会在技术理事会、执行秘书处及政府机构代表的支持下，将制定其非物质文化遗产的保护计划，提交给委员会审定。

---

① 如果是国家级非物质文化遗产，由我国文化部主持委员会的工作。如果非物质文化遗产涉及几个州，则将成立一个州际委员会，该委员会将在其工作指南中明确规定将主席职位和执行秘书处移交给相关州文化机构的期限和顺序。——此条为引文原注。

为实现这一目标，建议采用由拉丁美洲保护非物质文化遗产区域中心①提出的参与性和前瞻性方法，并结合实施后提出的改进意见进行完善。②

制定非物质文化遗产保护计划的方法

首先，相关非物质文化遗产保护委员会的咨询理事会将确定一批非遗传承人、推广者和业内专家，以及参与制定保护计划的工作坊。

其次，根据参与者的情况，确定工作坊的地点、日期和时间。

工作坊将重点开展以下内容：

A. 确定参与者，并明确各方利益、能力和局限

A.1 传承人、持有者、大师（活的人类财富）

A.2 与该非物质文化遗产保护实践相关的项目推广者和管理者

A.3 该领域的专家（研究人员、学者、教师、历史学家等）

A.4 政府机构

A.5 大学、研究中心、学校及研究院

A.6 民间企业和非政府组织

A.7 个人倡议

B. 确定参加该项非遗保护工作的相关方重要时间节点

B.1 确定重要事件节点（与保护实践工作相关的重要或决定性事件）

B.2 确定每个重要节点的发生年份，并按时间顺序排列

C. 确定影响该非物质文化遗产保留或失传的变量和变化因素

C.1 变量是指促进或削弱该文化习俗延续的事件

C.2 变化因素包括：社会、文化、政治、经济、教育、科技、科学等，

---

① 2014年2月，拉丁美洲保护非物质文化遗产区域中心（CRESPIAL）与哈利斯科州大众文化总局和文化部合作，设计并实施了这一方法，以制订“马里亚奇、弦乐、歌唱和小号”保护计划，该项目于2011年列入《人类非物质文化遗产代表作名录》。2014年，采用同样的方法，制订了“韦拉克鲁斯州老人舞”和墨西哥城特拉华克圣地亚哥·萨波蒂特兰镇狂欢节的保护计划。——此条为引文原注。

② 例如，韦拉克鲁斯州文化研究所（IVEC）与市政府、民间协会——蒙面化装演员协会协作，作为维拉克鲁斯州坦波阿尔市老人舞拯救计划后续行动的一部分，制定了拟议的方法，于2016年3月20日至22日在韦拉克鲁斯州坦波阿尔市举办了“大力保护老人舞”论坛，进行思索、宣传和培训。论坛成果一方面加强了保护老人舞的措施，另一方面也丰富了保护计划法的形式。——此条为引文原注。

视相关变量而定

D. 根据三种不同情况（不理想、趋势性和理想化）进行长期预测（30 年）

D.1 不理想：未采取任何措施确保文化习俗的延续

D.2 趋势性：负责保护该习俗的管理和保护工作没有变化

D.3 理想化：制定并实施了保护计划，将该项非物质文化遗产视为其身份认同核心的群体、社区和个人参与其中

E. 根据发现的问题和需求确定目标（以保护、加强、促进等动词来拟定目标）

F. 设计战略并制定中期战略目标（5 年）

G. 制定文化习俗保护计划，确定每项战略目标

G.1 预期成果

G.2 为取得上述成果而计划开展的活动；包括实施保护计划的基本要求

G.3 基准线（已有的相关资料）

G.4 中期指标（预期在 4 年内取得的进展）

G.5 年度目标；包括近期和短期行动

G.6 相关责任人

工作坊结束后，可制定定期评估计划及相关机制的协议

H. 加强非物质文化遗产保护工作的思考、推广及培训论坛。

建议在计划制定两年后举办论坛，作为实现战略目标的工作会议。

I. 保护计划在制定后的 2 至 3 年内进行评估。

（四）一些非遗保护的计划与活动

在墨西哥加入《公约》后，国家文化艺术委员会和大众文化总局发起了一系列非物质文化遗产保护的计划。

区域文化发展计划（Programas de Desarrollo Cultural Regional）是大众文化总局发起的非物质文化遗产保护和发展项目。[①] 这一计划主要通过与各州文

① Secretaría de Cultura, “Programas de Desarrollo Cultural Regional,” https://www.gob.mx/cultura/acciones-y-programas/programas-de-desarrollo-cultural-regional, 2023 年 5 月 9 日访问。

化机构的沟通联结，在大众文化创作者、推广者、研究人员、组织机构和联邦机构的共同参与下，发起对非物质文化遗产整体性保护的行动。目前，这一项目共形成发展了五个区域文化发展项目，分布在华斯特卡（Huasteca）、玛雅（Maya）、索塔文托、蒂拉卡连特和约雷姆（Yoreme）等 5 个地区。

土著人民和社区文化全面发展计划（Programa para el Desarrollo Integral de las Culturas de los Pueblos y Comunidades Indígenas, PRODICI）①是大众文化总局发起的非遗保护项目。这一计划旨在于通过跨文化交流活动的推动，促进土著人民与其他族群民众的对话，强化土著文化尤其是非遗对墨西哥文化发展的贡献。这一计划主要在土著人口比重较大的州内推广。截至 2017 年 5 月，其覆盖范围已经包括坎佩切州、奇瓦瓦州、恰帕斯州、瓜纳华托州、格雷罗州、伊达尔戈州、米却肯州、莫雷洛斯州、纳亚里特州、瓦哈卡州、克雷塔罗州、金塔纳罗奥州、圣路易斯波托西州、索诺拉州、塔巴斯科州、韦拉克鲁斯州和尤卡坦州等 17 个州。

非物质文化遗产和文化多样性计划（Programa de Patrimonio Cultural Inmaterial y Diversidad Cultural, PPCI y DC）②是依据非物质文化遗产国家保护委员会（2011）的章程设立，目的在于通过对包括墨西哥流行艺术、土著和流行美食、土著文化、墨西哥大众文化、墨西哥流行节日、墨西哥语言、当代土著字母、历史记忆、文化思考等墨西哥非物质文化遗产文献的出版，向公众普及非物质文化遗产保护的知识，推动《公约》在墨西哥地方社会的普及。

国家大众文化博物馆（Museo Nacional de Culturas Populares，MNCP）计划主要面向墨西哥城乡大大小小的博物馆。通过对音乐、戏剧、舞蹈、文学和美术等展览和地方文化的传播，激发墨西哥社会各个阶层主体参与到非物质文化遗产的保护和传承中，形成非遗传承发展的自觉。③

---

① Secretaría de Cultura, “Programa para el Desarrollo Integral de las Culturas de los Pueblos y Comunidades Indígenas,” https://www.gob.mx/cultura/acciones-y-programas/programa-para-el-desarrollo-integral-de-las-culturas-de-los-pueblos-y-comunidades-indigenas-prodici, 2023 年 5 月 10 日访问。

② “Programa de Patrimonio Cultural Inmaterial y Diversidad Cultural,” https://www.gob.mx/cultura/acciones-y-programas/programa-de-patrimonio-cultural-inmaterial, 2023 年 5 月 10 日访问。

③ Museo Nacional de Culturas Populares, “Datos generales,” https://sic.cultura.gob.mx/ficha.php?table=museo&table_id=976, 2023 年 5 月 10 日访问。

墨西哥文化部成立后，逐渐成为墨西哥非遗保护的重要机构。在统筹多方力量，构建非遗整体性保护机制的目标下，墨西哥文化部发起了一系列非遗保护的活动，主要表现在一系列协调机制的建立和大型学术会议的召开上。

墨西哥美食文化学院（Conservatorio de la Cultura Gastronómica Mexicana, CCGM）是在文化部倡议下成立的非政府组织。[①] 墨西哥美食文化学院以保存、拯救与繁荣墨西哥饮食文化的习俗、产品和知识为使命。这一机构还致力于促进饮食文化的创新，以确保这一独特价值的文化传统能够适应当代社会的诉求。国家美食学院认为，对于传统美食的热爱与欣赏是墨西哥文化的重要方面，也是社区和社会凝聚力的轴心。应当秉持可持续发展的理念，在回应当下诉求的前提下，推进传统饮食的创新表达，实现墨西哥古老饮食文化传统的更新与延续。国家美食学院通过对各州美食机构和社会大众饮食机构的整合，达成了国家美食政策协议，并获得了联邦政府的支持，对墨西哥饮食文化传统的复兴起到了重要的作用。

大众艺术博物馆（Museo de Arte Popular）阿莱布里赫（Alebrijes）项目。[②] 大众艺术博物馆是文化部、墨西哥城市政府和私人组成的董事会共同发起成立的文化机构。这一机构旨在通过对文化遗产的保护，实现市民社会的支持与恢复，营造全民参与非遗保护的氛围。在文化部的支持下，大众艺术博物馆近年来发起了对墨西哥传统木雕阿莱布里赫的支持计划。这一计划旨在于通过对传统木雕的创意性商业化开发和运作，改善工匠的生活境遇，实现传统木雕的活态传承。目前，墨西哥全境已经恢复了近百家木雕工作坊。在文化部的统筹安排下，许多工匠得以走出社区，参与诸如梅里达、马萨特兰、韦拉克鲁斯、特瓦坎、圣路易斯波托西的狂欢节以及墨西哥城的许多机构和商业活动等，阿莱布里赫的市场化程度得到了极大的推进，许多消失的木雕厂（Cartonería）重新出现在民众的生活中。

此外，墨西哥政府举办了一系列非遗保护的国际会议。这些会议旨在强化墨西哥政府与联合国教科文组织的合作，推动多个非遗保护机构与遗产所在地

---

① CCGM, “El Conservatorio de la Cultura Gastronómica Mexicana,” https://www.ccgm.mx/ccgm/es/home/, 2023 年 5 月 10 日访问。

② Museo de Arte Popular, “Acerca de,” https://www.map.cdmx.gob.mx，2023 年 5 月 10 日访问。

的联系，在提升大众对非物质文化遗产认知的同时，推动墨西哥国内非物质文化遗产保护体系的建立与完善。这些代表性的会议与研讨会如下：

多元墨西哥生活文化研讨会（Seminario México Diverso, las Culturas Vivas）。这一研讨会开始于 2009 年，是大众文化总局为明确非遗保护基本理论发起的学术研讨会。会议主要讨论关于非物质文化遗产的基本理论、《公约》的文件精神以及非物质文化遗产保护方案的制订等议题。从 2009 年至今，多元墨西哥生活文化研讨会已经举办了 8 次会议，包括墨西哥城在内的多个州都曾举办过这一会议。①

非物质文化遗产与文化多样性研讨会（Patrimonio Cultural Inmaterial y Diversidad Cultural）。2016 年以来，为了传播非物质文化遗产保护的最新理论，交流墨西哥非物质文化遗产保护的相关经验，大众文化总局发起了非物质文化遗产保护与文化多样性的学术研讨会，邀请墨西哥本土多个机构从事非遗保护的专家学者共同参加。

非物质文化遗产保护经验国际交流大会（Congreso Internacional sobre Experiencias en la Salvaguardia del PCI ，CIESPCI）。② 这一会议是由拉丁美洲保护非物质文化遗产地区中心与国立人类学历史学研究所、国立人类学历史学院“有声档案项目”、大众文化总局、墨西哥国立自治大学多学科研究区域中心共同合作举办的拉丁美洲区域性非物质文化遗产保护经验研讨会。这一会议除了邀请各国文化领域内的官员、专家学者参与，亦会邀请一系列非遗传承人、从业者和公共知识分子参加。在学术研讨会以外，会议还会举行非物质文化遗产保护相关的主题演讲、图书展示、座谈会和纪录片展演等活动，以此提升民众对非物质文化遗产的认知。

在此之外，墨西哥各州也会举办一系列非物质文化遗产保护的会议，最为重要的当数“墨西哥城非物质文化遗产论坛：原始村落、街区和居民社区”（Foro Patrimonio Cultural Inmaterial en la Ciudad de México. Pueblos, Barrios originarios y Comunidades residentes）。这一论坛始于 2011 年，以社区为主体，邀请参与非物质文化遗产保护的知识分子、官方机构人员和文化推广者参加。会议

① Carlos Javier Villaseñor Anaya, *Estado del Arte de la Salvaguardia del Patrimonio Cultural Inmaterial México*(Cusco:UNESCO / CRESPIAL,2017), p.48.

② Carlos Javier Villaseñor Anaya, *Estado del Arte de la Salvaguardia del Patrimonio Cultural Inmaterial México*(Cusco:UNESCO / CRESPIAL,2017), p.48.

通过向民众传播非物质文化遗产的基本知识，培育民众对地方社会非遗的认知自觉。此外，会议亦希望通过推动研究人员、传承人和城乡民众的交流，实现非遗跨群体、跨区域的传播。

一些州在非物质文化遗产保护方面也取得了突出的成就，哈利斯科州（Jalisco）就是其中的突出代表。2009 年，哈利斯科州就建立了非遗保护的机制。州文化遗产总局定期对全州 125 个城市调查，确立非物质文化遗产名录清单。在尊重《公约》精神的基础上，哈利斯科州于 2014 年 8 月对州域内的文化遗产法（Ley de Patrimonio Cultural de Jalisco）进行了修订。这部新法首次将非物质文化遗产纳入法律体系，并对非物质文化遗产名录的创建与更新做出了详细的规定。在国家非物质文化遗产保护计划的框架下，为市、地区非遗保护的制度建设做出了积极示范。2015 年 11 月，成立哈利斯科州保护非物质文化遗产委员会（la Comisión Estatal para la Salvaguardia del Patrimonio Cultural Inmaterial de Jalisco），其与文化遗产总局（Dirección General de Patrimonio Cultural）和大众文化总局（Dirección de Culturas Populares）成为哈利斯科非物质文化遗产保护工作的三大官方机构。哈利斯科州非物质文化遗产保护委员会已经对各市上报的 3000 多项遗产名录进行了审查，并向国家文化部推荐了 730 多项非物质文化遗产名录，两项入选人类非物质文化遗产代表作名录。①

虽然哈利斯科州的文化部门在非物质文化遗产保护中占据绝对的主导地位，但这并不意味着遗产保护是一个完全意义上政府主导的行为。事实上，包括传承人、社区、学者甚至私营企业公司等多元社会主体都参与到遗产保护的进程中。可以以哈利斯科州非遗项目马里亚奇乐队（Mariachi）为案例，对多元主体共同参与的非遗保护项目运营机制进行论述。作为地区文化多样性的杰出代表，马里亚奇乐队是盛行在哈利斯科州、墨西哥城、格雷罗州、米却肯州、科利马州、纳亚里特州等地盛行的一种流行乐队表演。马里亚奇乐队于 2010 年入选墨西哥国家非物质文遗产名录。2012 年 9 月 1 日，联邦政府文化官员，马里亚奇乐队流行各州的文化官员、音乐家、学者、传承人、民间社会组织和一些私营企业主等 40 多位成员共同组成了马里亚奇保护委员会（La Comisión Nacional para la Salvaguardia del Mariachi, CONASAM）。委员会设在瓜达拉哈拉，由哈利

---

① Ignacio Bonilla Arroyo, *Experiencias de salvaguardia del patrimonio cultural inmaterial de Jalisco*. (Guadalajara:Secretaría de Cultura del Gobierno del Estado de Jalisco,2018).

斯科州的文化部部长担任主席。

在拉丁美洲保护非物质文化遗产地区中心的支持下，马里亚奇保护委员会由音乐家、学者和传承人共同制定了马里亚奇国家保护计划。目前，这一计划已经通过了国家非物质文化遗产保护委员会的审查。此外，2013 年 2 月，马里亚奇文献和信息中心（Centro de Documentación e Información del Mariachi, CEDIM）在瓜达拉哈拉成立。这一中心主要搜集各种书籍、杂志和视频文献，为学者、公众和游客提供关于墨西哥马里亚奇历史与演变的文献资料以及马里亚奇节日、会议和各种比赛的信息。哈利斯科州每年都会举行马里亚奇音乐节，邀请世界各地的乐队一起表演，宣传墨西哥马里亚奇的文化。此外，哈利斯科州文化部每年都会举办马里亚奇的全国会议，乐队的参与者们交换他们的曲目、发起演唱会，学者展示他们关于墨西哥马里亚奇的最新研究成果。国立人类学历史学研究所音乐图书馆也会对这些成果进行搜集与评奖等。

四、活态遗产：墨西哥学界关于非遗保护的主张

作为国际性文化行动，非遗保护蕴含着联合国教科文组织、国家、社群等不同层级的主体对文化的认知，是多重主体以文化保护的实践对全球化的回应。因此，应当在全球化的历史图景中，审视不同区域、不同国家非遗保护的理念与认知，才能从根源上理解作为国际文化行动的非遗保护的基本内涵，为我国非遗保护的制度建设与具体实践提供参照。

如前所述，作为拉美文明大国，墨西哥有着丰富的非物质文化遗产资源，拥有着漫长的遗产保护的历史。以阿里兹佩、邦菲尔为代表的墨西哥人类学者广泛参与到非遗保护的行动中，在《保护非物质文化遗产公约》的制定中发挥了重要作用。基于此，本部分在 20 世纪墨西哥社会历史变迁的语境和文化遗产保护的传统中，对墨西哥学界非遗保护的相关理念、主张进行分析，在对完成对墨西哥非遗保护学术溯源的同时，厘清非遗保护的相关理念。

（一）多重权力支配下遗产保护的世俗化特征

1. 20 世纪多重权力主体对遗产保护的参与

如前所述，墨西哥文化遗产保护的历史始于 20 世纪上半叶。16 世纪西班牙

殖民者入侵墨西哥后，土著族群创造的丰富的历史文化遗产被视为劣等的存在。墨西哥独立后，在自由主义思想和进化论的支配下，墨西哥政府延续了殖民时期的文明观。他们将欧洲文化视为模仿的对象，无视本土悠久的历史文化遗产。20世纪初墨西哥大革命后，在民族主义思潮的洗礼下，革命制度党政府面临着民族国家建构和民族认同塑造的双重任务①。在这一过程中，土著文化被确认为民族国家的基石。革命制度党政府大力扶植人类学学科，成立了一系列人类学研究机构，开启了对土著文化遗产的发掘与保护工作。

革命制度党政府对文化遗产的挖掘，以及文化遗产作为民族主义象征地位的确立，对墨西哥文化遗产保护产生了深远的影响。首先，革命制度党对土著遗产的挖掘，是在民族主义的支配下对社会大众的动员。这一行动改变了殖民时代以来统治权力对土著民众日常生活、民间艺术和考古遗迹的否定态度，赋予其积极进步的意义。此外，对于土著文化遗产的挖掘与保护亦在文化层面上消弭了不同族群、阶层之间的裂痕，为统一民族国家的建立提供了精神支撑。其次，文化遗产是特定群体的文化创造与价值表达，是群体身份认同的来源，本质上具备排他性的特征。革命制度党将土著族群的文化创造定义为民族国家认同的遗产，将排他性的遗产转变为公共的、共享的遗产。在消除遗产所属群体独占属性的同时，赋予多元主体参与、发掘、定义遗产的可能。再次，革命制度党政府对土著文化遗产的发掘、保护与民族主义象征的赋予，明确了这一事实，遗产的发掘与保护并非对遗产神圣属性的建构，而是不同权力主体基于现实需要对遗产意义的重构。最后，在革命制度党政府的支持下，人类学者全面参与到土著文化遗产发掘与保护中。这形塑了墨西哥人类学遗产研究的特色，亦对墨西哥遗产理论的形成与发展产生了重要影响。

多重权力主体对遗产的参与和建构，随着20世纪80年代后新自由主义改革与政治民主化的发生得到强化。30年代后，革命制度党政府建立了具有福利国家属性的法团主义制度。这一制度在70年代后日渐式微。1982年石油价格的暴跌造成革命制度党统治危机的出现，驱使革命制度党政府开始新自由主义的改革。在这一进程中，墨西哥境内丰富的文化遗产成为旅游发展的重要资源，商业资本成为参与建构遗产的重要主体。经济自由主义的转型推动着墨西哥民

---

① 张青仁：《20世纪墨西哥民族国家的一体化》，《民族研究》2022年第4期。

主化转型，在切断国家社团主义纽带的同时，社会大众成长为重要的政治主体，他们亦参与到遗产保护的行动中。随着现代媒介技术的发展，广播、电视、网络成为建构遗产的重要力量。在自媒体兴起后，个体行动者亦突破地域与权力网络的桎梏，在虚拟世界中表达着他们对遗产保护的参与。

2. 作为世俗化进程的遗产保护

革命制度党政府对遗产象征认同的政治建构，新自由主义改革下多元主体对遗产的商业开发，形塑了墨西哥学界对遗产开放、包容的定义。墨西哥国立自治大学社会学家西蒙·吉尔伯托·希梅内斯·蒙蒂埃尔（Simeón Gilberto Giménez Montiel）的观点颇具代表性：

> 第一，所谓的文化遗产，并非是一个国家或者是一个群体文化的全部，只是因为其的象征意义而做出的价值选择，不可因为其所具备的象征意义将其与文化整体混合。第二，在诸如墨西哥这样一个多元阶级和多元文化的国家，不存在只有一项真实的或者是可能共享的民族遗产。各个区域的民众、地区和族群也有自身宝贵的文化遗产。换句话说，墨西哥的文化遗产不是只有一个圆心的圆圈，而是一组多个相互交叉或者重叠的圆圈，每个圆圈都有自己的圆心……第三，文化遗产不应该被构想成为博物馆里静止的，具体的、无生命力的博物馆里的馆藏，而是一个所属群体不断参与、激活、更新的富有生命力的资本的进程，文化遗产也不应该仅被视为面向过去的历史遗产，而是应该被视为不懈创造和创新的当代进程……第四，所谓的文化遗产应该在两个方面的基本内涵上进行丰富，一方面，其包括了所谓的有形存在及其所处的环境。另一方面，遗产的概念还应该包括我们所说的文化内化形式的方面或者是要素，而不仅仅是其客观化的形式。这种文化的主观方面构成了非物质文化遗产的形式……第五，基于如上思考，应该对遗产保护概念进行反思。在墨西哥这样一个多元阶级与文化的国家，不应该只从主导群体和国家利益角度审视，这意味着遗产保护是从外部和中央集权的强加。相反，它应该意味着尊重和阐明由相关群体、地区和社会阶层定义与划定的遗产多样性。当然，这并不是在文化层面上对于国家的削弱，因这并非对历史上继承的国家符号的反对。换句话说，更应该尊重社会群体与阶层在定义自身遗产时候的文化主

动性，这正是政治文化民主。①

希梅内斯在20世纪墨西哥社会历史变迁的语境中，对“遗产”概念的内涵进行了审视。虽然是历史记忆与价值的承载，遗产却是社会运动支配下多重主体建构的产物，由此形成遗产不同于“文物”的特征。在民族主义的支配下，国家权力对墨西哥文化遗产的象征建构发挥了重要作用，但遗产保护不是国家权力的专属。应当开放遗产保护的场域，允许多元主体参与其中。显然，希梅内斯对遗产的定义，与后现代思潮和墨西哥的民主化转型有着重要关系。

基于多元主体参与、建构遗产的历史，长期旅居墨西哥的人类学家内斯托尔·加西亚·坎克里尼（Néstor García Canclini）认为，作为经济、政治和文化空间，遗产为私营部门、国家和社会运动组成的代理人支配。这些部门的相互作用构成了遗产开发利用的诸多矛盾。多元主体对遗产建构和保护的历史，明确了这一事实，遗产的标定与保护并非单一权力主体对遗产历史原封不动恢复的神圣进程，而是多元主体以遗产保护为契机，实现遗产象征认同与意义属性累积、更新的进程，由此实现遗产象征资本的再生产与社会利益的再分配。基于此，坎克里尼认为，虽然遗产的神圣历史会激发艺术家与民众的认同，但遗产保护却是彻底的世俗化进程：

> 第一，将过去某个时刻理想化并认定为当下社会文化范式的定义是一种对历史的迷信。第二，社会变迁使得历史文化遗产的神圣性消除太快，这种文化遗产的变革使得单纯意义上历史文化遗产的传承与发展变得几乎不可能。第三，所有的文化都是选择与组合的结果，都是一种情境调动的产物。②

坎克里尼认为，在经济社会迅速发展的当下，遗产保护的重点应当聚焦如下三个层面：

① Gilberto Giménez, *Estudios sobre la cultura y las identidades sociales*(Ciudad de Mexico:ITESO,2007), p.236—239.

② Néstor García Canclini, “Los usos sociales del patrimonio cultural,” in Encarnación Aguilar Criado, *Patrimonio Etnológico. Nuevas perspectivas de studio*(Sevilla: Instituto Andaluz del Patrimonio Histórico,1999), p.16—33.

> 第一，文化遗产的保护永远不会比他们生活的人更重要。第二，必须在赋予社区、手工艺品生产者身份的传统与现代化需要的变革间寻求有机平衡。第三，对于遗产保护的决策以及各种政策制定必须在现实的层面上进行，由此使政策制定者和使用者的民主参与成为可能。①

在此基础上，坎克里尼认为，对遗产真实性的主张是一种现代发明，本质是一种精英主义的历史观。随着商品经济的发展与消费时代的来临，遗产真实性的语境不复存在。媒介技术的发展与机械复制时代的到来，更加剧了遗产保护“真实性”的危机。②

墨西哥学界对于遗产保护的一系列共识，在 1982 年《墨西哥城文化政策宣言》中得到了极大的体现：

> 每种文化都代表独特且不可替代的价值观，这是每个民族的传统和表达方式，构成了他们在世界上最成功的存在方式。文化来自整个社区，必须回归社区。无论是在生产还是利益方面，文化的保护不能成为精英的特权。文化民主强调个人和社会最广泛地参与创造文化资产的过程，参与有关文化生活的决策以及文化的传播和享受。每个人都有权利和义务捍卫和保护他们的文化遗产，因为社会通过他们找到创造性灵感来源的价值观来认识自己。文化遗产经常因以往以及城市化、工业化和技术渗透的进程而遭到破坏或毁坏。但更不可接受的是殖民主义、武装冲突、外国侵略和外来价值观的强加对文化遗产的攻击。所有这些行动都破坏了人民与其过去的联系与记忆。文化遗产的保护使得人民能够欣赏他们的主权与独立，从而确定和促成他们的文化认同。③

---

① Néstor García Canclini, “Los usos sociales del patrimonio cultural,” in Encarnación Aguilar Criado, *Patrimonio Etnológico. Nuevas perspectivas de studio*(Sevilla: Instituto Andaluz del Patrimonio Histórico,1999), p.16—33.

② Néstor García Canclini, “Los usos sociales del patrimonio cultural,” in Encarnación Aguilar Criado, *Patrimonio Etnológico. Nuevas perspectivas de studio*(Sevilla: Instituto Andaluz del Patrimonio Histórico,1999), p.16—33.

③ UNESCO, “Mexico City Declaration on Cultural Policies,” https://unesdoc.unesco.org/ark:/48223/pf0000054668?posInSet=2&queryId=a17e6c98-cdae-4cf2-8314-80bf9113911d. 2023 年 5 月 4 日访问。

可以简单对墨西哥学界的遗产观进行总结。首先，遗产的保护是立足当下，服务民众与国家诉求的社会意义生产的进程。遗产的保护，不是历史维度上的真实性探寻，亦非对变迁的抵制，更不能简化为对历史传统的再造与延续。其次，遗产保护并非只是针对遗产本身的文化保护行动，而是多元主体共同参与的，以遗产保护为切入的文化民主化行动。遗产保护不应为权力集团、商业资本和技术精英垄断，而是包括国家权力、土著族群、农民等文化所属群体等社会大众共同参与的过程。基于墨西哥土著文明的悠久历史，在20世纪90年代后土著运动爆发的情形下，拥有地方性知识的土著族群、农民是遗产保护的绝对主体。最后，遗产保护并非抽象的概念，而是在对历史传统的探寻和延续中，推动不同群体、阶层民众的团结。这种团结既表现为革命民族主义支配下国家和社会秩序的形成，亦表现在新自由主义改革中，以遗产保护推动地方经济社会发展，实现遗产所属社群居住空间与生活质量的改善等。

（二）作为活态遗产的非物质文化遗产

20世纪30年代后，革命制度党政府对文化遗产保护的大力推动，使得社会大众广泛参与到文化遗产保护的事业中，构成了非遗保护在墨西哥兴起的社会语境。正是在遗产保护的热潮中，对于“活态遗产”保护的行动逐渐展开。值得一提的是，曾在文化遗产保护中发挥重要作用的人类学者亦是非物质文化遗产保护的中坚力量。他们继承了文化遗产保护的相关理念与主张，并将这些理念渗透到《保护非物质文化遗产公约》的制定中。在联合国教科文组织开展非遗保护行动后，他们又立足于墨西哥社会的事实，对《公约》的相关定义进行讨论，进一步明确了非遗“活态遗产”的属性。

1.“活态遗产”概念的形成与内涵

随着文化遗产保护热潮的持续推进，20世纪70年代后，革命制度党政府逐渐开始对“活态遗产”实施保护。1974年，墨西哥成立了国家手工艺促进基金，旨在对本国历史悠久的手工技艺给予支持。1976年8月12日，墨西哥国立人类学历史学研究所所长、人类学家吉列尔莫·邦菲尔·巴塔拉签署了《墨西哥保护文化遗产宪章》，第一次提出了“活态遗产”的概念，主张将“活态遗产”纳入遗产的范畴。

人类文化遗产保护包括对过去遗存下来的遗产的识别保护与保存，也包括传统技术、艺术技能、审美态度以及表达人们信念和理解的活态遗产。①

《宪章》肯定社区在活态遗产传承中的基础性作用，主张居民的持续参与是活态遗产传承的关键。

为了更充分、完整地保护文化遗产，确定其生存与活力，最为重要的是社区自身对其文化传统价值的认知。这只能通过对遗产本身的性质及其构成要素逐渐深入的了解，唯有通过当地居民的持续参与才能实现。②

图 5　恰帕德科尔索城 1 月传统盛会中的帕拉奇克舞

［拍摄者：玛丽娜·阿隆索 - 博拉尼奥斯（Marina Alonso-Bolaños）］

① INAH, "Carta de México en Defensa del Patrimonio Cultural," https://revistas.inah.gob.mx/index.php/conversaciones/article/view/13570/14662, 2023 年 1 月 9 日访问。

② INAH, "Carta de México en Defensa del Patrimonio Cultural," https://revistas.inah.gob.mx/index.php/conversaciones/article/view/13570/14662, 2023 年 1 月 9 日访问。

1982 年，联合国在墨西哥城召开世界文化政策会议，墨西哥派出了公共教育部长费尔南多·索拉纳·莫拉莱斯（Fernando Solana Morales）和文化部副部长罗杰·迪亚兹·德·科西奥（Roger Díaz de Cossío）组成的代表团。他们立足1976 年《墨西哥城文化宪章》，主张“活态遗产”之于人类社会的重要意义，对《墨西哥城文化政策宣言》将非物质文化纳入保护的范畴起到了重要的推动作用。①《墨西哥城文化政策宣言》在重申文化平等的基础上，将文化的定义从物质文化拓展到非物质文化领域，为联合国教科文组织非物质文化遗产保护工作展开做出了铺垫。

正是对“活态遗产”保护的历史，使得墨西哥学者格外强调非物质文化遗产“活态”的属性。即便是联合国教科文组织颁布了《公约》，正式提出“非物质文化遗产”这一概念，他们也并不完全认同这一概念。国立人类学历史学研究所伊莎贝尔·维拉塞诺尔（Isabel Villaseñor）和埃米利亚诺·佐拉（Emiliano Zolla）对非物质性概念进行了批判：

> 尽管联合国教科文组织确定什么构成非物质文化遗产的标准是在促进多样性和捍卫历史上和政治上被排斥的民族的表达方式的多元文化主义话语中制定的，但实际上实用性标准往往占主导地位。某些实践必须加强民族国家的身份或它们对经济发展的可能性的潜力……许多没有在制度上得到推广的表达方式却为社会团体所采用，这些团体不一定将它们视为“遗产”，而是重视和推广它们，因为它们被认为是社区生活发展的核心。再次，作为遗产保护实践基础的文化概念再次暴露出问题，因为它倾向于对文化身份进行分类学和相当静态的看法，在这种看法中，它表现为一个具有局限性和可识别特征的实体，而不是一个开放的实体与流动的过程……②

两人认为，联合国教科文组织是从文化产品的标准定义非物质文化遗产的。

---

① Carlos Javier Villaseñor Anaya, “Políticas culturales para la salvaguardia del patrimonio cultural inmaterial. Antecedentes, evolución y perspectivas a future,” in *Comunidades en movimiento. Aproximaciones a la expresión inmaterial del patrimonio cultural*(México: Secretaría de Cultura,2017), p.120

② Isabel Villaseñor Alonso and Emiliano Zolla Márquez, “Del patrimonio cultural inmaterial o la patrimonialización de la cultura,” *Cultura y representaciones sociales* .Vol.12,No.6(2012).

然而，遗产之所以成为遗产，根源在于社会结构的剧变对“活态遗产”传承的威胁。虽然联合国教科文组织颁布的《公约》主张“非物质”，其着眼点仍然是“非物质文化遗产”中有形的、可见的文化元素，本质上仍然是“物质文化遗产”的价值观。进而，两人认为，非物质文化遗产的根本特征并非基于分类学基础上静态的“非物质性”，而是在于其活态文化的属性，以及在此基础上流动的、开放的特征。非遗保护的对象，并非仅是作为技术的、可见部分的文化遗产，而是涉及遗产之所以成为遗产的社会关系与运作逻辑。①

维拉塞诺尔和佐拉以中美洲地区非遗项目“以物易物”为案例，对非遗的属性进行了讨论。阿里兹佩认为，作为中美洲地区的文化遗产，“以物易物”代表着一种“规范、风格和声望的定义”。② 维拉塞诺尔和佐拉却认为，“以物易物”并非起源于前哥伦布时代地方社会孤立的文化传统，而是以物品交换建构的社群互惠与团结的形式。进而，作为交换方式的以物易物，支撑的是一个社会的等级制度、生活方式与文化传统。因此，“以物易物”保护的对象，不只是孤立的交换方式，而是地方社会运行的逻辑。解决这一问题的关键，在于社群传承人对地方社会传统的认知自觉。③

人类学者马丁（Martín）也持有类似的观点：

> 遗产是作为身份和差异再生产的资源而建立的。从这个意义上说，遗产可以在社会凝聚力方面发挥作用，从而可以将某些群体与其他群体区分开来。考虑到遗产作为身份象征的重要性，有必要从了解该地区的社会现实开始，而不是提倡虚构其重要性的愿景。只要社会行动者将遗产内在化，并致力于恢复遗产的意义时候，遗产才具备重要的意义。④

---

① Isabel Villaseñor Alonso and Emiliano Zolla Márquez, “Del patrimonio cultural inmaterial o la patrimonialización de la cultura,” *Cultura y representaciones sociales* .Vol.12,No.6(2012).

② Lourdes Arizpe, *El patrimonio cultural inmaterial de México: ritos y festividades*.(México:Miguel Ángel Porrúa,2009), p.91—109

③ Isabel Villaseñor Alonso and Emiliano Zolla Márquez, “Del patrimonio cultural inmaterial o la patrimonialización de la cultura,” *Cultura y representaciones sociales* .Vol.12,No.6(2012).

④ M.Martín, “Patrimonio y sociedad: recursos, interpretación y desarrollo local,” in E.Nivón and A.Rosas, *Gestionar el patrimonio en tiempos de globalización*(México: UAM,2010), p.95—96.

马丁认为，作为地方社会民众共同享有、传承的“活态文化”，非遗的价值并不在于外在的形式，而是社群成员对遗产意义的认同，以及非遗作为社区象征与凝聚力的地位。因此，非遗保护的对象固然是作为技术、知识和传统的“非物质”形态的文化传统，内核却是作为“活态”的非遗之于社群的意义，以及在此基础上地方社群运行的逻辑①。蒙特塞拉特·帕特里夏·雷博洛·克鲁斯（Montserrat Patricia Rebollo Cruz）对非物质文化遗产“活态遗产”的内涵进行了界定：

> 活态遗产是一个群体的身份和生命意义的深刻感受。活态遗产是在时间流逝中形成的文化代表性表达。活态遗产会不断地创造与创新，随着时间的推移保持活力，并不改变这一表达在文化层面上的意义与价值。例如墨西哥亡灵节庆祝活动，尽管在祭品、音乐或食物方面有所创新，并没有动摇改变亡灵节的意义，庆祝活动仍然在继续，包括每年接受死者的亡灵并与其一起生活几日。它可以暂时中止或停止实践。由于某种原因，它可以由年青一代重新评估中得到实践。也就是说，活态遗产不会消亡，只是随着时间推移而沉睡，文化实践复兴的进程是有可能的。②

基于活态遗产的认知，阿里兹佩认为非物质文化遗产是一种“赋予不同文化群体身份认同的，从过去传承至当下的具备活力的文化习俗，”③，并对非物质文化遗产的活态特征做出了进一步阐释：

> 传统、当代的和同时存在的活力传统：包括赋予不同文化群体身份认同的过去的传统和当前的文化习俗。
>
> 包容：是否与其他文化相似、是否因为流动原因被他者采用与改变并

① M.Martín, “Patrimonio y sociedad: recursos, interpretación y desarrollo local,” in E.Nivón and A.Rosas, *Gestionar el patrimonio en tiempos de globalización*(México: UAM,2010), p.95—96.

② Montserrat Patricia Rebollo Cruz, “Un acercamiento al patrimonio cultural inmaterial su salvaguarda y patrimonialización,” *Campos en Ciencias Sociales*.No.1&2(2017).

③ Lourdes Arizpe, *Videoconferencia ante el 1 Congreso Internacional sobre experiencias en la salvaguardia del patrimonio cultural inmaterial*(México: Portada de Semillas, Tepoztlán, Morelos, 2011).

不重要，重要的是它们能够在过去与现在之间建立联系，并通过对话和社会责任的强调促进社会凝聚力的生成。

代表性：与其他文化表现形式相比，其被认定为非物质文化遗产并非是因为特殊的价值，而是因为其与一个族群、社区的相关性，及其在突出文化多样性方面的重要意义。

以社区为基础：只有被社区和人民创造、享有和传承才能被认定为非物质文化遗产。从这一意义上来说，其形成获得、代表与传承这一遗产的习惯规则，且这一规则已经内化为社交网络的组成部分。

非物质文化遗产的实践和传承没有“正确的方式”。值得推崇的是对文化多样性的欣赏，对话、复原力、相互尊重、协作、促进可持续发展和人权。①

2.“活态遗产”概念的外延

“活态遗产”共识的生成，强化着墨西哥学界对“本真性”的批判。他们认为，虽然对非遗的保护总是不可避免地涉及真实、原始、古老等概念，但活态的非遗始终处于变动之中，随着社会的发展不断变化。不能将“本真性”的拯救作为非遗保护的基本要义。进而，非物质文化遗产的保护是一种活态文化状态的保护（Salvaguardar），而非一成不变、原封不动的保护（Proteger）。② 墨西哥国立人类学历史学院的托佩特（Topete）教授的观点颇具代表性：

遗产形成过程本身就是一个不断变化的过程。梳理任何一个项目过去的知识，我们都不能清楚辨识出文化的边界，告诉你项目的哪一部分是属于这个社区，哪一部分是不属于这个社区，哪个部分是历史悠久的源头，哪个部分是新近才出现的现象。遗产之所以成为遗产，其核心正是传统性的遗产所具备的强大的适应能力，这也必然意味着运动、变化和发展。因

① Lourdes Arizpe, *Videoconferencia ante el 1 Congreso Internacional sobre experiencias en la salvaguardia del patrimonio cultural inmaterial*(México: Portada de Semillas, Tepoztlán, Morelos, 2011).

② 参见墨西哥学者在第三届国际非物质文化遗产保护经验大会（el III Congreso Internacional sobre experiencias en la salvaguardia del Patrimonio Cultural Inmaterial）上的发言，https://www. youtube.com/watch?v=nI-_kwTIJdU, 2023 年 7 月 2 日访问。

此，非物质文化遗产保护，并非是要建立一种与其他群体隔离的标本式的保护，而是在使其明晰文化认同的基础上，传承群体通过自我管理的方式实现传统的复兴，在给予他们平等性和多样性的条件下，充分给予他们发展空间，使得他们自我设置一个传承和发展遗产的解决方案。①

基于社群在“活态遗产”形成中的基础性作用，墨西哥学界格外强调社群对活态遗产的所有权，主张在墨西哥这样一个文化多样性的国度，应该承认不同族群、阶层的民众对非遗的所有权。

在墨西哥这样一个多阶级和多文化的国家，它不应该意味着外部和中央集权强加仅从主导群体或国家利益的角度选择和定义的遗产。相反，它应该意味着尊重和阐明由相关群体、地区和社会阶层定义和划分的多种遗产，当然不排除历史上继承的民族象征的定义，因为它不是关于在文化上削弱国家。换句话说，社会群体和阶层的文化主动性应该在他们自己的宝贵遗产的定义中得到尊重和促进。②

值得一提的是，墨西哥学者对于活态遗产所有权的主张，并非从狭隘的经济利益视角出发，对非遗独占权的一种主张，而是在承认包括土著、农民等边缘群体在内多元群体主体性的基础上，对其文化创造的肯定与认同。这种承认与认同，超越了单一层面的文化或者是经济属性，具备相当的政治属性。易言之，对非遗所有权的承认是从文化的视角对墨西哥社会多元群体身份的尊重与认同，具备文化民主化的意涵。

显然，墨西哥学界对于活态遗产所有权的强调，是对社群在非遗传承和发展中关键地位的再次确认。如前所述，早在1976年，《墨西哥保护文化遗产宪章》就强调了活态遗产所属社群的持续参与对遗产传承的重要意义。1989年，墨西哥国家文化艺术委员会发起了市政和社区文化支持计划亦主张以社区

① 访谈人：笔者；访谈对象：希拉里奥·托佩特·劳拉（Hilario Topete Lara）教授；访谈时间：2017年7月19日；访谈地点：墨西哥国立历史学与人类学学院。

② Gilberto Giménez, *Estudios sobre la cultura y las identidades sociales*(Mexico:Consejo Nacional para la Cultura y las Artes, 2007), p.222.

和地方社会为主体，通过地方社会活力与主体再造，传承、再造与培育具备影响力的公众文化活动，挖掘、培育能够体现出墨西哥价值的大众文化传统，在推动社群文化多样性保护的同时，从文化层面培育墨西哥民族国家的创造力①。虽然联合国教科文组织非遗保护的相关规定允许开放非遗传承的社群空间，以扩大非物质文化遗产保护的传承参与，但村落、城镇和作为基本地域单位的社区都被视为活态遗产传承的基本载体，是“活态遗产”生命力与创造力的关键来源②。

墨西哥学界对于活态遗产所有权的主张与教科文组织非遗保护理念是一致的。众所周知，作为国际文化保护行动的非遗保护始于玻利维亚政府对本国民间音乐传统所有权的捍卫，其意在全球化的语境下，确立不同国家、地方社会对本土文化传统的所有权与支配权。基于此，“文化所有者”对“非物质文化遗产”的所有权是联合国教科文组织非遗保护的重要基点。墨西哥学者充分认同联合国教科文组织非遗所有权的主张，并将其视为理解活态遗产的关键概念。

墨西哥学界对于活态遗产所有权的强调，亦与20世纪70年代后墨西哥社会思潮的变化密切相关。1968年，特拉特洛尔科大屠杀事件后，墨西哥社会对革命制度党统治合法性与民族主义的反思越发强烈。随着文化多样性在墨西哥的传播，革命制度党混血民族主义政策也成为批评的对象，对土著族群权力主张的呼声随之增多。20世纪90年代后，新自由主义改革导致萨帕塔运动的爆发，对于土著、农民、非洲裔族群多元文化身份承认的诉求愈演愈烈。在此背景下，殖民时代以来，以欧美文明为中心的，对拉美文明阶序性、边缘性建构的文明等级与秩序遭到彻底清算，对拉美本土文明独立性、主体性的承认成为大众运动的共识。在这一思潮的渗透下，墨西哥学界对于民族主义的反思也深入文化遗产保护领域。越来越多的学者意识到，革命制度党政府在民族主义的诉求下对墨西哥本土文明的建构，并非真正意义上对遗产价值属性的认同。应当清算遗产保护中的民族主义取向，真正尊重社群在活态遗产传承中的重要贡献。

---

① Héctor Rosales, “Cultura popular. Definiciones y acciones,” *Culturas populares e indígenas*. No.18(2004).

② Isabel Villaseñor Alonso and Emiliano Zolla Márquez, “Del patrimonio cultural inmaterial o la patrimonialización de la cultura,” *Cultura y representaciones sociales*.No.6(2012).

谈论墨西哥的非物质遗产并没有明确承认文化的承载者是其文化表现形式的合法所有者，这将无助于对各方面应当尊重的文化权利的理解。尽管关于宪法确立了国家的多元文化性质，墨西哥盛行的世袭话语继续被传统和民族主义思想所主导，即民族文化的单一表现形式的存在。①

（三）以活态遗产保护实现社会活力的再造

基于非遗活态文化属性，墨西哥学界主张，非遗保护固然涉及作为技术、知识和传统的文化形式的保护，却更是活遗产的非遗在地方社会生命力与象征意义的恢复，实现社会活力再造的进程。非遗活力的恢复，主要表现为传承群体文化自觉和参与意识的生成及其对地方社会经济发展的推动，这也是墨西哥学界主张的非遗保护的关键。

1. 异质性评价、大众动员与文化自觉的生成

非遗传承困境的出现，首先在于殖民时代以来的西方文明观对墨西哥本土文明的阶序性建构，由此导致墨西哥民众对本土文化遗产认知自觉的缺失。对墨西哥文化的负面标签在相当程度上掩盖了墨西哥社会多元文化的传统，否定了墨西哥社会多元族群的主体性与能动性。虽然 20 世纪 30 年代后，革命制度党政府在民族主义的支配下开启了对本土文化遗产的保护，但这一做法只是民族国家层面上的认同再造，实质是将群体文化提升为国家文化的政治行为，并不涉及地方社群对文化传统的认知自觉这一遗产传承的根本性问题②。其次，20 世纪 80 年代后墨西哥旅游业的发展和新自由主义改革在墨西哥社会的持续推进，对墨西哥本土文化发展产生重要影响。然而，在新自由主义推动下，欧美文化在墨西哥的传播与发展强化了墨西哥民众对本土文化传统的负面认知。一系列旅游开发项目的实施不断物化墨西哥地方社会的文化传统。基层土著村社土地共有制的取消以及土地转让的出现，从物质层面上摧毁了村落共同体存在的基础，使基层社会处于混乱失序的状态。

---

① Isabel Villaseñor Alonso and Emiliano Zolla Márquez, “Del patrimonio cultural inmaterial o la patrimonialización de la cultura,” *Cultura y representaciones sociales*.No.6(2012).

② Lourdes Arizpe, *Culturas en movimiento. interactividad cultural y procesos globales*(México: Miguel Ángel Porrúa, Cámara de Diputados, CRIM-UNAM,2006), p.22—23.

图 6 墨西哥亡灵节时的墓地祭祀

基于墨西哥非遗的这一处境，激活民众对于非遗的认知、培养民众的文化自觉是墨西哥非遗保护首要解决的问题。普拉茨（Prats）主张，存在多种激活非遗价值的方式。可以通过多种方式推动文化实践价值的合法化，使民众承认非遗的价值。这些方式不仅包括州、国家或国际组织的“宏观”行动，还包括地方或社区为主体的“微观”行动。[①] 从墨西哥本土社会的实际状况出发，民众文化自觉的形成主要包括两个维度。第一个维度是由非遗创造者与传承者生成关于非遗价值的评判，这是一种自我评价的方式。第二个维度，即在文化政策的影响下，政府、学术界、商人和非政府组织等外在于地方社会的权力主体对于非遗价值的认知，这是一种他者参与的异质性评价。异质性评价是不同于地方社会的多重权力主体，以对遗产共享的方式，超越遗产所属社群对遗产意义和价值的认知。在墨西哥，殖民情境对本土文化传统的持续性否定，以及新自由主义改革以来基层社会主体性的缺失，使得异质性评价成为墨西哥地方社会文化传统复兴的重要方式。联合国教科文组织发起的，作为国际文化行动的非物质文化遗产保护，无疑是最为重要的“异质性评价”[②]。

① Llorenç Prats, *Antropología y Patrimonio*(Barcelona:Editorial Ariel,2009), p.74.

② Montserrat Patricia Rebollo Cruz, “Un acercamiento al patrimonio cultural inmaterial su salvaguarda y patrimonialización,” *Campos en Ciencias Sociales*.No.1&No.2(2017).

值得一提的是，在殖民主义、种族主义仍然支配墨西哥社会的当下，异质性评价的非遗保护，固然是联合国教科文组织、各级政府和社会组织以遗产命名的方式，重塑地方社群对非遗意义与价值认知的进程。更是以此切入，将长期以来被不同层级的权力网络无视的民众纳入行动视域，培养社会大众的主体地位，实现地方社会活力再造的进程。非遗保护的社会动员意义，随着近年来墨西哥大众运动的持续发展得到进一步强化。新自由主义改革激起了农民、土著族群的持续反抗，在文化多样性深入人心的情形下，包括口头传统、宗教习俗、亲属关系、艺术形式在内的非遗是民众的身份象征，是他们政治动员的重要内容。在对大众的政治动员中，他们牢牢确立了对非遗的主动权与控制权。

2. 对地方社会经济政治发展诉求的回应

对于地方社会经济发展的推动是非遗活力再造的关键。如前所属，活态遗产的效力在于其对地方社会体系的支持。墨西哥社会也一直有着以文化为依托推动经济发展的传统。早在 20 世纪 50 年代，在现代化理论的影响下，美国和墨西哥的学者深入墨西哥偏远的乡村社区，他们试图通过对现代文化的引入，改造墨西哥地方社会的文化传统，以此实现墨西哥的现代化。20 世纪 80 年代后，随着文化多样性共识的形成，在新自由主义的支配下，非遗成为推动地方社会经济发展的资源。各级政府将非遗保护视为消除贫困、撬动地方社会经济发展的杠杆。在土著族群聚居的瓦哈卡州，在志愿者和文化组织的支持下，不少村社以非遗为依托，开发特色旅游项目，以此推动土著村社的发展。[①] 随着“魔法城镇”（Pueblos Magicos）等国家层面旅游项目的实施，非遗作为地方社会旅游资源的地位得到了进一步确立。一些州、市更是以非遗为基础，打造了一系列文化旅游节。在新冠疫情造成社会分化、经济下滑的当下，非遗保护更被视为重建社会包容，推动地方社会经济发展的重要动力。

与对大众的政治动员不同，对非遗的旅游开发多是不同层级的政府机构和商业资本联合运作的过程，甚少有民众的身影。墨西哥本土学者对此提出了严厉的批评。普拉莰认为对非遗的旅游开发是一种公开的商业化行动。这一商业化的行为是在经济发展的诉求下，满足外部世界对地方社会的刻板印象，无视

① E.Zepeda-García and R.Bravo-Salazar, “Prácticas comunitarias como patrimonio cultural inmaterial: tres casos de comunidades en Oaxaca,México,” *Revista Salud y Administración*,Vol.9(2016).

非遗之于地方社会的认同意义。[①] 丘吉尔·康纳（Churchill Conner）明确指出，权力机构对非遗旅游开发的动机在于经济因素，这一过程存在牺牲非遗社会意义与文化意义的危险。[②] 更为重要的是，非遗的经济价值遭到了地方社会准军事力量的觊觎，这不仅无益于非遗的传承，更对地方社会的安定产生严重影响[③]。

事实上，墨西哥学界对非遗旅游和商业化的批评，根源在于外在、强势的资本、权力对非遗意义与象征体系的介入与建构。这与新自由主义改革与民主化转型后，少数族群、边缘群体权力意识的觉醒及其对资本的批判有着密切的关系。然而，作为地方社会文化传统的非遗，从来都不是超越权力网络、专属地方社会的内部存在。革命制度党政府 20 世纪 30 年代后对土著历史文化遗产的挖掘，实质是在民族主义的支配下对土著遗产的重新定义与象征建构。在新自由主义改革后，随着全球化的逐步深入，即便是在恰帕斯高地地区最为偏僻的土著村社，也能强烈感受到政府、资本对地方社会的支配与控制。基于此，一些学者并不赞同对非遗旅游的过度批判。墨西哥国立人类学历史学研究所的玛丽娜教授认为，学者对非遗旅游的批评，对于国家权力和商业资本的拒斥，是另一种“本真性”的想象。与其批判非遗旅游开发，谴责国家权力和商业资本对非遗的滥用与误用，不如直面全球化带来社会转型的事实，着力培养传承人与少数族裔的主体意识，使其以文化主体的身份，参与到非遗旅游开发的进程中，成长为全球权力网络体系中的重要主体，才能更好地实现非遗对地方社会发展的推动。[④]

在此基础上，墨西哥学界主张非物质文化遗产保护并非一个过去的真实性，而是一个多元族群以遗产为契机，实现墨西哥民众的整体性动员，推动墨西哥

---

① Llorenç Prats, *Antropología y Patrimonio*(Barcelona:Editorial Ariel,2009), p.42.

② Nancy Churchill Conner, “La gestión del patrimonio cultural intangible: la experiencia del carnaval popular en la ciudad de Puebla en Mantecón,” in *Gestionar el Patrimonio en Tiempo de Globalización*, ed.Eduardo Nivón and Ana Rosas Mantecón (México:Universidad Autónoma Metropolitana,2010), p.251—267.

③ E.Zepeda-García and R.Bravo-Salazar, “Prácticas comunitarias como patrimonio cultural inmaterial: tres casos de comunidades en Oaxaca,México,” *Revista Salud y Administración*, No.9(2016).

④ 访谈人：张青仁；访谈对象：玛丽娜·阿隆索-博拉尼奥斯（Marina Alonso-Bolaños）教授；访谈时间：2023 年 3 月 8 日；访谈地点：中央民族大学北智楼 201 会议室。

社会发展的进程。这一理念的形成，与20世纪80年代后墨西哥新自由主义改革、政治民主化转型，与作为国家整合路径的国家社团主义纽带的中断有着密切的关系。20世纪30年代，为了实现对民众的整体性控制，革命制度党建立了利益诱导和政治约束为特征的国家社团主义，将民众划分为工人、农民和人民等职业社团，在对民众提供利益庇护的同时，实现对于民众的整合。20世纪80年代后，在新自由主义改革推动的自由市场建设的情形下，国家社团主义体系名存实亡。虽然1985年墨西哥城大地震的爆发以及社会救助运动的兴起，在相当程度上推动着墨西哥社会自发结社的形成。然而，这只是在危机出现的背景下，墨西哥社会自发形成的动员与整合机制，并非真正意义上"团结社会"的生成。随着新自由主义改革在墨西哥的持续推进，社会的分化、不平等的现象越发突出。对于整体性社会动员面临的难度也越发增大。作为社群民众集体享有的文化传统的遗产，成为社会动员与墨西哥市民社会发展的重要路径。基于此，坎克里尼对20世纪80年代后，墨西哥社会遗产保护变化做出了如下的判断：

> 第一，自然和城市遗产保护的问题，不再被视为是政府专属的职能。第二，如果没有对遗产保护的社会动员，政府很难将其与民众日常需求联系起来。第三，遗产的传承与恢复包括集体的民主占有，即创造物资和象征性条件，以便所有阶层能够分享遗产，在此进程中实现资本、国家与社会的互动关系的建立。①

坎克里尼对于遗产保护与社会动员的分析，在事实上明确了这样的事实，非物质文化遗产保护作为社会动员发生的路径，是革命制度党国家社团主义体系衰败后，市民社会发展的产物。非物质文化遗产保护作为社会动员路径，又在一定程度上反哺着墨西哥市民社会的发展。

正是基于非遗保护的这一主张，在2011年，墨西哥第一届非物质文化遗产保护经验大会会前会上，墨西哥本土人类学者卢尔德·阿里兹佩介绍了墨西哥

① E.Zepeda-García and R.Bravo-Salazar, "Prácticas comunitarias como patrimonio cultural inmaterial: tres casos de comunidades en Oaxaca,México," *Revista Salud y Administración*, No.9(2016).

人类学者参与非物质文化遗产保护三种方式，第一，通过历史研究与民族志调查，系统呈现遗产的元素与图像。第二，制作音像材料，动员遗产所属社群的民众制作非遗相关的数字音像制品。第三，推动非物质文化遗产所属社群与周边的社区与环境之间的协调。具体包括社区与民间社会组织、市政府、宗教组织等机构的合作。在保护遗产的同时，通过商业活动展览会、旅游业等发展，在实现遗产传承的同时，让地方社会收益。①

图 7　圣・卢西亚自治社区的佐齐尔妇女和她编制的纺织品

20 世纪初墨西哥大革命后，革命制度党在民族主义的支配下对文化遗产挖掘与保护，以及 20 世纪 80 年代后新自由主义改革与民主化转型的发生，构成了非遗保护在墨西哥兴起的历史语境。革命制度党对遗产保护的参与，使得墨西哥学界形成了遗产的建构属性与遗产保护的世俗化的认知。在遗产保护的

① LourdesArizpe, *Videoconferencia ante el 1 Congreso Internacional sobre experiencias en la salvaguardia del patrimonio cultural inmaterial* (México: Portada de Semillas, Tepoztlán, Morelos,2011).

脉络下，墨西哥学界于20世纪70年代后开始对“活态遗产”实施保护。在加入《公约》后，墨西哥学界主张“非遗”是历史延续至今的“活态传统”，形成了批判本真性、主张所有权的概念外延。作为行动实践的非遗保护，成为激发民众自觉，实现大众动员和推动地方社会发展的重要路径。就此而言，墨西哥社会的非遗保护，早已超越了单纯意义上的文化范畴，是多元主体共同参与的、具备政治经济属性的社会运动。包括传承群体在内的多元主体对非遗保护的参与，推动着“活态遗产”、社区参与等概念的深入人心，并使其在非遗保护的参与中，完成自我角色的成长，在改变地方社会文化生态的同时，推动着基层社会治理机制的革新。

客观来说，虽然20世纪30年代民族主义支配下对于墨西哥文化遗产的保护存在着政治权力的过度介入等问题，但这一实践却从根本上打破了殖民体系对墨西哥本土文明的否定的、负面的建构，是对墨西哥本土文明合法性、独立性的承认。20世纪70年代后，墨西哥学界推动的非物质文化遗产保护，将承认的范畴拓展到少数族群、底边群体等墨西哥社会的多元群体。这既是文化保护理念的更新，也显示出墨西哥政治文明的进步。

墨西哥学界对于非遗保护的知识贡献，在相当程度上明晰非遗保护的实质。诞生于全球化时代的非遗保护，不是对本质主义的、固化的历史传统的追寻，亦非民族主义支配下对遗产神圣属性的建构和文化独占权的确认，而是在全球化带来多元文化碰撞、交融的当下，协调外来文化与本土文化、现代文化与传统文化关系的问题，是以非遗保护为契机，将文化保护实践与政治、经济和社会发展结合，实现人类文明赓续，推动人类文明发展进步的议题。

五、有声档案：口头传统整体性保护的实践探索

在墨西哥加入联合国教科文组织《保护非物质文化遗产公约》后，文化部门、学者和社会团体持续发起了一系列非物质文化遗产保护的项目。这些项目不仅是在《公约》框架下墨西哥学界非遗保护的实践探索，更是墨西哥持续数十年遗产保护领域经验的发展持续，“有声档案”就是其中的典型案例。2009年，国立人类学历史学学院的学者和学生提议发起“特拉西亚科有声档案计划”（Archivo de la Palabra del Proyecto Eje Tlaxiaco）项目。最终，这一项目于2010

年开始在瓦哈卡州的米斯特卡·阿尔塔（Mixteca Alta）地区实施。“有声档案”项目旨在通过对墨西哥境内非遗的调查，建立包括音频、视频、摄影、抄本在内的视听档案文件，以此实现非遗的传承、发展与传播。此外，作为一个由学者发起的非物质文化遗产保护项目，国立人类学历史学学院的教师也力求通过这一项目的实践，从学术层面构建非遗保护的理论体系，探讨非遗保护的教学、伦理和技术等层面的问题。在经历了数十年的发展后，有声档案项目的逐渐演变为国家人类学委员会、文化部、各州教育与文化机构、非物质文化遗产保护的传承人及其所属社区等共同参与的非遗保护与传承项目。

一个个精美的非物质文化遗产的纪录片，以及在此基础上完成的颇具创意性的非物质文化遗产的动画片是“有声档案”项目的基本成果。“有声档案”团队将他们制作的影像资料回赠给项目所在地的广播电视台与博物馆。此外，项目团队还参与了包括大众文化总局、萨卡特卡斯政府的萨卡特卡诺文化研究所（el Instituto Zacatecano de Cultura del Gobierno de Zacatecas）和墨西哥国立自治大学区域多学科研究中心、墨西哥城文化部（la Secretaría de Cultura de la Ciudad de México）、已解散的联邦区原始村落和街区委员会（el extinto Consejo de Pueblos y Barrios del Distrito Federal）、大都会自治大学（Universidad Autónoma Metropolitana）等机构组织的非物质文化遗产保护论坛，并出版了一系列相关研究成果。

需要说明的是，有声档案项目的展开是建立在国际劳工组织《第 169 号公约》、联合国教科文组织《保护非物质文化遗产公约》、《墨西哥联合众国宪法》的基础上。此外，有声档案项目亦严格遵循《联邦档案法》《联邦版权法》《国家人类学历史学研究所组织法》和《规划法》，在遵循墨西哥文化部国家文化发展计划的基础上，制订了非物质文化遗产保护与传承的方案。①

（一）“有声档案”项目的学术理念与主张

作为一个由专业学者发起的非物质文化遗产保护项目，“有声档案”项目承载着发起人——国立人类学历史学院的希拉里奥·掩佩特·劳拉（HilarioTopete

① Hilario Topete Lara, “La salvaguardia, una propuesta,” in *Experiencias de salvaguardia del patrimonio cultural inmaterial*, ed.Hilario Topete Lara and Cristina Amescua Chávez (México:CRIM&UNAM,2013), p.107—118.

Lara）教授对于非物质文化遗产保护的学术理念与主张，集中体现在其对项目参与者的学术素养、田野情境的甄选和记录要求等三个要点上。

人类学者是有声档案项目的主导力量。托佩特教授认为，人类学者、社会学者、民族学者和历史学家构成的专家团队应该在非遗保护中占据绝对的主导地位。他的这一理念与反思人类学在墨西哥的发展、人类学对于文化多样性的认同和对权力属性的批判有着密切的关系。首先，20 世纪 50 年代后，随着反思人类学的出现，承载着等级性与排他性内涵的“文明”一词逐渐遭到批判。人类学者不再秉持文明中心论评价、衡量其他文化，对多元文化的理解与包容成为墨西哥人类学研究的共识。虽然一些研究批判作为知识分子的外来人员在非遗保护中的权力介入，托佩特认为，反思人类学对人类学者权力关系的批判使之能够超越既有的权力桎梏，从他者的视角理解、呈现非遗的运作逻辑与文化内涵。其次，托佩特教授认为，“有声档案”是以影像资料的方式对非物质文化遗产进行呈现。这一项目并非对遗产片段的记录，亦非对仪式现场的瞬间呈现，而是建立在对现场活动象征意义、内涵属性分析的基础上，是人类学者将地方社会的文化传统转译为视听媒介的过程。因此，长于“文化转译”的人类学者是这一项目的重要支持。

图 8　托佩特教授（左二）、笔者（左一）与部分有声档案项目团队成员

作为一项大规模的非遗数字化项目，包括学生、当地社会的文化精英在内的多元主体都是这一项目的重要参与者。需要特别指出的是，无论是项目的发起人托佩特教授，抑或是参与非遗项目的学者，他们都明确地意识到虽然民主化转型之后，墨西哥不同群体、阶层之间有着持续的互动，主位与客位的界限似乎逐渐模糊，但这并不意味着外来者的专家团队能够如同遗产传承人一般事无巨细地呈现出遗产内部的文化意义与价值体系。项目专家团队与地方社会传承人对项目的理解是存在差异的。因此，“有声档案”非常注重对地方社会传承人的挖掘，强调以民族志的方法识别地方社会的传承人，并将其纳入非物质文化遗产保护的专家团队中。在外来的人类学者、民族学者和地方社会传承人的持续互动中，实现对于非物质文化遗产保护的自我调查、评估、诊断和展望，由此制订非物质文化遗产保护的战略与方案。在人类学知识之外，参与这一项目的成员亦需要在法律层面上掌握文化权利保护的相关知识。取景、布置、灯光和声音调试等影像知识也是参与这一项目的研究人员必备的知识素养。

关于“有声档案”项目实施的田野情境，折射出的墨西哥学界对于田野伦理的认知。一种观点认为，应当追求传统的本真性，主张应当在自然、原生的环境中，在访谈者并不知情的情形下完成非物质文化遗产的视频采集工作。另一种观点认为，项目的实施是一个多元主体共同参与的进程，应当对所有的参与者给予一样的知情权。进而，应该将项目情况告知给研究对象，征求研究对象的同意后再进行项目的采集和数字化转换。托佩特教授认为，虽然第一种观点能够在一定程度上获得所谓的自然语境，却是对访谈对象的不尊重，是对田野伦理的违背。此外，未征求研究对象的同意，意味着研究者对非物质文化遗产的呈现只是片段式的截取，对遗产的整体性的把握是不够的。缺乏传承人对项目的阐释，意味着对项目社会意义与文化价值的呈现是不够的。因此，“有声档案”团队主张在项目开始前，就应开诚布公地向研究对象介绍项目的缘起，在征求项目传承者同意的基础上，完成项目采集、访谈与数字化传播工作。项目组成员认为，征求传承人的同意是对遗产传承人的尊重，这从根本上消除了田野过程的道德风险。此外，将传承人纳入项目成员，赋予传承人项目参与主体的角色地位，使得其能够在项目实施中融入真实的情感与态度，获得非物质文化遗产的情境属性与社会意义。更为重要的是，传承人的参与能够激发其对非物质文化遗产的认知与传承自觉，对遗产的传播有着重要的意义。

在有声档案的行动计划中，记录是整个非物质文化遗产保护的核心环节。只有对项目进行深度、完整的调查，才能真正意义上把握项目的各种要素，并在此基础上形成完整的、准确的清单、资料与各种出版物。因此，“有声档案”项目严格按照民族志方法的基本规范，主张项目的实施并非仅是一个简单的材料过程，而是建立在深度田野的基础上，以声音和影像资料方式呈现的民族志文本，并向公众开放的进程。因此，“有声档案”项目立足对传承人的深度田野，在获得他们同意，确立彼此对话、认同关系的基础上，按照非物质文化遗产保护的基本要求和建档标准，以数字媒体技术完成非遗项目整体呈现的进程。这一项目有着较为烦琐的具体性任务，其中包括以人文导向为目的，对项目组成员民族志方法的训练和数字媒体技术的培训，以及对于非物质文化遗产保护立法、文化政策和公共政策的培训等。

（二）有声档案项目的实施过程[①]

大致上来说，有声档案项目的实施过程包括三个阶段。首先，培训一批接受过人类学理论和民族志方法的训练，能够识别地方社会的非物质文化遗产，并对其进行调查和数字化处理的专家团队。其次，创建非物质文化遗产数字化档案，对非物质文化遗产项目进行保护与陈列。通常来说，项目组会与地方社会的市政当局达成协议，在项目所在社区进行田野调查，并在此基础上完成视听文件的生成。项目完成后，项目组一般会在地方社会建立非物质文化遗产的数字档案馆，对遗产的音频、视频和图像记录进行保存与传播，使之成为地方社会的公共文化设施。最后，也是最为重要的，项目组会邀请包括传承人在内的民众参与到项目的进程中，并通过非遗博物馆和数字化的方式，在地方社区中保存、传播非物质文化遗产项目，激发地方社会的民众对遗产的认知自觉，从而在地方社会中营造理解、认知和传播非物质文化遗产的社会氛围。

主要行动步骤

1. 培训

有声档案项目团队认为人类学者是整个项目的主导者。然而，项目实施进程需要大量的人员，紧靠人类学者的力量是不够的。此外，非物质文化遗产保

① 项目执行规范与步骤，来源于笔者对项目负责人希拉里奥·托佩特·劳拉（Hilario Topete Lara）教授的访谈及其向笔者展示的执行规范内部文稿。

护并非等同于人类学研究，其有着自身独特的保护理念。遗产的数字化转化也需要专业的媒介技术支持。因此，有声档案项目保护计划起始之初，就强调对所有项目参与者进行系统的培训。

研究伦理的培训是整个项目培训的核心。作为人类学基本伦理的理解、反思、尊重与宽容是整个伦理培训的基本要点。此外，诚实、真诚与责任也是“有声档案”项目团队培训的重要内容。项目组认为，对于文化遗产的保护并非研究者冒犯遗产所属社群和传承人的借口。研究者应当以真诚的态度解释项目发起的动机，并对项目的流程、环节逐一解释。不能在项目传承人和所属社群未知的状态下，以对真实场景的还原为由侵犯遗产所属社群的隐私。责任是伦理培训的重要方面，无论是参与项目的研究者，还是遗产社群的传承人，都必须意识到，他们对于遗产保护的参与，不仅只是对一个文化事象的搜集、整理与转述，更承担着复兴文化传统的责任。

必要的民族志方法的培训。民族志方法是“有声档案”培训的重要内容。对于参加这一项目的工作人员而言，需要接受参与观察、田野笔记撰写、社会介入、访谈等一系列民族志方法的训练。一方面，民族志方法是研究者和项目负责人确定地方社会非物质文化遗产的重要方式。另一方面，有声档案项目并非只是对传承人口述史的记录，而是对项目内容的陈述，以及在地方社会的语境中呈现项目的社会意义。因此，唯有通过民族志方法的掌握，才能真正意义上进入地方社会的语境中，在地方社会文化网络分析的基础上呈现非物质文化遗产的基本面貌，凸显对非遗项目整体性的关注与呈现。

必要的法律与政策也是培训的重要方面。这些文件主要包括联合国教科文组织 1972 年颁布的《保护世界文化和自然遗产公约》，国际劳工组织 1989 年颁布的《土著和部落人民公约》，联合国教科文组织 1989 年在巴黎召开的第 25 届大会上发布的《保护民间创作建议案》等。当然，最为重要的当数对《公约》的培训。墨西哥《宪法》，以及关于非物质文化遗产保护的公共政策，各州在非物质文化遗产保护领域方面的立法与监管也是培训的重要内容。

摄影、摄像和录音技术的培训。“有声档案”项目涉及对非物质文化遗产项目的视听化转化，专业的录音、录像等数字媒体技术亦是整个培训的重要组成。具体而言，这一部分的培训主要包括取景、对焦、白平衡、空间等摄像技术的内容，以及后期视频处理等技术。

2. 调查

非物质文化遗产项目的记录、呈现与数字化档案建立的前提是扎实的民族志工作。唯有基于项目参与者、传承人以及合作者之间的高度信任，以及彼此融洽关系与共情的建立，才能真正意义上完成可信度高的、翔实的非物质文化遗产数据资料。因此，项目参与者在接受培训，完成课程学习后，必须使用民族志方法进行非物质文化遗产的调查。调查的目的在于系统、完整呈现非物质文化遗产的内容、属性与社会意义。值得一提的是，对于遗产项目的呈现并非对一种刻板的、真实性的非遗项目的寻求，而是理解其在地方社会的意义所在，分析其在当代社会的存续状态。虽然发起调查的主体是工作人员，但调查进程却高度依赖于研究人员与传承人和所属社群民众的协作。

调查的具体内容包括对地方社会的基本了解与掌握，确立调查、记录的各个要素，识别参与非物质文化遗产的重要主体并尽可能地与他们一起生活。通常来说，“有声档案”项目调查的内容主要包括如下几个方面。第一，在进入社区，开展非物质文化遗产调查前，项目团队成员必须对即将到达的城镇和村社的基本概貌与日常生活有基本的了解，提前做好调查方案与计划。第二，国立人类学历史学院会为每个项目组准备一份介绍信。在抵达地方社区后，项目团队必须向地方的市政当局和教会出具介绍信，以便在行政层面和市民社会的维度上得到他们的支持。第三，在正式进入社区后，项目团队会非常重视本地社区居民的参与。田野调查之初，项目团队会邀请社区的老年人加入团队。他们通常是对社区历史记忆最为详尽、对地方社会文化传统的认同最为强烈的群体。项目团队通过与他们的访谈和调查，提炼非物质文化遗产的关键元素。此外，项目组还会要求成员参与当地生活，习得地方社会的生活节奏、社交规则、时间节律和习俗，并与地方社会的民众建立和谐关系。第四，融洽的田野关系是“有声档案”团队田野调查工作中最为重要的方面。托佩特教授认为，良好、融洽的田野关系是人类学田野调查的基础，更是“有声档案”项目得以实施的前提。这一融洽的田野关系需要建立在彼此足够时间接触的基础上。由于环境、区域的差异，几天、几周甚至是几个月的时间都是可能存在的，这需要研究团队保持足够的耐心与细心，冷静地对待长时间田野调查过程中可能出现的懈怠。托佩特教授认为，在进入社区一段时间后，许多成员会陷入一种田野疲惫的状态，觉得无法再获取新的信息。然而，没有获取有效的信息并不代表没有收获，田野过程本身以及田野关系的建立就是一种收获。第五，在进入田野之后，专门团队通过谈话、和解、日常共处等方式，逐渐熟悉、了解研究对象的非物质文化遗产传统，并在此过程中确立遗产保护的元素与基本内涵。值得一提的是，这一过程往往会伴随着田野对象与研究者双方文化边界的模糊，以及在这一过程中文化交融、共生的实现。这虽然不是“有声档案”项目的明确要求，但对于理解、呈现非物质文化遗产的意义，认知、反思研究人员的文化态度有着重要的意义。项目组建议，参与调查的团队成员应该向田野对象敞开心扉，分享、展示自己的情感、经历、知识与观点，始终尊重对方的文化。尊重在田野过程中扮演非常重要的角色，尊重是项目专家团队与地方社区民众之间建立认同与共鸣的关键。唯有真正意义上尊重自我，尊重他者，才能真正地认识与重视他者的文化，对他者文化呈现保护的“有声档案”项目才能实施。

3. 建档

建档是建立在民族志方法的基础之上，基于对非物质文化遗产项目的实地调查，以图像、声音的方式，呈现作为意义单元的非遗项目的进程。对于非遗的建档主要包括两个原则。首先，非物质文化遗产的演述是不可重复的进程。可以通过数字模拟视频技术、数字音频技术的支持，将其转变为一个面向民众公开的文档，以此实现非物质文化遗产的数字化传播。其次，对非遗的建档是一个具备双重属性的动态化的进程，是基于遗产传承人、调查者之间不断对话的基础上，完成的遗产项目实体化的进程。因此，这既是对非遗项目本身的记录，也是地方社区文化资产的创作。完成建档后，这些原生形态的非物质文化遗产能够超越地方社会的维度，进入非物质文化遗产专业性的博物馆或者是国家的档案馆系统。在跨文化、跨社区的双重传播中，实现着非物质文化遗产项目的再生产与传播。

建档是建立在田野调查的基础之上。只有完成对社区的深度田野，在对多重主体调查的基础上，才能识别出社区成员共享的非物质文化遗产的元素，才能从真正意义上确立“有声档案”项目需要记录的内容。通常来说，成员邀请一名传承人，讲述地方社会的口头传统知识，呈现非遗项目的全部内容。在其他团队成员的配合下，共同完成对传承人讲述进程的录制。在技术层面上，为了完成视频的制作，团队必须考虑多重要素。可以以口头传统的记录为案例，对“有声档案”项目传承人的选择情况进行把握。

1. 视频中出现的传承人必须是团队共同确认的，且在社区从事口头传统传承工作的人。

2. 传承人具备良好的沟通与表达能力，能够清晰地、言简意赅地完成讲述工作的全部内容。

3. 传承人必须完全掌握口头传统的所有元素，并能完整的讲述。

4. 传承人有时间，且愿意参与视频录制。

5. 传承人有信心与团队进行合作，并允许视频文件公开。

图 9　有声档案项目团队成员向笔者展示建档流程

课题团队试图通过这一系列工作，识别出积极的传承人，从而更好地完成视频文件的处理工作。然而，并非所有的传承人都愿意参与视频制作。很多情况下，项目组团队必须向传承人进行解释，介绍其工作的具体内容，谈论口头传统以及非物质文化遗产之于社区记忆和子孙后代的意义。通常来说，这一过程常常具有文化启蒙与政治动员的意义。很多原本并不愿意参加的传承人在这一过程中完成了转变，最终成为有声档案项目重要的报道人。

在视频录制前，团队应该做好如下准备。第一，在正式到达录制地点前，应当对包括摄像机、录音机和照相机在内的所有设备逐一检查，确立所有设备正常运作并拥有足够的电池。第二，选择一个安静的、有光源的空间，确保影像录制没有外界干扰并能清晰地拍摄传承人的影像。第三，制作一份书面备份资料，这份资料包括口头传统的主题、构成的元素，以便应对在传承人突发故障或者是遗忘时候，起到提醒的意义。通常来说，这些元素都是在视频录制前，专家团队与传承人共同完成的。第四，在开始视频录制前，团队录制一些关于视频讲述的基本资料，用于完成视频文件的建档工作。

可以以米兹特克当地口头传统“恶魔的故事”为例[①]，对其项目记录的具体过程予以分析。“恶魔的故事”是墨西哥国立历史学与人类学学院的研究生亚列汉德罗·阿尔瓦雷斯·佩雷斯（Alejandro Alvarez Perez）在米斯特克地区的圣·玛利亚·库基拉村（Santa Maria Cuquila）深度田野时发现的传说。在深度田野后，亚列汉德罗选择马里奥·埃斯科瓦·欧提思（Mario Escobar Ortiz）先生作为讲述人，对这一传说进行了记录和保存。录制这一传说时，亚列汉德罗负责介绍项目和访谈，他的同学赫苏斯·克鲁斯（Jesús Cruz）负责视频资料的录制。整个视频资料是在2011年7月21日完成的。视频的主要内容包括：录制开始、信息登记、口述人授权录制、开始讲述、授权使用记录文本、录制结束和离开七个部分。在记录视频录制时间、地点、录制人员和讲述人员基本信息后，亚列汉德罗开始了对于传说背景的介绍：

> 亚列汉德罗：我遇见了马里奥先生，他曾经是1988至1995年社区公共财产委员会的代表，今年70岁。我的名字是亚列汉德罗·阿尔瓦雷斯·佩雷斯，和一起参与录制的技术人员赫苏斯·克鲁斯都是墨西哥国立人类学历史学院社会人类学专业的学生。我们一起调查并完成资料的记录，这是米斯特克人话语和有声档案的一个组成部分。今天是2011年7月21日，我们在瓦哈卡州（Oaxaca）特拉希亚科市（Tlaxiaco）圣·玛利亚·库基拉村（Santa María Cuquila），现在我们开始记录一个关于恶魔的传说。这是一个奇异的传说，它发生在从特拉希亚科到普埃布拉州公路在巴哈龙河上修建时。好的，马里奥·埃斯科瓦·欧提思先生，你同意授权我们记录吗？

---

① “恶魔的故事”记录情况来源于话语档案（El Archivo de la Palabra）项目“恶魔”（El Demonio o el Malo）配套文件记录资料。

马里奥：是的，我讲述一个这条公路在这里修建时的传说。这个公路修建到那的时候是1958年，最终1960年的时候才到达普特拉市（Putla）。当时我是一个泥瓦匠，主要负责制作陶罐、桥梁、开挖泥土、沟渠等，这些都是我的工作。那时我很贫困，但我辛苦工作，希望能让自己的处境变得好点。

有一次，一些工人经过巴哈龙河，发现河流、卡车、客车、货车、小汽车一下子都去了峡谷的底部。他们过去，与那些仍然活着的司机聊天，询问他们这里没有弯道，并且一座桥跨过一个非常闭合的弯道，而且道路两旁都是岔路……他们说这里居住着一个恶魔，这个恶魔使得小汽车偏离车道，继而这个恶魔试图抓住人们的尸体上的灵魂……

九分钟后，马里奥完成了传说的讲述，亚列汉德罗询问讲述人马里奥：

谢谢你，马里奥·奥尔蒂斯·埃斯科瓦尔先生，你授权这个文件用于学术研究和社会发布吗？

马里奥：我同意。

亚列汉德罗：非常感谢你的合作。

完成视频录制以后，亚列汉德罗和赫苏斯完成了两项工作，一项是对于视频资料的简介，即包括类别、时间、地点、人物、标题和主要内容等，另一份则是根据视频资料转录的文字资料，并附上视频简介的相关信息。

4. 归档

归档是整个有声档案项目过程中的一个必须环节。归档是为当地社区的档案馆、博物馆和国家非物质文化遗产数据库建设服务。基于实地田野和遗产数字化之后的文档分类，必须在遗产所属社区进行，此后将被发送至国家档案馆，进行统一分类处理。具体而言，归档的内容包括评估、存储、保护和创建向公众开放的视听遗产，以此实现向对所有对材料感兴趣的民众开放。这一进程主要包括依据同质性与统一性的标准原则对所有的视听材料进行组织、分类与编目。通过备份、副本建立和系统性措施对视听文件资料进行保护，避免网络攻击和可能存在的存储载体的问题对视听文件产生影响，向公众开放的传播版本材料的编辑与整理，最后是对区域性非物质文化遗产视听资料的整合与编目。

具体而言，对视听档案归档时候，必须处理如下数据：

> 录制视频的完整日期和地点，讲述者或者是传承人的姓名与职业。视频制作者的姓名，拍摄者的姓名以及参与调查的人员名单。必须记载非物质文化遗产项目的主题类别，诸如故事、传说、寓言、笑话、谚语等项目类别等。需要在镜头前询问受访者，是否授权拍摄视频，并取得受访者的授权。研究人员也需要对视频记录的内容与文献进行简单的记录。在视频录制的末尾，需要受访者口头承诺将视频用于未来学术研究与公共传播。

在建档过程中，项目组成员必须严格按照人类学伦理规范，明确对传承人的尊重，尤其是应当在资料建档中重点提及项目传承人的名字，承认并尊重传承人在非物质文化遗产传承的贡献，并强调传承人拥有参与非遗保护与传播的权利。

5. 管理与传播

依据国家非物质文化遗产保护与传播规划和“有声档案”项目的要求，强化对于非物质文化遗产的传播，建立公众参与非物质文化遗产保护的机制，是“有声档案”项目的重要内容。从扩大传播路径与强化公众参与的视角，有声档案项目建立了一整套非物质文化遗产传播的路径。其中主要包括与媒体的合作、提供给学术与政府机构传播和推动社会主体的参与三个层面。具体而言，首先，有声档案项目与墨西哥国家第 11 频道（Canal 11）、第 12 频道（Canal 12）、墨西哥国立自治大学电视台（TVUNAM）、议会频道（Canal del Congreso）、教育电台（Radio Educación）以及当地电台等合作，并在脸书（Facebook）、推特（Twitter）等社交网站建立了一系列合作关系，推动遗产的跨区域传播。其次，通过与诸如国立人类学历史学院、国立自治大学等大学和政府机构建立合作关系，在学术场域和政府机构内宣传、推广和管理非物质文化遗产的视听文件。以非物质文化遗产视听文件为基础，建立多主体、多学科交互参与的数字平台，强化与非物质文化遗产研究人员的联系，通过非遗学术出版物的出版、非物质文化遗产论坛和大会的举办，构建非物质文化遗产视听文档传播的学术平台。最后，社区参与主要包括项目组与地方社区的文化之家、社区博物馆、图书馆和文化中心合作，整合培训相关非物质文化遗产保护的项目，宣传非物质文化遗产保护的有关文件，向社区居民普及、传播非物质文化遗产的知识，以此实现对于非物质文化遗产的振兴与传播。在此基础上，促进社区与非物质文化遗产传承人之间的联系，强化地方社区参与识别非物质文化遗产，创立地区性非物质文化遗产的清单和建立地方社区的传承人名录等工作。与学术机构的合作，在社区内部开展非物质文化遗产视听文件资料的教育与培训等。

图 10　恰帕斯州锡纳坎坦村落博物馆

6. 评估

“有声档案”项目将每年接受定期的评估。除了定量数据的指标外，项目组亦会依据项目的传播效果进行定性评估。基于评估结果，项目组会对培训、调查、建档等各个环节进行调整。

下 篇

秘鲁非物质文化遗产保护的历史、理念与实践

秘鲁是拉丁美洲文化遗产遗存丰富的国家。横贯南北的安第斯山脉、西海岸的秘鲁洋流和东部的亚马孙丛林形塑了秘鲁差异性极大的自然环境，使秘鲁成为世界上生物多样性的代表性国家。[①]公元前 12000 年左右，来自亚洲的蒙古人种跨过白令海峡，开始在这片土地上繁衍生息。西班牙殖民者入侵拉丁美洲时，秘鲁正处于印加文明时期。殖民者占领了秘鲁，并在利马建立了统辖南美的利马总督区。三角贸易的形成与发展、亚裔族群的移民，给秘鲁带来了包括非洲、亚洲和欧洲的多元族群，由此形成了今天秘鲁多样形态的文化遗产。时至今日，从利马到秘鲁乡间的各个城镇，一系列的建筑、纪念碑、陶瓷、纺织品、饰品等见证着秘鲁文明的深厚与伟大。多元杂糅的民俗文化，独具特色的音乐舞蹈、享誉世界的美食和丰富多样的口头传统，成为秘鲁文化的突出代表。截至 2023 年，秘鲁共有 12 项非物质文化遗产入选“人类非物质文化遗产代表作名录”，是拉丁美洲非物质文化遗产资源丰富的国家之一。

秘鲁政府很早就开始了对本土文化的保护行动。在联合国教科文组织开展非物质文化遗产保护行动后，秘鲁政府于 2005 年成为《公约》的缔约国，在非遗保护的机构设置和制度建设上做出了积极的探索。值得一提的是，联合国教科文组织“拉丁美洲保护非物质文化遗产地区中心”设在秘鲁的库斯科。中心对秘鲁和拉丁美洲其他国家的非遗保护产生了深远的影响。此外，包括知识分子、土著组织在内的多元社会主体积极参与到非遗保护行动之中，形塑了当前秘鲁非遗保护的多样生态。本篇首先在对秘鲁历史发展脉络梳理的基础上，对秘鲁非遗保护的历史进行梳理，在对秘鲁非遗保护的制度建设分析的基础上，对秘鲁学界关于非遗保护的基本理念与主张进行呈现，以库斯科地区传统饮食空间皮坎特利亚（Picantería）为案例，对秘鲁非遗保护的具体实践进行剖析。

---

① Antonio Brack and Cecilia Mendiola, *Ecología del Perú* (Lima: Bruño y Programa de las Naciones Unidas para el Desarrollo,2004), p.87—102.

一、秘鲁非物质文化遗产保护的历史进程

（一）19 世纪民族主义支配下文化遗产保护的兴起

西班牙殖民者入侵拉丁美洲时，秘鲁和墨西哥是拉丁美洲大陆上最为发达的国家。与阿兹特克和玛雅文明不同，处于印加帝国时期的秘鲁以族长制统治下组织完备的政府、朴实的劳作场景而闻名。[①] 西班牙殖民者弗朗西斯科・皮萨罗（Francisco Pizarro）进攻秘鲁时，印加王国正处于瓦伊纳・卡帕克（Huayna Cápac）统治时期。1525 年，这位德高望重的印加国王去世。此后，他的两个儿子因为王位争夺，发起了严重的内斗。印加君主的内斗给了皮萨罗可乘之机。最终，皮萨罗俘虏了印加君主阿塔瓦尔帕（Atahualpa），占领了秘鲁。自此，这个有着千年历史的印加古国，进入西班牙人统治的殖民时期。[②]

图 11　秘鲁首都利马的海岸

① ［美］普雷斯科特著，周叶谦、刘慈忠、吴兰芳、刘方等译:《秘鲁征服史》，北京：商务印书馆，1996 年，第 27 页。

② ［美］普雷斯科特著，周叶谦、刘慈忠、吴兰芳、刘方等译:《秘鲁征服史》，北京：商务印书馆，1996 年，第 258—327 页。

西班牙殖民者的入侵是秘鲁历史发展的重大事件，对秘鲁社会发展产生了深远的影响。首先，1542 年，西班牙王室在秘鲁设立总督辖区，在政治、经济和宗教文化等多个维度实现对印加社会政治、经济和文明体系的替代。[①] 在这一政策的影响下，诸如利马（Lima）、库斯科（Cuzco）和阿雷基帕（Arequipa）等新兴的、具备浓郁西班牙风格的城市在秘鲁开始出现。天主教也渗透至印加文明的各个地方。有研究表明，由于人力、财力等诸多方面的限制，无论是在宗教还是在城市风格上，西班牙人的殖民征服并非对印加文明的彻底替代，而是建立在两种文明之间的混杂与糅合，最终形塑了秘鲁文明的多元特征。[②] 然而，政治上的殖民征服、经济上的统治剥削与文化上的杂糅，却也在相当程度上撕裂着秘鲁社会，造成秘鲁社会内部持续不断的纷争。

1821 年，秘鲁摆脱西班牙殖民者的统治，实现了国家的独立。对于新生的秘鲁国家而言，如何彻底摆脱殖民征服对于秘鲁社会的割裂、培育民族认同，完成民族国家的建构是执政精英们面临的重大挑战。在民族主义思潮的影响下，执政精英完全否定了西班牙文明对秘鲁社会的影响，将民族国家的认同来源溯源至本土悠久的安第斯文明。在这一背景下，统治精英强化了对于安第斯文化遗产的立法保护。1822 年 4 月 2 日秘鲁第 89 号法令的规定：“未经政府明确和特别许可，不得提取在瓦卡斯（Huacas）发现的矿石、古代陶器、织物和其他物品。”[③] 同年，国立考古学、人类学和历史学博物馆（Museo Nacional de Arqueología, Antropología e Historia del Perú）得以成立，大量的土著文物陈列于此。然而，持续三百多年的种族区隔，极度削弱了土著族群及其文明的地位，切断了秘鲁社会不同族群的联结，造成白人与其他族群的对立冲突。漫长的殖民统治，使得殖民情境已经内化为秘鲁民众深层的心理结构，表现为社会大众对土著人落后、愚昧的认知和对种族区隔的习惯性认同。在殖民情境的影响下，秘鲁法律、政策的制定是以白人精英的利益与诉求为核心。土著人的诉求甚至他

---

① ［英］莱斯利·贝瑟尔主编，中国社会科学院拉丁美洲研究所著：《剑桥拉丁美洲史》（第二卷），北京：经济管理出版社，1997 年，第 83 页。

② Luis Millones, *El rostro de la fe, doce ensayos sobre religiosidad popular andina* (Sevilla:Universidad Pablo de Olavide,1997), p.74—75.

③ Roger Ravines, “Las antigüedades peruanas y su protección legal,” *Revista del Museo Nacional*,Vol.40(1974).

们的身份并未真正意义上得到法律层面上的认可。正因为如此，虽然安第斯文明被冠以文化遗产的名义，并受到国家法律的保护，现实生活中的土著族群仍然被排除在国家的政治和文化生活之外。执政精英并不关心这些拥有遗产的土著族群，并不承认他们对于文化遗产的所有权。他们对于文化遗产的立法只是强调土著历史文化遗产之于国家认同的意义，明确国家在遗产保护中的支配性地位。

由于政局动荡、经济基础薄弱，新生的秘鲁政府面临着严重的挑战，在文化遗产保护方面更是力不从心。随着19世纪西方社会对拉美土著文物关注的日益增多，许多商人、政客以搜集拉美文物为喜好。这些来自欧美国家的冒险家深入到秘鲁的各个区域，他们搜集了大量安第斯地区的文化遗产，并以走私的方式运送到其他国家。虽然秘鲁政府不断调整法律，强化对本国文化遗产的保护，成效并不显著。[①]19世纪末，大量的探险家、文物贩子更以从事人类学、考古学研究的名义，将安第斯地区的考古文物偷偷运输到欧美国家。其中，以“发现”马丘比丘（Machu Picchu）闻名的美国考古学家海勒姆·宾厄姆（Hiram Bingham）就曾于1911年至1915年将马丘比丘地区大量印加人的遗骨、青铜器和壶钵陶器等走私到美国。直到2012年，在奥巴马总统的干预下，耶鲁大学才将这批文物归还给秘鲁政府。[②]

此外，19世纪一系列战争的爆发也对秘鲁文化遗产保护的政策产生了持续的影响。秘鲁独立后，与西班牙殖民者和周边国家爆发了一系列战争。其中主要包括1828至1829年的秘鲁与大哥伦比亚争夺领土发生的大哥伦比亚-秘鲁战争（Guerra Grancolombo-Peruana），1866年秘鲁与西班牙殖民者的战争和1879至1884年的秘鲁、玻利维亚和智利之间太平洋战争（Guerra del Pacífico）。尤其秘鲁、玻利维亚与智利之间爆发的太平洋战争，对秘鲁社会发展与文化遗产的保护产生了重要影响。太平洋战争对秘鲁文化遗产的影响主要表现在物质和精神两个层面上。首先，智利军队在占领利马和秘鲁南部地区的军事行动

---

① Julio César Tello and Toribio Mejía Xesspe, “Historia de los Museos Nacionales del Perú, 1822—1946,” *Arqueológicas. Publicaciones del Instituto de Investigaciones Antropológicas*, Vol.10(1967).

② ［美］金·麦夸里著，冯璇译:《安第斯山脉的生与死：追寻土匪、英雄和革命者的足迹》，北京：社会科学文献出版社，2017年，第207—237页。

中，不仅毁坏了大量的历史古迹，还洗劫了大量博物馆、考古遗迹的藏品。由于秘鲁战败，智利获得了秘鲁南部塔克纳（Tacna）、阿里卡（Arica）、塔拉帕卡（Tarapacá）三个省的大片领土。这一区域不仅是秘鲁经济较为发达的地区，更是印加王国的重要领地。战争结束后，这一地区大量的木乃伊、文物、陶器和金属饰品被智利军队运往圣地亚哥的国家博物馆，由此成为智利民族国家的象征。其次，太平洋战争的失败在相当程度上激起了秘鲁政治精英和知识分子的国家认同。推动者民族主义思潮的兴起。为了建设强大、统一的民族国家，构建真正意义上的秘鲁民族，秘鲁政府与知识分子持续开始了历史研究的热潮，安第斯文明的文化遗产无疑成为统治精英塑造秘鲁历史，完成秘鲁民族主义叙事的重要支撑。

在这一思潮的影响下，秘鲁政府于 1905 年成立了秘鲁历史研究所（El Instituto Histórico del Perú），1906 年建立了秘鲁国家历史博物馆（Museo de Historia Nacional del Perú）。在民族主义情绪的支配下，对于历史文化遗产的考古发掘也成为这一时期的文化遗产研究的热点。

（二）20 世纪初土著主义思潮与文化遗产的挖掘与整理

与民族主义同步生长的，是秘鲁本土的知识分子对国家发展道路的思考。19 世纪下半叶，科学主义、现代化、进化论与实证主义的论点开始席卷拉丁美洲的多个国家，并对秘鲁本土的知识分子产生了深刻的影响。这一时期，来自欧洲的移民迅速成长为秘鲁这个新生国家的执政阶层。他们与秘鲁社会的寡头集团联合，建立了自由主义的寡头集团，完成了政治体制的变革，秘鲁由此进入“贵族共和国”时期（1895—1919）。这一时期的秘鲁，政治稳定、经济繁荣，社会相对安定，在秘鲁历史发展中有着无与伦比的地位。[①] 执政精英以欧美发达国家作为效仿的对象。他们主张学习欧美国家的政治制度，通过政治体制的变革，工业体系的建立、先进技术的输入实现国家的发展。因此，“统治者贬低属于秘鲁的东西，不加区别的赞扬属于西方的一切，这是一种主要受种族主

① ［英］莱斯利·贝瑟尔主编，中国社会科学院拉丁美洲研究所著：《剑桥拉丁美洲史》（第五卷），北京：社会科学文献出版社，1992 年，第 594—595 页。

义支持的世界观”。[①] 在此影响下，秘鲁本土的文化，尤其是殖民时代遗留至今的文化遗产，被统治者视为落后、野蛮的表征，是秘鲁现代化的阻碍，亦是秘鲁现代化进程中需要改造的对象。[②]

然而，太平洋战争的失败，进一步推动者知识分子对于秘鲁社会的认知与批判。他们认为，国家长久以来对土著人的忽视导致秘鲁在硝石战争中惨败，如果官方部门能够将土著人同化和吸收进主流社会，就可以增强战斗力，进而扭转战争结局。这批“1900 年一代”的知识分子，开始关注和重视土著居民。他们摒弃种族主义，将土著人视为秘鲁民族的组成部分。抨击统治集团对土著人的奴役和剥削，主张通过强有力的国家干预改变土著人的现实境遇，由此形成了秘鲁社会中的土著主义（Indigenismo）思想。[③]

事实上，土著主义思想的实质是西方式现代性的话语对秘鲁社会的认知，以及在欧洲价值观基础上对秘鲁国家现代化道路的探寻。虽然表现出对土著族群境遇的关注，以及对土著文化主体性的认可，但土著主义的核心理念仍然是单一国族的属性，即表现为对一个同质的、单一的语言和统一国家的诉求。20 世纪 20 年代左右，执政精英发起了一系列经济改革计划，试图通过教育改革的方式，以此实现土著族群的现代化。一部分知识分子更是主张，只有彻底的梅斯蒂索化，才能消减土著人的种族的“劣根性”实现社会进步与民族整合。[④]1968 年，贝拉斯科（Velasco）革命政府上台后，更是采取了激进的革命民族主义政策，主张用“农民”取代“土著人”，建立各阶级之间的联盟，以阶级话语取代种族主义的话语。[⑤]

虽然存在着相当程度上的同化倾向，但必须承认的是，不同时期土著主义

---

① ［英］莱斯利·贝瑟尔主编，中国社会科学院拉丁美洲研究所著:《剑桥拉丁美洲史》（第五卷），北京；社会科学文献出版社，1992 年，第 618 页。

② Jorge Basadre,*Meditaciones sobre el Destino Histórico del Perú*(Lima: Petróleos del Perú,2007), p.121—122.

③ 王迪:《秘鲁土著主义思想的发轫与演变——从硝石战争到“1900 年一代”》,《史林》2022 年第 3 期。

④ 王迪:《秘鲁土著主义思想的发轫与演变——从硝石战争到“1900 年一代”》,《史林》2022 年第 3 期。

⑤ 王迪:《秘鲁土著主义思想的发轫与演变——从硝石战争到“1900 年一代”》,《史林》2022 年第 3 期。

的多重面向也在相当程度上强化、提升国家权力机构对于土著文明的认知。在土著主义思想的推动下，秘鲁考古学家持续推进对土著地区历史文化遗产的考古发掘。一些人类学家也开始对秘鲁社会活态文化的民族志研究。本土学者对秘鲁土著历史文化遗产的持续关注，推动着秘鲁文化遗产立法体系的变革。考古学家胡里奥·塞萨尔·特洛（Julio César Tello）参与制定的 1929 年第 6634 号法律更新补充了 1822 年 89 号法律的规定，宣布殖民时代前的文物与考古遗迹属于秘鲁人民。规定了国家具备保护殖民时期所有文物的职责。此后，萨克塞瓦曼（Sacsayhuamán）、奥扬泰坦博（Ollantaytambo）、帕查卡马克（Pachacamac）、纳斯卡（Nazca）、马丘比丘等考古遗址被确定为国家文化遗产。1941 年 4 月 1 日，曼努埃尔·普拉多（Manuel Prado）总统颁布了依据 9359 号法律，建立艺术教育和文化推广局（Dirección de Educación Artística y Extensión Cultural）的法令。艺术教育和文化推广局以“组织和监督艺术教学并传播文化”为目的。在此基础上，艺术教育文化推广局建立了国立美术学院等一系列机构，并与国家考古委员会展开密切的合作。在文化遗产领域，艺术教育和文化推广局以“促进原住民的有用艺术”，“在博物馆合作收集和保护与秘鲁历史和艺术有关的所有物品”为使命，致力于“促进民俗学研究“，确保“民族文化的保护”。[①]

1944 年，秘鲁政府通过第 6634 条法律（ley No.6634），宣布成立了国家考古委员会（Patronato Nacional de Arqueología），[②] 旨在于遏制文物偷窃与掠夺活动。此外，秘鲁政府也强化了对走私文物的管理。颇为讽刺的是，虽然文化遗产法律的更新，强化了国家权力对于土著历史文化遗产保护的关注，但这一变革却并未涉及这些文化遗产所有者的土著族群。在种族主义和进化论思想的影响下，社会大众普遍认为土著族群不具备决定、参与文化遗产保护的任何权力。在生活状况持续恶化的情形下，不少土著人被迫与文物贩子合作，以出卖、走私土著文物为生。

就此而言，民族主义支配下现代土著主义思想的形成，虽然在一定程度上

---

① César Coloma Porcari, “El Instituto Nacional de Cultura del Perú,” https://sites.google.com/site/elperuysuhistoria/el-instituto-nacional-de-cultura-del-peru，2023 年 11 月 23 日访问。

② El Instituto Riva, “COLECCIÓN MEJÍA XESSPE. SERIE: Patronato Nacional de Arqueología,” https://ira.pucp.edu.pe/wp-content/uploads/2020/06/Patronato-Nacional-de-Arqueolog%C3%ADa.pdf, 2023 年 11 月 23 日访问。

提升了土著历史文化遗产的地位，却并没有改变土著族群在秘鲁社会中的边缘境地。在政治精英和社会大众的主张中，土著族群是落后的，是生活在高山之中的，与先进的、生活在沿海区域的、城镇的克里奥尔人有着鲜明的对比。土著族群的文化遗产是“异国情调”，他们持有的活态的文化遗产是“民俗”的。他们的宗教仪式与信仰是落后的“大众宗教”。他们的民族语言被称为方言，是民族国家建设进程中应该被清除和被同化的。即便是在作为印加文明象征的故都库斯科，在同化、整合印第安人的土著主义的渗透下，土著族群仍然隐形、消失于国家土著主义的政策之中。正是基于这一状况，一些学者认为土著主义思想并没有从根本上改变土著族群的孤立状态，种族主义仍然在相当程度上支配着秘鲁社会。[①]

（三）民俗学范式下对活态文化的搜集与整理

20 世纪初土著主义思想和民族国家建设的需要推动着秘鲁民俗学的兴起，并强化着民俗学者对“活态文化”（cultura viva）的关注，这构成了秘鲁非遗保护的前身。在土著主义思想的影响下，民俗学者摒弃种族主义的思想，将土著人视为秘鲁民族的组成部分，印第安族群的历史、习俗及文化表现形式被视为民族国家的身份来源。他们参与到对地方社会活态文化的搜集、整理中，并主张通过强有力的国家干预改变土著人的现实境遇，完成民族国家的建设[②]。

20 世纪 40 年代，何塞·玛利亚·阿格达斯（José María Arguedas）等土著主义知识分子和圣马科斯国立大学民族学研究所（Instituto de Etnologia de la Universidad Nacional Mayor de San Marcos）的学者广泛参与到对印加族群民俗传统的整理和搜集中。何塞·萨博加尔（José Sabogal）、西莉亚·布斯塔曼特（Celia Bustamante）和艾丽西亚·布斯塔曼特（Alicia Bustamante）姐妹、何塞·玛利亚·阿格达斯、何塞法特·罗尔·皮内达（Josafat Roel Pineda）、米尔德雷德·梅利诺（Mildred Merino）、罗莎·阿拉科（Rosa Alarco）、何塞·波尔图卡尔·卡塔科拉（José Portugal Catacora）、埃夫拉因·莫罗特（Efraín Morote）等

① Marisol De la Cadena, “Silent Racism and Intellectual Superiority in Peru,” *Bulletin of Latin American Research*,Vol.17,No.2(1998).

② 王迪:《秘鲁土著主义思想的发轫与演变——从硝石战争到“1900 年一代”》,《史林》2022 年第 3 期。

学者，从视觉艺术、教育、人类学和历史学的角度，对秘鲁民俗的各个方面进行系统深入的研究。在土著主义的影响下，秘鲁城乡各地学校的教师也广泛参与到对民俗传统的搜集和整理。虽然他们的研究只聚焦于具体的区域，研究成果只在本地传播，这些基于地方社会的资料成果极大地滋养了秘鲁民俗学者①。秘鲁遗产研究的著名学者拉蒙·帕胡埃洛·特维斯（Ramón Pajuelo Teves）对20世纪秘鲁民俗学研究做出了极高的评价：

> 在20世纪40年代和50年代存在像何塞·玛利亚·阿格达斯这样的人物和研究“传统”的学术团体，他们在知识界享有显著的地位和重要的生产……这一时期非常重要，因为在这一时期进行了基本的记录和编目。②

在建设统一的民族国家的叙事下，民俗学者对土著文明的关注是建立在这些文化表现形式最终会消失的预设下。搜集、整理的目的是将这些“终将会消失”的文化表现形式汇编成手册、档案，以一种僵化和“记忆”的形态陈列在博物馆或图书馆，由此成为民族国家身份的源泉和象征。此外，在北美人类学影响下，秘鲁民俗学界也多采取本质主义或保护主义立场，民俗学者倾向于收集和保存一种“未经污染的”“具有本真性”的文化表现形式。基于此，伊梅尔达·维加-森特诺（Imelda Vega-Centeno）认为，这一时期的民俗学研究多是受美国人类学的影响，采用一种奇观的视角来搜集整理本土的民俗传统。③

正是民族主义、本质主义和保护主义的立场，使得早期民俗学对传统的搜集整理，呈现出明显的“博物馆化”的特点。1978年秘鲁国家文化研究所完成的《秘鲁流行乐器详尽地图》（*Mapa de los instrumentos de uso popular en el Perú*）④是其中的典型案例。虽然当时许多乐器的制造工艺发生了变化，传统的

① Soledad Mujica Bayly, “Inventario para qué?” https://cultura.petroperu.com.pe/noticia/inventarios-para-que/#_ftn1, 2024年5月1日访问。

② Imelda Vega-Centeno Bocángel, “Perú,” in *CRESPIAL: Estado del Arte del Patrimonio Cultural Inmaterial* (Cusco:CRESPIAL,2008), p.279—329.

③ Imelda Vega-Centeno Bocángel, “Perú” in *CRESPIAL: Estado del Arte del Patrimonio Cultural Inmaterial* (Cusco:CRESPIAL,2008), p.279—329.

④ Tom Turino, *Mapa de los instrumentos musicales de uso popular en el Perú* (Lima: Ediciones OMD, 1978).

制造材料被塑料部件和其他工业元素取代，一些乐器的分布随着人口的迁徙与流动发生了变化，这份研究仍然采用“遗迹式”“博物馆式”的呈现方式，对各种乐器的特点和制作材料进行了清点和描述，并以插图的方式对各种乐器的调音和演奏方式及其分布地域进行呈现，没有对乐器使用者及其社会状况进行分析。

遗留物范式下秘鲁民俗学者对活态文化的关注虽然存在明显的不足，却对秘鲁文化遗产保护事业有着相当的意义。首先，知识分子、社会大众对秘鲁活态文化的全面普查与研究，在事实层面确立了秘鲁的文化多样性。其次，在对活态文化的搜集、整理中，知识分子逐渐意识到“活态文化”不同于遗留物的特征，并开始了早期活态文化的传承实验。1948 年，民俗学者发起成立了秘鲁民间音乐舞蹈学校（Escuela de Música y Danzas Folklóricas Peruanas）①，学校将研究、保护和传承结合，一些著名的表演者面向公众开设了一系列课程，以现场教学的方式传承民间音乐舞蹈，这正是秘鲁“活态传承”的早期探索与实践。② 最后，对民族主义认同的建构与参与，推动着动态的文化观的生成。1930 年，人类学家何塞·乌列尔·加西亚（José Uriel García）出版了《新印第安人》（*El Nuevo Indio*）一书。此书摆脱了对印第安人本质主义的起源建构，以文化为切入，强调“安第斯山脉可以为任何需要的人提供道德和情感支持”。③ 这一观点在相当程度上揭露了土著主义与民族主义支配下遗产意义的建构属性，显示出一种动态的文化观初步生成。

（四）文化多样性、民主化转型与 20 世纪 70 年代后秘鲁遗产保护的进展

20 世纪 50 年代后，一系列国际会议的召开，对秘鲁文化遗产保护政策产生

---

① 秘鲁民间音乐舞蹈学校后更名为国立民间艺术学校（Escuela Nacional de Arte Folklórico），数年后演变为高等教育机构，更名为何塞·玛利亚·阿格达斯国立高等民俗艺术学校（Escuela Nacional Superior de Folklore José María Arguedas）。

② Cecilia Bákula, “La salvaguardia, difusión y promoción del patrimonio cultural inmaterial en el Perú,” in *Fiestas y rituales X Encuentro para la Promoción y Difusión del Patrimonio Inmaterial de Países Iberoamericanos*, ed.John Galán Casanova(Bogota : Corporación para la Promoción y Difusión de la Cultura,2009), p.317—327.

③ José Uriel García, *El nuevo indio: ensayos indigenistas sobre la Lima sur peruana* (Madrid:Digibís, 2020).

了重要的影响。1945年2月21日至3月8日，除阿根廷以外的美洲国家外长在墨西哥城查普尔特佩克（Chapultepec）举行了“美洲国家间关于战争与和平问题会议”（Conferencia Interamericana sobre Problemas de la Guerra y de la Paz）。会议通过的《墨西哥宣言》（*Declaración de México*）第十三条明确规定，“人权中首要也是最重要的是，是通过合法的活动、勤奋和创造力，享有我们文明所提供的所有精神和物质财富的平等机会”。①1948年12月10日，联合国在巴黎大会上通过的《世界人权宣言》第一次规定了基本人权应得到普遍保护。《世界人权宣言》第二十二条规定：“每个人，作为社会的一员，有权享受社会保障，并有权享受他的个人尊严和人格的自由发展所必需的经济、社会和文化方面各种权利的实现，这种实现是通过国家努力和国际合作并依照各国的组织和资源情况。”第二十七条规定：“人人有权自由参加社会的文化生活，享受艺术，并分享科学进步及其产生的福利。人人对由于他所创作的任何科学、文学或美术作品而产生的精神的和物质的利益，有享受保护的权利。”②1972年，联合国教科文组织通过的《世界文化和自然遗产保护公约》，对秘鲁文化遗产保护事业产生了重要的影响。1982年，世界文化政策会议通过的《墨西哥城文化政策宣言》主张文化多样性，承认文化遗产之于社会发展的重要意义。1989年，国际劳工组织第169号《土著和部落人民公约》承认土著族群具有自主管理本民族各类机构、生活方式和经济发展，保持并发扬本民族的特点、语言和宗教的愿望。强调各政府有责任在有关民族的参与下发展协调而有系统的行动，以保护这些民族的权利并尊重其作为一个民族的完整性。认为各国政府应酌情采取专门措施，保护有关民族的个人、机构、财产、劳动、文化和环境。③

20世纪60年代以来，拉丁美洲局势的风云变幻，也在相当程度上推动着秘鲁政府文化政策的转变。首先，拉丁美洲左翼社会主义运动、解放神学运动以

① Conferencias Internacionales Americanas. “Declaración de México (Conferencia Interamericana sobre Problemas de la Guerra y de la Paz, Ciudad de México–1945),” https://www.dipublico.org/106504/declaracion-de-mexico-conferencia-interamericana-sobre-problemas-de-la-guerra-y-de-la-paz-ciudad-de-mexico-1945/, 2023年11月23日访问。

② 联合国：《世界人权宣言》，https://www.un.org/zh/about-us/universal-declaration-of-human-rights，2023年11月24日访问。

③ 联合国：《土著和部落人民公约》，https://www.un.org/zh/documents/treaty/OHCHR-1989，2023年11月24日访问。

及土著运动的发展，推动着秘鲁政府逐渐接受了文化多样性的理念。其次，20世纪60年代后，秘鲁政府陷入独裁与民主的波动之中，在此影响下，秘鲁政府的文化政策也出现了相应的变化。依据1962年8月24日颁布的第48号最高法令，秘鲁政府成立了国家文化委员会（Comisión Nacional de Cultura），并建立了下属的执行机构秘鲁文化之家（la Casa de la Cultura del Perú）。1971年，这一机构被重新命名为“国家文化研究所”（el Instituto Nacional de Cultura）。国家文化委员会以执行文化保护、培训和传播的行动来确认国家认同，鼓励公共、私营部门合作，动员民众参与文化保护的行动中。作为国家文化委员会的执行机构，秘鲁文化之家以“促进和发展国家文化表现形式、保护国家文化遗产”为使命。发起了一系列识别、登记和保护国家文化遗产的行动。①

1979年的秘鲁《宪法》建设“公正、自由和文化社会”的目标，以及“捍卫祖国文化遗产”主张，深刻地体现出民主化转型之于秘鲁文化政策的影响。②此后，费尔南多·贝朗德·泰瑞（Fernando Belaúnde Terry）执政期间（1980—1985年），通过了《文化遗产保护总法》（*la Ley General de Amparo al Patrimonio Cultura*l），试图从整体层面上构建秘鲁文化遗产保护的法律体系。然而，贝朗德总统却颁布了解散国家文化研究所的命令，在一定程度上动摇了国家权力在文化遗产保护中的重要地位。这在相当程度上显示着政局动荡对国家文化遗产保护政策干预。③此后，阿兰·加西亚（Alan García）执政期间（1985—1990年），致力于改善秘鲁经济凋敝、政局动荡的困境，文化并非其执政的重点。虽然受到国内政治局势的持续影响，秘鲁政府在文化遗产保护方面仍然取得了一定的进展。

与秘鲁政府在文化遗产政策上的波动不同，秘鲁本土的知识分子将民族主义主张与文化多样性的理念融合，在文化遗产保护理念与实践方面做出了积极

---

① César Coloma Porcari, “Historia del Instituto Nacional de Cultura del Perú(1971—2010),” https://sites.google.com/site/elperuysuhistoria/el-instituto-nacional-de-cultura-del-peru，2023年11月24日访问。

② Congreso de la República, “Constitución para la República del Perú(1979),” https://www.congreso.gob.pe/Docs/sites/webs/quipu/constitu/1979.htm, 2023年11月24日访问。

③ Maria Silvia Lima Bellido and Mary Luz Quispe Salazar, *Políticas culturales de protección del patrimonio histórico inmueble y su valor cultural en el centro histórico del Cusco 1983—2006* (CUSCO:Tesis de Universidad Nacional de San Antonio Abad del Cusco,2023).

的探索。在对殖民主义和新自由主义的批判中，人类学研究逐渐承认了土著族群与土著文化的主体性①。民主化转型的完成进一步推动着秘鲁学者对既有文化政策的批判与反思。胡安·奥西奥（Juan Ossío）通过历史文献的梳理，认为20世纪初共和国时期秘鲁政府对安第斯与殖民时代文化遗产的破坏是精英阶层的冷漠造成的。他们更喜欢“向外看而不是向内审视”。②阿方索·卡斯特里翁（Alfonso Castrillón）也表达了类似的观点，认为“克里奥尔阶级并不认同本土文化”，这在相当程度上造成了他们对于本土文化的认知自觉的缺失。③将秘鲁本土文化发展的困境归因于精英阶层冷漠难免存在着片面化的问题，但这一研究却在相当程度上指出了这一事实，即秘鲁政治秩序的混乱、精英阶层的冷漠与国家整体文化发展规划的缺失是秘鲁文化遗产保护事业停滞不前的根本原因。进而，知识分子认为，秘鲁文化的价值来源于过去。秘鲁本土悠久的印加文明的历史，赋予了秘鲁立足当代世界的可能。虽然秘鲁遭遇一系列经济社会发展的危机，其这并非仅是政治经济层面的问题，而是文化的问题。应当在多元主体性与文化多样性确立的基础上，在精英和其他阶层民众之间建立联系与对话关系，并在此过程中确立本土文化对秘鲁社会发展的支撑性意义。正是在这一共识的基础上，格里马尔多·穆乔特里戈（Grimaldo Muchotrigo）认为，秘鲁文明不是西方文明的复制品，秘鲁社会的发展，不能完全复制西方社会的道路。④

在这一背景下，秘鲁本土知识分子也参与到一系列文化遗产保护的行动中。在联合国教科文组织正式发起对世界自然和文化遗产保护的行动后，秘鲁本土知识分子广泛参与到遗产保护的讨论中。他们认为，在民主化转型完成，在秘鲁社会发展存在一系列问题的情况下，国家应当成为非遗保护的政策主体。应当制定切实有效的策略，真正意义上推动遗产的保护。虽然遗产保护关注的是文化领域的行动，但只有持续的政治稳定与经济发展，才能真正意义上唤起民

① Norman Long, *An introduction to the sociology of rural development* (New York: Tavistock,1977).

② Juan Ossio and Luis Millones, “Patrimonio Cultural del Perú Balance y Perspectivas,” *Asociación Peruana para el Fomento de las Ciencias Sociales* (Lima:FOMCIENCIAS,1986), p.18.

③ Alfonso Castrillón-Vizcarra, *El Museo Peruano. Utopía y realidad* (Lima:Gráfica,1986).

④ Miriam Grimaldo Muchotrigo, “Identidad y política cultural en el Perú,” *Liberabit*. Vol.12,No.12 (2006).

众的文化自觉，真正意义上传播秘鲁本土社会的价值观。① 此外，随着民主化转型的完成，学者、知识分子应当踊跃参与到文化遗产保护的行动中。②

20 世纪 90 年代后，随着文化多样性主张在秘鲁社会的传播，在土著族群政治主体地位得到认可的情形下，主张保障土著族群的政治、经济和文化权利的新土著主义（Neo-indigenismo）主张得以生成。具体而言，“新土著主义”主张承认土著族群的政治主体地位，承认土著文化的多样性，主张其拥有自治、自决权。③ 在此影响下，秘鲁政府于 1993 年进行了《宪法》修订，在立法体系上引入了文化权利的概念，强调人民具备自由获取、保护和使用文化遗产的权利。此外，《宪法》第二十一条直接规定：“考古遗址和遗迹、建筑、纪念碑、地点、书目和档案文件，以及具有历史价值的艺术品都是国家的文化遗产，都受到国家法律的保护。个体具有保护、修复、展览和传播的权利。”④

（五）秘鲁非物质文化遗产保护的特征与历程

2003 年，联合国教科文组织《保护非物质文化遗产公约》通过后，在既有文化遗产保护的范畴下，秘鲁政府开始了对活态遗产的保护。殖民主义与种族主义对秘鲁社会的切割，文化多样性与民主化转型的同步发生形塑了秘鲁政府非遗保护的基本特征。第一，秘鲁政府正式承认了文化多样性的主张，认为包括非物质文化遗产在内的文化遗产保护是文化多样性的重要体现。第二，秘鲁政府主张应当以非遗保护为切入，推动社会大众参与非遗的保护。在实现对非物质文化遗产传承的基础上，培养人民的创造力，实现文化多样性的发展。第三，在多元族群共生的秘鲁社会，土著族群是非物质文化遗产保护重点关注的对象。在社区参与的基本框架下，秘鲁政府强调将土著族群纳入非遗保护的行动中，强调土著族群在非遗保护与传播中的主体地位，主张土著族群文化权力

① Sandra Negro, “Reflexiones sobre el patrimonio cultural del Perú, contextos y perspectivas,” *Tradición, segunda época.*Vol.19(2019).

② Isabel Alvarez Novoa, *Picanterías y chicherías del Perú: Patrimonio cultural de la Nación* (Lima: Fondo Editorial de la Universidad de San Martin de Porres.2017), p.20.

③ Dunia Gras, “Reviewed of La narrativa indigenista peruana,” *Reseñas iberoamericanas. Literatura, sociedad, historia.*Vol.4, No.1(1997).

④ Congreso de la República, “Constitución Política del Perú(1993),” https://www.wipo.int/wipolex/zh/text/202200#LinkTarget_314, 2023 年 11 月 25 日访问。

与主张必须建立在合作与协商的基础上。第四，秘鲁政府认可《公约》精神，主张非遗保护是多元主体共同参与的过程。应当尊重不同主体的文化创造，在政府、社会和传承社群之间建立合作、平等的关系模式。

根据秘鲁文化部非物质文化遗产司现任司长巴勃罗·莫利纳的研究，秘鲁非物质文化遗产保护的制度建设可以分为 1986 至 2001 年、2003 至 2010 年和 2011 年至今三个阶段。[①] 区分三个阶段的主要指标是成功申报为国家文化遗产的活态文化遗产的数量。1986 至 2001 年仅有 5 项，2003 至 2010 年有 82 项，而 2011 至 2024 年达到 329 项，总共有 416 项活态遗产进入国家文化遗产的名录。[②]

1986 至 2001 年，秘鲁政府对于活态遗产的保护缺乏明确的法规和标准化程序。这一阶段的标志性事件是 1986 年秘鲁教育部通过第 022-86-ED 号最高决议（Supreme Resolution），宣布马林内拉（La Marinera）的舞蹈和音乐形式为国家文化遗产。这是秘鲁政府首次将活态文化实践转化为作为国家遗产的行动，标志着秘鲁非物质文化遗产制度建设的开始。由于缺乏明确的法规和标准化程序。这一阶段活态遗产的保护主要以 1985 年的《文化遗产支持总法》（*the General Law on Support to Cultural Heritage*）为依据。1986 年首次通过最高决议宣布文化遗产宣言后，1988 年和 1993 年的两次宣言转向地方级决议（Departmental Resolution），这反映了当时活态遗产保护区域性管理的特点。2000 年后，文化遗产宣言演变为国家指导决议（National Directorial Resolution），一直运作到 2010 年文化部成立。这一阶段各个宣言由国家文化研究所的多个职能部门负责，进入宣言的活态遗产包括马里内拉舞、托德罗舞和秘鲁卡宏鼓等舞蹈形式和音乐器具，也包括皮斯科酒甚至秘鲁帕索马等元素，反映出文化遗产领域的多样性和技术支持的多变性。在此期间，支持国家文化遗产宣言的机构最初是文物文化遗产总局（Directorate-General of Monumental Cultural Heritage）负

---

① Pablo A.Molina, “The Heritage Regime and the Declarative Policy from Intangible Cultural Heritage Manifestations in Peru(1986—2022),” in *20th Anniversary of the Convention for the Safeguarding of Intangible Cultural Heritage: Strategies and Experiencies from Latin America and the Carribbean*, ed.Luciana Gonçalves de Carvalho and Yoselin Rodríguez (Belém: NUMA/UFPA ; Brasilia: ABA Publications, 2023), p.103—118.

② Ministerio de Cultura, “Declaratorias de Expresiones del Patrimonio Cultural Inmaterial como Patrimonio Cultural de la Nación,” http://administrativos.cultura.gob.pe/intranet/dpcn/consulta.jsp, 2024 年 10 月 10 日访问。

责，此后又转为文化发展生产总局（Directorate-General of Production for Cultural Development）。一年后，文化发展生产总局更名为文化生产、发展与传播总局（Directorate-General of Cultural Production, Development and Diffusion），最终由当代秘鲁文化登记与研究局（Directorate of Registration and Study of Contemporary Peruvian Culture）负责。这些变化体现了秘鲁文化遗产管理的多样性与复杂性。

第二阶段的特点是出现了规范性的框架，明确了非遗的概念并建立了非遗保护的标准化流程，从而增强了秘鲁文化遗产制度的稳定性和一致性。2003年，联合国教科文组织《保护非物质文化遗产保护公约》的通过，推动着秘鲁非物质文化遗产保护制度建设的重大转折，直接催生了具有重大意义的2004年的非遗保护的《指导方针（2004）》（*Guideline N. 002-2004-INC*）。《指导方针（2004）》首次建立了秘鲁非物质文化遗产宣言的评估流程和标准。这一指导方针成为秘鲁非遗保护制度建设的基石，代表了官方非遗保护政策的正式形成。《指导方针（2004）》突破了此前的地理 - 区域标准，引入了如“社区遗产”“民族遗产”和“区域遗产”的遗产分类。同时还设立了“杰出大师、智者和创造者创作的作品宣言”，表彰传承人对非遗保护与传承的贡献。指导方针还纳入了国家文化研究所授予的多项官方认定制度，如“值得称赞的文化人物”“集体记忆的活态库”和“秘鲁文化荣誉勋章”。值得一提的是，《指导方针（2004）》将节庆活动、传统工艺产品和烹饪等文化艺术表现实践归类为“具有文化意义”或“传统特色”的“非遗产宣言”（non-heritage declarations），以此构成对非物质文化遗产宣言制度的补充。《指导方针（2004）》试图通过“非遗产宣言”对那些有一定文化价值，但不符合国家文化遗产标准的传统活动或产品进行官方认可，在补充活态遗产范畴的同时，促进、传播和保护活态文化。值得一提的是，《指导方针（2004）》扩展了文化遗产宣言利益相关者的范围，公共官员、知识分子与传承人社区都可以成为文化遗产宣言的发起者与参与者，他们拥有平等参与权与发言权。

第三阶段则是2010年至今的阶段，这一阶段秘鲁文化遗产声明流程和类别逐渐减少，负责实施非遗保护的政府机构也经历了重组。2010年。秘鲁政府成立了国家文化部，成为非物质文化遗产识别与保护的机构。国家文化部于2011年和2015年分别出台了两版更新的《指导方针》（*N. 001-2011-MC* 和 *N. 003-2015-MC*）。此外，原有的“当代秘鲁文化登记与研究局”在2011年更名为“当代非物质文化遗产局”，两年后又更名为“非物质文化遗产局”。这一系列变革旨在提高对非物质文化遗产的管理效率和专注度，标志着秘鲁非物质文化遗产保护制度建设的重大改革。《指导方针（2011）》取消了“社区遗产”“民族遗产”和“区域遗产”类别，仅保留“国家文化遗产”这一类别，仍然保持了“非遗产宣言”类别。此后，2015 年批准实施的《指导方针（2015）》取消了“传统产品”和“传统烹饪特色”两个非遗产类别，保留了“具有文化意义”的类别，并将其适用范围进一步扩展至“能够促进、传播、保护和挽救艺术与文化的活动、项目、产品或作品”。同时，《指导方针（2015）》将具有文化意义“非遗产宣言”的认定权从“非物质文化遗产司”转移至“艺术司”。这一调整，既明确了“非遗产宣言”针对大众文化事项与活动的属性特征，也进一步简化了“非物质文化遗产司”的职能，使其成为非遗保护的专门性机构。

表 2　秘鲁遗产制度的宣言分类沿革

<table>
<tr><th>宣言类别</th><th>《指导方针（2004）》</th><th>《指导方针（2011）》</th><th>《指导方针（2015）》</th></tr>
<tr><td rowspan="5">遗产宣言</td><td colspan="3">杰出大师、智者和创造者创作的作品</td></tr>
<tr><td>国家遗产</td><td colspan="2" rowspan="4">国家文化遗产</td></tr>
<tr><td>公共遗产</td></tr>
<tr><td>族群遗产</td></tr>
<tr><td>区域遗产</td></tr>
<tr><td rowspan="3">非遗产宣言</td><td colspan="2">传统产品</td><td></td></tr>
<tr><td>传统特色</td><td>传统烹饪特色</td><td></td></tr>
<tr><td colspan="3">具有文化意义</td></tr>
</table>

本表引用自 Pablo A.Molina, “The Heritage Regime and the Declarative Policy from Intangible Cultural Heritage Manifestations in Peru (1986—2022),” in 20th Anniversary of the Convention for the Safeguarding of Intangible Cultural Heritage: Strategies and Experiencies from Latin America and the Carribbean, ed. Luciana Gonçalves de Carvalho and Rodríguez Yoselin (Belém: NUMA/UFPA ; Brasilia: ABA Publications, 2023), p.108.

秘鲁非物质文化遗产保护的制度建设进程集中体现出了秘鲁政府机构在活态文化遗产管理方面的专业化、集中化以及宣言制度的精简化趋势。最初阶段缺乏明确法规，随着对非遗保护工作的推进，逐渐形成了更为系统的法律框架，最终在第三阶段实现了结构的简化与非遗保护的专业化建设。随着法规的完善和程序的清晰化，越来越多的文化表现形式得以进入国家文化宣言名录，从而推动了宣言声明数量的持续增加。在这一过程中，传承人与传承社区的主体地位逐渐得到加强，社区不仅参与了文化遗产的认定，还获得了更多发言权，这在很大程度上反映出秘鲁非遗保护工作的进步。

（六）当前秘鲁非遗保护面临的困境与挑战

秘鲁政府对文化多样性的认可，对非物质文化遗产保护的参与是在拉美国家民主化转型的大背景下发生的，是拉美和秘鲁社会政治经济转型在文化领域的折射。这也意味着，非遗保护在秘鲁的发展，并非对历史传统的彻底否定与割裂。殖民形成的等级阶序、秘鲁社会经济发展不平等的困境仍然会对秘鲁的非遗保护产生重要影响。

首先，虽然秘鲁政府致力于多元主体平等、共同参与的非遗保护格局，但国家、资本仍然是非遗保护的绝对主体。国家权力、商业资本对于非遗开发利用在一定程度上导致秘鲁社会的非遗保护与《公约》主张之间的张力性关系，造成了不同权力主体之间的紧张关系。如前所述，土著遗产是秘鲁民族认同构成的重要来源。随着民族主义思潮的再度兴起，秘鲁政府强化了对非遗的象征建构。安第斯地区的宗教仪式与节日成为民族主义与国家认同的象征，秘鲁饮食文化也成为秘鲁民族主义的重要象征。在新自由主义改革的冲击下，大量失业、贫穷的农民、土著族群涌入城市，这在相当程度上破坏了非遗传承与发展的社会基础。随着近年来秘鲁旅游产业的高速发展，国家和各省的政府都希望以非遗为资源，推动旅游产业的发展，以及由此带动地方社会经济的发展与进步。在国家政策的倡导下，大量资本参与到非遗产业的开发中。秘鲁非遗保护多采用文化公园（Parque de la Cultura）或者是考古公园（Parque Arqueológico）这一特殊保护区的模式。即政府部门划定文化遗产保护区的范围，对其进行封闭性的管理。原本居住在此区域的民众被以文化遗产保护的名义遭受驱逐。对于社群民众的驱逐，无视传承群体的文化权利，剥离了传承人与非遗的关系，使得作为共有财富的“文化遗产”成为资本建构的产物[①]。为了迎合市场的需求，资本力量不断参与到非遗的改编、创作中，严重破坏其文化价值与内涵。一些贫穷的土著族群主动参与到非遗的商业化建构中。在秘鲁南部的印加社区中，

① Patricia Mathews-Salazar, “Patrimonio y exclusión . Debates sobre identidad y poder desde las comunidades del Parque Arqueológico de Sacsayhuamán,” *Crónicas Urbanas*,Vol.12(2008).

原本的传统节日、宗教祭祀被改造成为千篇一律的商业表演，承载着丰富内涵的非遗成为商业化时代碎片化的、孤立的复制艺术。就此而言，虽然《公约》规定必须基于社区的基础上实现非物质文化遗产的创新传承与发展，但在新自由主义的巨大冲击下，在经济发展的诉求下，社区在非物质文化传承与发展中的作用是有限的。

其次，种族主义仍然在很大程度上影响着秘鲁非物质文化遗产保护的行动。秘鲁有着漫长的殖民统治的历史，虽然当下秘鲁法律禁止种族歧视，但秘鲁社会仍然存在着一定程度上的种族歧视。这一状况对秘鲁非遗保护行动有着相当的影响。在种族主义的支配下，政府官员、商业资本和其他参与非遗保护的主体认为，虽然土著族群、农民群体在内的社会大众是非遗传承的载体，但他们却并不具备参与非遗保护的能力。此外，社会大众也多认为土著族群的活态文化是落后的、愚昧的产物，并非真正意义上的文化遗产。因此，如何超越种族中心主义的建构，承认土著族群非物质文化遗产的价值与内涵，并建立尊重土著族群主体地位的非物质文化遗产保护机制，仍然是秘鲁政府面临的主要挑战。

最后，秘鲁非遗保护面临着行政效率低下、权力有限、资金投入不足等一系列现实困境。目前，秘鲁非遗保护的工作由国家文化部和各省负责。与其他拉美国家一样，秘鲁行政机构面临着官僚主义、行政效率低下等一系列问题。一些项目还面临着资金投入不足等问题。因此，虽然国家文化部、各省政府和其他行政机构制定了一系列非遗保护的法律、政策与计划，但这些项目并没有得到很好的执行。2010 年后，秘鲁外贸与旅游部（El Ministerio de Comercio Exterior y Turismo）设定了旅游基金发展计划（Fondo de Promoción Turística, FOPTUR）。这一计划试图通过文化遗产的保护，实现地方社会的发展。然而，这一项目的大量资金却只是用于地方社会基础设施建设，并没有对非遗保护产生任何影响。服务于土著地区非遗传承的秘鲁印第安研究所（Instituto Indigenista Peruano）没有实质性的权力，仅在有限的范围内完成少量的神话和民俗传统的搜集等工作。面向大众的、公共的文化遗产机构的缺乏亦是秘鲁非遗保护面临重要的问题。只有利马这些大城市有着少量的博物馆，各省市几乎没有专业的非遗博物馆。

诚然，作为拉丁美洲经济社会发展较为落后的国家，秘鲁在非遗保护工作中面临着一系列的挑战。必须承认的是，20 世纪 90 年代以来，秘鲁政府将文化权利纳入宪法框架，以及一系列非遗保护制度的建立显示出秘鲁政府在非遗保护保护方面的重大进步。随着文化多样性理念的深入人心，包括知识分子、土著族群和底层农民在内的社会大众也逐渐参与到非遗保护的行动中，在批判反思新自由主义、种族主义的同时，实现着秘鲁非遗保护体系的更新与完善。这在21世纪后表现得更为明显。

二、国际化与本土化：秘鲁非物质文化遗产保护的制度建设

联合国教科文组织2003年通过《保护非物质文化遗产公约》后，2005年6月20日，秘鲁国会第28555号立法决议批准通过了《公约》，正式开展对本国非物质文化遗产的保护。[①] 虽然存在行政效率低下、权力有限、资金投入不足等诸多问题，秘鲁政府在非遗保护的制度本土化上做出了卓有成效的探索，建立了符合秘鲁国情的非遗保护体系。本章从机构设置、分类体系和申请制度三个层面，对秘鲁非遗保护的制度建设进行分析。

（一）国内外并举：秘鲁非物质文化遗产保护的机构设置

目前，秘鲁国内有着两套非遗保护的机构。秘鲁文化部（Ministerio de Cultura）及其下属的各省文化部都设立了非遗保护的相关机构。这些机构多是处理辖区内非遗保护的相关事宜。此外，联合国教科文组织在秘鲁的库斯科设立了拉丁美洲保护非物质文化遗产地区中心，主要负责对拉丁美洲16个《公约》缔约国非遗保护公共政策与法律体系建设等工作，致力于推动缔约国在非遗保护领域的互动协作。

1. 秘鲁国家文化部系统

秘鲁文化部是负责处理非物质文化遗产保护项目的官方机构。秘鲁文化部始建于2010年。如前所述，在文化部成立前，秘鲁国家文化研究所承担了文化遗产、历史遗迹和其他传统文化的保护工作。在国家文化研究所时期，并没有分类设置不同文化遗产的保护机构。物质文化、非物质文化、历史遗迹、考

① Congreso de la República, “Ley Nº 28555,” https://www.deperu.com/legislacion/ley-28555-pdf.html，2024年3月13日访问。

古遗迹和灾难遗迹均由国家文化局负责。秘鲁文化部成立之后，才开始建立专业的文化遗产保护机构。目前，秘鲁国家文化部下辖两个副部长办公室，一个是跨文化分部（Despacho Viceministerial De Interculturalidad），另一个为文化遗产和文化产业分部（Despacho Viceministerial De Patrimonio Cultural E Industrias Culturales）。文化遗产和文化产业分部下设文化遗产总局（Dirección General de Patrimonio Cultural），其下的非物质文化遗产司（Dirección Patrimonio Inmaterial）专门处理非遗保护的相关工作。① 秘鲁各省的文化部虽没有完全沿袭国家文化部的组织架构，但均有设立文化保护和推广的相关部门，负责省域内物质和非物质文化遗产保护的工作，并对国家文化部负责。以库斯科省的文化机构设置为例，库斯科曾是印加王国的首都，拥有包括马丘比丘在内的大量的历史遗迹和文化遗产，旅游产业成为当地的支柱产业，为了更好地开发利用本土的历史文化遗产，带动地方社会的经济发展，除了文化遗产部、跨文化事物部门以外，库斯科省文化部还设立了独立的文化产业部，主要负责文化产业发展等一系列事务。②

在职能分工上，秘鲁国家文化部主要负责宏观层面上非物质文化遗产保护法律法规的制定，以及国家一级非物质文化遗产名录制定等方面的工作。具体保护工作的实施多由省一级非物质文化遗产保护办公室承担。以 2020 年库斯科省非物质文化遗产办公室（la Coordinación de Patrimonio Inmaterial）为例，可以对秘鲁省级非物质文化遗产办公室人员构成与基本职能进行分析。库斯科非物质文化遗产办公室有 5 名工作成员。英格丽·华马尼（Ingrid Huamaní）是办公室负责人，他是一名人类学者，负责整个办公室与非遗保护体系的运作。奥马尔·巴雷德斯·梅丁（Omar Baredes Medin）是信息联络员，负责处理各个社交网站的信息发布，以及回复邮件的各项事宜。办公室还有 3 名人类学者构成的学术团队，负责各类非物质文化遗产的评估、判断和认定。此外，库斯科文化部非物质文化遗产保护办公室还计划招募一名助手和一名儿童教育学专家。前

---

① 关于秘鲁文化部组织架构，参见 https://s3.amazonaws.com/documentos.api.gob.pe/sewsi3fjgvo8jhntdgothfmb39id?, 2024 年 8 月 17 日访问。

② Dirección Desconcentrada de Cultura de Cusco, “ORGANIGRAMA: DIRECCION DESCONCENTRADA DE CULTURA CUSCO,” https://www.culturacusco.gob.pe/dmdocuments/transparencia/organigrama/2019%20-%20ORGANIGRAMA%20DDC.pdf, 2024 年 8 月 17 日访问。

者负责整理与非遗相关的表格、文件、照片和视频等材料。后者主要从事非物质文化遗产的公共传播和教育方案的制订等工作。

在具体工作上，库斯科非物质文化遗产办公室主要从事辖区内非遗项目记录、认定和评估的工作，同时对各类非遗项目保护措施进行监督和管理。他们的具体职责包括如下几个方面：第一，库斯科非物质文化遗产保护办公室通过定期书籍出版、视频、动画、音乐和手机应用的开发，以多种方式向民众普及非物质文化遗产保护的知识，提升大众对非遗的认知水平。第二，推动非物质文化遗产项目的传播。办公室利用各类既有资源，为非遗的传播创造各种条件。第三，公共教育。库斯科非物质文化遗产办公室积极参与公共教育，办公室会联系非物质文化遗产保护专家与传承人，定期前往大中小学等公共教育机构，开展非物质文化遗产保护的讲座与课程建设。第四，学术研究，库斯科非物质文化遗产保护办公室大力搜集本省非物质文化遗产的相关文献资料、档案数据，并汇编出版，为学者研究提供便利。第五，举办对话会和各种座谈会。库斯科非物质文化遗产保护办公室与省内高校、研究机构合作，定期邀请专家、学者和非遗保护者，组织专题的学术研究会，就非遗保护理论与实践进行探讨。第六，举办非物质文化遗产保护的节日庆典活动。库斯科省文化部会利用各个节日、庆典，举办相关非遗项目的展演活动。第七，协调处理非遗保护中的各种矛盾、冲突。这些工作主要包括向遗产所属社群解释项目申报失败的原因，协调多个社区对同一项目所有权的争论与冲突等。

2. 拉丁美洲保护非物质文化遗产地区中心

和其他拉丁美洲国家不同，除了本土的非物质文化遗产保护机构以外，秘鲁本国设有直属于联合国教科文组织的拉丁美洲保护非物质文化遗产地区中心。在非物质文化遗产保护工作展开后，联合国教科文组织在全球设立了 7 个二级非物质文化遗产保护中心。其中，亚洲地区设有 3 个中心，分别是设立在韩国的亚太地区非物质文化遗产国际信息和网络中心（International Information and Networking Centre for Intangible Cultural Heritage in the Asia-Pacific Region, ICHCAP），设立在中国的亚太地区非物质文化遗产国际培训中心（International Training Centre for Intangible Cultural Heritage in the Asia-Pacific Region, CRIHAP）以及设立在日本的亚太地区非物质文化遗产研究中心（International Research Centre for Intangible Cultural Heritage in the Asia-Pacific Region, IRCI）。

拉丁美洲保护非物质文化遗产地区中心成立于2006年2月，是联合国教科文组织负责拉美地区非物质文化遗产保护工作的二级区域性非物质文化遗产保护中心。拉丁美洲保护非物质文化遗产地区中心设在库斯科，目前共有阿根廷、巴西、玻利维亚、哥伦比亚、智利、哥斯达黎加、厄瓜多尔、古巴、萨尔瓦多、危地马拉、墨西哥、巴拉圭、秘鲁、乌拉圭、委内瑞拉等19个拉丁美洲签约国家。拉丁美洲保护非物质文化遗产地区中心以《公约》为指导，为各成员国的非遗保护政策提供咨询，对一些影响较大的非遗项目进行认定、评估和传播，促进拉丁美洲地区文化多样性的发展，推动各成员国非遗保护工作的协调和交流，推进缔约国非遗保护项目的实施。拉丁美洲保护非物质文化遗产地区中心的管理和运作由董事会和执行委员会共同决定。董事会是拉丁美洲保护非物质文化遗产地区中心的最高权力部门，由各个成员国的代表和联合国教科文组织的代表干事组成。执行委员会是拉丁美洲保护非物质文化遗产地区中心的技术部门，负责确保机构运转、监督各项计划、监督董事会批准的活动等工作，执行委员会的成员由董事会选举的5个成员国的代表组成。

具体而言，拉丁美洲保护非物质文化遗产地区中心的职责主要包括如下四个方面：第一，加强各成员国之间的合作。作为联合国下属的区域性二级非物质文化遗产保护机构，拉丁美洲保护非物质文化遗产地区中心致力于成为《公约》缔约国与联合国教科文组织间交流和沟通的桥梁。第二，制定适用于各成员国的非物质文化遗产保护的公共政策。在秉持《公约》精神的前提下，拉丁美洲保护非物质文化遗产地区中心依据各成员国的国情与社会发展状况，制定相应的遗产保护政策。第三，拉丁美洲保护非物质文化遗产地区中心为各成员国举办各类活动、咨询和培训等工作，提升拉美各国保护非物质文化遗产的能力。第四，推动拉丁美洲各国非物质文化遗产的跨国协作。谈及拉丁美洲保护非物质文化遗产地区中心的职责时，拉丁美洲保护非物质文化遗产地区中心负责多国非物质文化遗产保护的秘书处主任尼古拉斯·洛萨诺（Nicolás Lozano）这样认为：

拉丁美洲保护非物质文化遗产地区中心是联合国教科文组织下属的二

级中心。目标是支持拉丁美洲的非遗保护。现在有十五个成员国[①]。我们不制定具体的非遗保护法律，因为这是每个国家的权利，是每个国家的自治权。我们寻求的是为各国之间建立学习和对话的空间，建立关于文化政策交流的国际空间。每个国家为了改善自己的政策需要了解其他国家的文化政策。比较和批评不同的保护策略，反思犯下的过错，谈论如何和社区合作，怎样开展相关的教育。因此拉丁美洲保护非物质文化遗产地区中心是一个为多国服务的组织，目标在于帮助国家之间相互帮助，交换信息交流经验。因为关于非遗的保护总是有不同的意见。我们不直接参与法律的制定，但是我们会和国家、地区一起合作，比如智利、秘鲁、库斯科，一起反思非遗的保护。[②]

负责信息联络与公众事务的加布里埃拉·巴伦苏埃拉·贝哈拉诺（Gabriela Valenzuela Bejarano）进一步阐释道：

全世界有7个二级中心。拉丁美洲保护非物质文化遗产地区中心是作为拉美地区保护非遗的二级中心。现在有15个成员国。我们的目标是推动成员国非遗保护的公共政策的完善。我们合作的主要对象是政府和各个国家。我们也致力于加强各个政府和国家本身的非遗保护能力和公信力，让国家之间相互合作，相互学习。一个例子是，拉丁美洲保护非物质文化遗产地区中心开展的多国保护计划。这是一个国家之间对话和交流保护方法的空间，不同国家有不同的关于非遗保护的视角和观点，他们可以一起交流。

除此之外，我们不只和政府合作，也会通过设立非遗保护项目基金竞赛（convocatoria）与社会大众接触。我们会与文化管理者、非政府组织，其他更小的机构，社区和传承人接触，他们在竞赛中展示自己的非遗保护项目。另外我们也会为各国成员和社区开展关于非遗的教育活动。所有这

① 此次访谈在2019年，当时拉丁美洲保护非物质文化遗产地区中心共有15个成员国，截至2024年，拉丁美洲保护非物质文化遗产地区中心为19个成员国。

② 访谈人：杨慧云；访谈对象：加布里埃拉·巴伦苏埃拉·贝哈拉诺；访谈时间：2019年3月17日；访谈地点：秘鲁库斯科拉丁美洲保护非物质文化遗产地区中心。

些都涉及非物质文化遗产的管理。我们相信在保护传统和文化表达方面应该做出正确的决定，应该检查和反思在保护中什么应该做什么不应该做，因此在具体的非遗保护项目，比如多国保护项目与更多的社区和大众工作交流。①

作为区域性的非物质文化遗产保护机构，对缔约国非物质文化遗产保护机构的组织与协调是拉丁美洲保护非物质文化遗产地区中心实现职责的重要路径。目前，拉丁美洲保护非物质文化遗产地区中心主要通过董事会和执行委员会对签约国家的非物质文化遗产保护工作进行协调。董事会（El Consejo de Administración ，CAD）是拉丁美洲保护非物质文化遗产地区中心的最高政治权力机构。董事会由每个成员国政府的代表以及教科文组织总干事的代表组成。每年至少定期举行一次定期会议。董事会负责从总体层面上指导中心的活动，批准各项工作计划和预算等。各缔约国家非遗保护的各项计划必须经过董事会例会商议。拉丁美洲非物质文化遗产区域中心每年会在 16 个国家里选出 5 个代表国组成执行委员会（El Comité Ejecutivo，COE）。执行委员会每年召开 2 次会议，负责监督拉丁美洲保护非物质文化遗产地区中心的非物质文化遗产保护项目和董事会通过的各项具体计划。这是拉丁美洲非物质文化遗产区域中心与缔约国合作的重要方式。此外，拉丁美洲非物质文化遗产区域中心也会与各个国家非遗保护的国家机构合作，制作非遗保护的教育课程和教育资料，在国家、社区内传播。同时，区域中心也会和部分非遗项目的传承人合作，拍摄非遗传承的影像资料，设立非物质文化遗产保护项目资助基金，为优秀项目的传承提供各项资金支持。

拉丁美洲保护非物质文化遗产地区中心认为，作为一项联合国发起的国际性文化遗产保护行动，在现有行政体系下，非物质文化遗产保护常常是由国家单一的文化部门负责。然而，非物质文化遗产保护是一个系统性的工程，需要中央政府和地方政府之间的密切配合，离不开文化部、教育部、发展部、旅游部等部门的通力协作。因此，拉丁美洲保护非物质文化遗产地区中心试图在各个国家构建多部门共同协作的非遗保护模式，致力于推动缔约国不同层级的政府、部门之间的沟通对话与合作，实现拉丁美洲非遗保护工作的整体发展与进

① 访谈人：杨慧云，访谈对象：尼古拉斯·洛萨诺，访谈时间：2019 年 3 月 17 日，访谈地点：秘鲁库斯科拉丁美洲保护非物质文化遗产地区中心。

步。然而，由于一些国家政治动荡、中央与地方之间沟通不畅等诸多原因，拉丁美洲保护非物质文化遗产地区中心与各国政府的合作并不一致，在合作模式上也存在着相当的差别。在推动区域内部非遗保护事业进步的同时，拉丁美洲保护非物质文化遗产地区中心也会与联合国教科文组织及其下属的其他二级机构合作。近年来，拉丁美洲保护非物质文化遗产地区中心与日本的亚太地区非物质文化遗产研究中心开展非物质文化遗产保护相关信息和研究计划的交流合作。此外，拉丁美洲保护非物质文化遗产地区中心归属于联合国教科文组织非物质文化遗产保护公约秘书处管理，每年都会定期向其汇报缔约国非遗保护的计划与项目实施情况。

近年来，拉丁美洲保护非物质文化遗产地区中心主要开展了多种活动。第一，非遗保护的线上和线下课程培训。各个成员国选举专家讲授非遗保护、管理、摄影和视频课等，课程在区域中心的官网上免费向公众开放。第二，拉丁美洲保护非物质文化遗产地区中心设立支持非物质文化遗产保护项目的竞赛基金。每两年一次举办区域内非物质文化遗产保护竞赛。董事会对各成员国非物质文化遗产保护项目进行评选。第三，拉丁美洲保护非物质文化遗产地区中心为各成员国的非物质文化遗产项目设立照片和视频库，在拉丁美洲保护非物质文化遗产地区中心官网免费向公众开放。第四，提供可以免费下载的出版物。拉丁美洲保护非物质文化遗产地区中心将收集的非遗相关材料和文件编纂成书或手册，在官方网站免费向公众开放。第五，管理跨国和多国的非遗保护项目。拉丁美洲保护非物质文化遗产地区中心对各成员国发起的非物质文化遗产保护项目进行管理。第六，建立拉丁美洲地区非物质文化遗产保护的新闻和信息网络。通过官方网络和社交网站传播 16 个成员国非遗保护的相关信息。

“非裔文化传统”是区域中心近年来开展的非遗保护项目。在区域中心的推动下，2012 年 5 月 8 日至 11 日，阿根廷、巴西、秘鲁、玻利维亚、哥伦比亚、哥斯达黎加、古巴、智利、厄瓜多尔、墨西哥、乌拉圭、巴拉圭和委内瑞拉等 13 个成员国在巴西的累西腓（Recife）签署了“拉丁美洲非裔文化传统”项目。“拉丁美洲非裔文化传统”从拉美区域社会的层面，大力推动 13 个成员国对非裔音乐和舞蹈的保护，积极探索非物质文化遗产跨国保护机制。项目实施后，拉丁美洲保护非物质文化遗产地区中心将 10 个缔约国非裔文化传统的现状评估报告上传至网站，供公众免费查阅。拉丁美洲保护非物质文化遗产地区中心还推动了对玻利维亚、智利和秘鲁艾玛拉文化的保护项目，以及对阿根廷、玻利维亚、巴西、巴拉圭和乌拉圭瓜拉尼人（Guaraní）文化的保护等。由于拉丁美洲保护非物质文化遗产地区中心设在秘鲁的库斯科，因此，区域中心与秘鲁各级政府和文化部门开展了一系列合作。2019 年是国际土著语言年，拉丁美洲保护非物质文化遗产地区中心与秘鲁文化部、教育部、旅游部和联合国教科文组织代表一起，发起了一系列国家土著语言保护的纪念活动，取得了巨大的社会影响力。

一般来说，区域中心合作的对象多是各缔约国的政府、文化部门等官方机构，随着社区在非遗保护中重要性日益突出，区域中心也开始强化与遗产所在社区的联系，广泛参与到非遗认证、整理清单、档案化、录制音频、制作视频、制作纪录片和社区传播等各项工作中。其中，区域中心与艾玛拉社区的合作入选联合国教科文组织优秀非遗保护实践名录。

虽然区域中心一直致力于推动拉美非遗保护事业的整体进步，其在当下仍然面临着突出的挑战。首先，拉丁美洲各个国家的政治体制、社会发展水平和遗产保护政策并不一致。跨国保护计划的实施，需要不同国家之间的协调、配合与分工，这是一个非常复杂的系统性的工程。其次，虽然一些国家在非遗保护工作中做出了卓有成效的贡献，但一些拉美国家面临经济发展的巨大压力，并没有给予非遗保护应有的重视。再次，随着近年来拉丁美洲国家的政治动荡，以及一些武装冲突的发生，更是加剧了非遗保护跨国协作的难度。虽然面临重重困难，但拉丁美洲保护非物质文化遗产地区中心负责人加布里埃拉认为非遗保护跨国行动对增进不同国家非遗保护政策与实践的交流，普及民众对于非遗的认知，推动区域内部文化的传承与传播，具备不可低估的意义。

（二）本土化的非物质文化遗产分类体系

联合国教科文组织《非物质文化遗产保护公约》将非物质文化遗产分为口头传统和表现形式、表演艺术、社会实践、仪式和节庆活动、有关自然界和宇宙的知识和实践以及传统手工艺五大类别。然而，对于秘鲁这一有着漫长文明历史的国家而言，这一分类体系并不能够回应秘鲁社会文化多样性的事实。因此，在联合国教科文组织公约的基础上，基于秘鲁社会多样文化传统的事实，秘鲁文化部发布了《非物质文化遗产指导手册》，将秘鲁国内的非物质文化遗产分为如下九类：语言和口头传统；节日和仪式表演；音乐、舞蹈；艺术和手工艺术；传统习俗和规范；传统的组织形式和权威形式（Formas de Organización y de Autoridades Tradicionales）；生产实践和技术；传统医药和传统饮食的知识和实践以及开展或举行文化实践的文化空间（los Espacios Culturales de Representación o Realización de Prácticas Culturales）。本部分对秘鲁特有的非遗分类体系进行介绍。①

1. 节日和仪式庆祝

节日和仪式庆祝是指在一定时间和空间中开展的与宗教或异教有关的实践、表达或文化表演，也包括与个人或集体生命周期相关的仪式。这些仪式代代相传，促进了群体间的社会凝聚力。节日本身是仪式行为，它们本身意味着特定的守护者。节日进行时常常伴随舞蹈、音乐和食物。节日通常在公共场合举办。传统的具体规则赋予它们或多或少的庄重感。作为非遗的节日不包括国际性的节日，比如母亲节。节日可细分为与宗教有关的节日——包括与宗教圣人有关的节日、游行、朝圣、祷告，以及与天主教相关的各类节日，农业或生产性节日，包括与农场工作和生产相关的庆祝活动，如玉米节等。

仪式庆祝是与安第斯宇宙观和传统社区实践相关的仪式庆祝。这些仪式强化社区认同，实现着社区的绵延发展。这些仪式庆祝包括与血缘关系相关的仪式和互惠仪式——它们是拉近家庭和社会关系的实践。包括结为干亲仪式、交换仪式、互助仪式等。与一个人生命中的重要时刻有关的通过仪式。社区开始某项活动时举办的启动仪式。为了获得某种超自然力量的支持而举行的祈福仪式。与丰收和生育有关的仪式等。

2. 传统的组织形式和权威形式

传统的组织形式和权威形式指那些现存的地方社会的组织形式，比如农民修建的环形道路、水的供应和管理方式，以及当地传统的权威，在地方社会享有很高的威望，或者有才能和传统知识的人等。这一概念亦可以指地方社会的

---

① Ministro de Cultura, *Guía sobre Patrimonio Cultural Inmaterial* (Lima: Ministro de Cultura de Peru,2017).

运作方式。比如艾尼（Ayni）[①]、敏卡（Minka）[②]，以及诸如社区的领导者，如瓦拉约克（Varayoc）市长[③]、管理水的首领（Alcalde de Agua）、种子的守护者（Arariwas）、传统权威（Curacas）[④]等诸如此类。

3. 传统医药与传统饮食的知识和实践

传统医药与传统饮食的知识和实践主要包括传统药疗医药的知识、实践和应用，以及关于传统饮食的知识等。其中，传统医药指的是能够反应安第斯宇宙观的传统医疗和康复知识，它们来自祖先，代代相传，包括传统药方、草药和治疗过程。传统饮食是指根植于某种特殊文化。关于食物、健康和营养的知识，以及与某些特定的节日相关联，或者与某些特定植物的生长期相关联的食物的制作和食材的选择等。

4. 开展或举行文化实践的文化空间

文化空间是与一种或多种社区的传统实践相关的自然区域、建筑和场域。神圣的地点与多种仪式、神话和传说紧密相关。这些文化空间的命名具备相当的文化意涵，从词源学上来说多与地方传统相关。

（三）两种非物质文化遗产保护宣言制度

在加入联合国教科文组织非物质文化遗产保护公约后，秘鲁政府设定了两种文化宣言制度，对非物质文化遗产、项目传承人和与非遗相关的文化活动进行认定[⑤]。

---

① 艾尼（Ayni），克丘亚语，指的是安第斯山地社区人民之间互惠或共生概念或对这一概念的实践。艾尼主张世界上的一切都是相互联系的。在一些土著社区，艾尼是统治日常生活的唯一律令。作为一个动词，通常指的是社区成员之间的合作。代表性的艾尼实践者包括克丘亚语社区和艾玛拉社区，以及居住在秘鲁、厄瓜多尔和玻利维亚的许多部落。

② 敏卡（Minka），克丘亚语，指克丘亚语社区公共工作运作的一种方式。

③ 瓦拉约克（Varayoc），克丘亚语，指传统克丘亚地方社会的管理者。

④ 古印加时期保留至今的传统权威，通常拥有税收的权力，拥有宗教权威。他们介于超自然和世俗领域之间。有责任确保普通人的精神世界富足，为普通人祝福。如果发生干旱等灾难，他们会被追究责任。

⑤ 关于秘鲁非物质文化遗产保护三种文化宣言制度的介绍，详见 Ministro de Cultura, *Guía sobre Patrimonio Cultural Inmaterial* (Lima: Ministro de Cultura de Peru,2017).

1. 将非物质文化遗产表现形式认定为国家文化遗产的宣言

《将非物质文化遗产表现形式认定为国家文化遗产的宣言》（*Declaratorias de Expresiones del Patrimonio Cultural Inmaterial como Patrimonio Cultural de la Nación*）保护的对象是秘鲁境内传承时间超过50年以上，有着重要的社会历史价值，且面临传承危机的文化事项。这一宣言类似于我国的非物质文化遗产保护名录制度。进入《将非物质文化遗产表现形式认定为国家文化遗产的宣言》后，国家和省一级文化部门会对其进行专项保护制度。地方当局，学者或被承认的组织均可以向省级文化部门提出《将非物质文化遗产表现形式认定为国家文化遗产的宣言》申请。申请主体需要向省级文化部门提供学术研究成果，对其历史发展、社群价值和其他重要特征进行论述。文化部门将从历史价值、作为传统的证据、象征性或重要意义、在日常生活和集体生活中的有效性、对习俗和信仰的维护、在生产生活中的作用、在区域社会和国际社会的影响力等多个层面对其进行评估。入选项目不能违背秘鲁宪法对生命保障的基本权利，不能侵犯他人人格完整与个人福祉，不能破坏宪法秩序或公共秩序。此外，《秘鲁国家文化遗产总法》规定，对自然环境和可持续发展有直接或间接不良影响的文化表达不被认证为国家文化遗产；违反社区、群体、个人之间相互尊重原则的文化表达不被认证为国家文化遗产；有残忍行为和牺牲动物行为的文化表达不被认证为国家文化遗产。

《非遗手册》对提交认定的文件格式与内容进行了规定。提交给各省和国家文化部的材料包括如下几个部分：简要介绍、引言、地理位置、成为国家文化遗产的基础、历史背景（口头传统）、法律支持、民族志记录（主要包括文化表达的细节，访谈，照片，音频或视听记录）、对该文化表达形式各级各类研究成果、文化空间定位、参考书目、附件以及jpg格式的照片等。

2. 秘鲁杰出大师、智者和创造者作品宣言①

秘鲁国家文化部授予秘鲁国内杰出的大师、智者和创作者的作品国家文化遗产称号，以表彰他们的作品对非物质文化遗产保护的救助、记录、研究、传播和保护。简单来说，《秘鲁杰出大师、智者和创造者作品宣言》（*Declaratoria*

① Ministro de Cultura, "Declaratoria de la Obra de Grandes Maestros, Sabios y Creadores del Perú," http://www.administrativos.cultura.gob.pe/intranet/dpcn/procedimiento.jsp，访问时间2024年8月4日。

de la Obra de Grandes Maestros, Sabios y Creadores del Perú）可以被视为是秘鲁文化部对个人参与非遗传承、保护的认定与表彰。

《秘鲁杰出大师、智者和创造者作品宣言》的评价标准主要包括如下几个层面。历史价值和传统更新的意义，在当今日常生活和集体生活中的有效性；对习俗和信仰的维护；赋予传统活力；传承运用知识和技术；在生产生活中发挥作用；创造集体福利，在地方，区域，国家或国际层面的代表性和重要意义。不违反秘鲁宪法对生命保障的基本权利，不侵犯他人人格完整或个人福祉，不破坏宪法秩序或公共秩序。《秘鲁国家文化遗产总法》规定，对自然环境和可持续发展有直接或间接不良影响的文化表达不被认证为杰出作品；违反社区、群体、个人相互尊重原则的文化表达不被认证为杰出作品；有残忍行为和牺牲动物行为的文化表达不被认证为杰出作品。

申请人需要提供作品展示。作品展示的具体内容包括个人简历、作品名称的含义、团体成员、主题介绍、作品陈列、已有成就、录音和视频文件、出版成果、获得奖章与证书、个人身份证明、在国家公共监管部门的登记记录等。此外，申请者还需要提供包含有目录、基本要点、过往成就、研究、专著和出版物、认证证明、奖章、证书，以及证明过往成就的复印文件和个人传记等材料。

秘鲁《国家文化遗产的通用法》规定，为了鼓励社会大众对非物质文化遗产保护的参与，在取得传承人认可的基础上，任何人和主体都可以直接向省级文化部门提出认定。此外，如果申请人认为某个文化项目有着非常重要的意义与价值，或是面临着突出的传承困境，亦可越过省级文化部门，直接向国家文化部提出认定申请。

双重文化宣言的非遗保护体系，具有突出的特点。第一，双重宣言体系的设立，极大地简化了行政体系对非遗保护的干预，更好地回归了遗产保护的文化属性。第二，双重宣言制度的设立，在制度层面上健全了非物质文化遗产保护体系，激发了社会大众参与非遗保护的热情与自觉。第三，除了审核与审批材料外，文化部门将自身定义为非遗保护的协调者与联系者，对社会力量的主体地位给予充分尊重与肯定。这既能充分调动社会力量参与遗产保护，也是对秘鲁并不发达的国情与传承人文化自觉意识参差不齐的回应。第四，最为主要的是，秘鲁政府建立的非遗保护体系并非机械的、僵化的、一成不变的规范制度，而是能够与项目和社会发展匹配的灵活变通的机制。这在坚持非遗保护的基本理念，捍卫作为“范型”的非遗保护制度权威属性的基础上，为多元主体参与非遗保护，构建多样性非遗保护体系预留了充分的弹性空间。

三、活态遗产、剧目思维与为我所用：秘鲁学界对非遗保护的认知

（一）非物质文化遗产的概念内涵：文化多样性与活态遗产

基于秘鲁多样文化传统的事实，立足秘鲁本土非遗保护的历史，秘鲁学界形成了非物质文化遗产概念内涵的主张，这主要表现在文化多样性和活态遗产两个维度。

1. 多样性与非遗的主体性与合法性

文化多样性是秘鲁学界、社会大众认知非遗的重要基础。秘鲁社会对于文化多样性的理解与接受，与本国社会思潮的发展有着密切的关系，亦深受国际社会的影响。如前所述，秘鲁是一个有着多样性文化传统的国家。从安第斯地区到太平洋沿岸地带，再到亚马孙流域的丛林，生活在这里的多元族群创造了纷繁复杂的文明形态。20 世纪初，在土著主义思潮影响下，在构建民族主义象征的诉求下，民俗学者和社会大众对即将消失的民俗文化进行全面的普查与研究，在事实层面上确立了秘鲁社会的文化多样性。20 世纪 50 年代后，在对美国现代化模式的反抗中，秘鲁社会出现了“替代现代性”（alternative modernity）[①]的思潮。秘鲁知识分子主张秘鲁社会的主体性，主张立足本土社会文化传统，重构社会发展的活力。[②]本土现代化实践进一步推动秘鲁本土知识分子对文化多样性的理解与接受。20 世纪 60 年代后，解放神学运动和土著运动在秘鲁社会的发展，进一步推动着文化多样性主张在秘鲁社会的传播。20 世纪 70 年代后，联合国教科文组织开始对文化遗产进行保护，并通过一系列会议与文件推动着文

---

① Dilip Parameshwar Gaonkar (ed.), *Alternative modernities* (Durham:Duke University Press,2001).

② Aníbal Quijano, *Dominación y cultura. Lo cholo y el conflicto cultural en el Perú* (Lima, Perú : Mosca Azul Editores,1964).

化多样性的共识的生成。尤其是1982年世界文化政策会议通过的《墨西哥城文化政策宣言》和1989年国际劳工组织第169号《土著和部落人民公约》极大地推动了文化多样性主张在秘鲁社会的传播[①]。随着藤森政府的下台，以及秘鲁社会民主化转型的彻底完成，秘鲁社会完全接受了文化多样性的共识。并将其内化为秘鲁国情的基本共识。秘鲁知识分子何塞·玛利亚·阿格达斯（José María Arguedas）的名言“没有一个国家比秘鲁更加多元（No hay un país más diverso.）”出现在了秘鲁文化部出版的《秘鲁的多样性》手册扉页，明确提出了文化多样性之于秘鲁社会的重要意义。

> 文化多样性是一种机遇，它可以在构成一个国家的各民族之间建立和谐与相互尊重的关系；文化多样性有助于构建评估机制和方案，使族群文化差异成为机会之窗；文化多样性有助于反思不同人民和民族思考和体验福祉的方式，并因此质疑我们如何根据这些体验调整我们的发展模式。文化多样性允许共存，在这种共存中，每个人和每个民族的贡献都能在国家的叙事和自身的塑造中得到认可。因此，文化多样性是维护人民尊严、自我认可和人权的一个基本要素，同时也保留了他们的文化特性；文化多样性具有对抗排斥和歧视的巨大潜力，因为它将差异转化为积极的东西，并为和平文化和富有成果的共存创造条件。[②]

文化多样性主张，对秘鲁非物质文化遗产合法性与主体性的确立起到了重要的作用。第一，文化多样性主张，彻底突破了殖民主义、种族主义及其遗留对秘鲁土著文明污名化、边缘化的建构。土著乃至秘鲁本土文明的合法性与主体性得到了承认。在超越微观的层面上，拉美文明的主体性及其不同于西方文明的特征与合法性，得到了彻底的承认。第二，在文化多样性主张的基础上，秘鲁学者开始对建立在西方现代性基础之上，线性的、进化论的、物质的文化遗产思维进行批判。知识分子的这一批判与后现代主义与后殖民主义对地方性、

① 联合国:《土著和部落人民公约》，https://www.un.org/zh/documents/treaty/OHCHR-1989，2023年11月24日访问。

② Pablo Sandoval, *La Diversidad Cultural en el Perú* (Lima: Ministerio de Cultura de Perú, 2014), p.33.

他者性认同的理念融合，在颠覆西方中心主义遗产观，摒弃遗留物范式下二元论和本质主义遗产观的同时，初步形成面向当下的、开放的、包容的活态遗产观。第三，在多样性构成政治、知识与文化解放意义的情形下，许多长期从事遗产研究的学者开始在实践维度上解构欧洲中心主义的遗产观，批判、否定帝国主义、民族主义的遗产观对拉美本土土著文明遗产历史主体地位的拒斥，在恢复底层群体历史记忆与多元文明的同时，呈现秘鲁本土社会多样性形态的活态文化遗产。第四，更为重要的是，随着民族主义思潮的兴起与本土现代化实践的开展，本土社会的非物质文化遗产成为抵抗西方现代化和单一发展模式的重要支撑。立足不同区域历史文化经验，构建更为包容性的发展理论成为拉美国家的集体共识。在这一背景下，安第斯地区克丘亚人盛行的“美好生活”（Buen Vivir）发展理念与模式得到包括秘鲁、厄瓜多尔和玻利维亚等国的传承与弘扬。就此而言，活态的非物质文化遗产不仅是文化多样性保护的基本共识，更是支撑秘鲁与拉美区域社会发展的基本动力。第五，文化多样性的主张，进一步推动着知识分子在实践维度上对秘鲁本土社会非物质文化遗产的关注。他们开始在传统的物质文化遗产的范畴外，关注秘鲁境内不同区域、族群民众创造的多样性的传统。这主要表现为对活态的、非物质的文化遗产的关注，以及对安第斯地区以外的、亚马孙地区多样性文化形态的关注①。在这一主张下，秘鲁民俗学、人类学研究不再囿于安第斯民俗遗产本质主义的窠臼，而是将研究范畴拓展至亚马孙地区、瓜拉尼人等长期被忽视的地理区域和群体。非裔民俗、活态文化等多样性的文化遗产成为学者关注的重点。

2. 作为活态遗产的非物质文化遗产

秘鲁学界认可联合国教科文组织《保护非物质文化遗产公约》的主张，认为“非物质文化遗产”是一种不同于物质文化遗产的“活态”遗产。秘鲁政府于 2004 年颁布了《国家文化遗产总法（法律 28296）》（*Ley General del Patrimonio Cultural de la Nación, No.28296*），对非物质文化遗产做出了如下的界定：

> 非物质文化遗产是建立在传统基础上的创造，由个人以群体或者团体的方式实践，反映着社区的期望，作为社会文化认同的表达。除了那些口

① Alejandro Diez Hurtado, “Antropología peruana en el siglo XXI. Nuevas interpretaciones para antiguas y nuevas realidades,” *Gazeta de Antropología*, Vol.36, No.2(2020).

头传承的价值观，还包括语言、文字和方言；传统的知识，包括手工艺知识、烹饪知识、医药知识、技术。[①]

在此基础上，秘鲁学者对非物质文化遗产的活态特征进行了阐释。拉蒙·帕胡埃洛（Ramón Pajuelo）认为，活态是非物质文化遗产的根本特征，非遗活态属性来源于地方社会的文化表达之于传承者的实践意义，这是非遗活力和生命力的显现，也是其不同于物质文化遗产的根本特征。进而，非物质文化遗产在语义上与过去联系，并表现出基于共同记忆之上的认同特征，它不应在时间维度上保持冻结的状态。[②] 沃尔特·西维拉·普拉多（Walter Silvera Prado）认为，非物质文化遗产是我们从祖辈那里学习、理解和再创造的遗产，它们连接着日常生活、节日、仪式与自然，是塑造生活方式、决定集体身份的活态遗产。非物质文化遗产赋予社区认同感和连续性，形成基于历史记忆之上的 / 连续性的身份认同，联结着遥远的过去、现在，并投射到未来。[③] 秘鲁文化部充分认同学者的主张，认为非物质文化遗产是活态文化（Cultura Viva），包括民俗、烹饪艺术、流行艺术、仪式、习俗、传统医学、空间的表达、用途、技术、表现、知识和艺术以及社区的文化价值观都是非物质文化遗产，人们创造的有形的或者是无形的文化元素与表现形式都可能是非物质文化遗产。非物质文化遗产通过故事和实践代代相传，是国家历史文化遗产的重要组成部分。[④]

曾长期担任秘鲁非物质文化遗产司司长的贝利（Bayly）将非物质文化遗产的活态属性阐释为“连续性”“流动性”与“特殊性”三个维度。连续性体现在非物质遗产代代相传的特点，非物质文化遗产承载着社区的集体记忆和精神内核，决定着当地居民的价值观念和生活方式，在时间和空间上都具有持久性。

---

① Instituto Nacional de Cultura, “Ley General del Patrimonio Cultural de la Nación 28296 y su Reglamento,” https://www2.congreso.gob.pe/sicr/cendocbib/con2_uibd.nsf/562A9CCF932F-0F62052577E300711E65/$FILE/2Ley_28296.pdf, 2024 年 7 月 1 日访问。

② Ramón Pajuelo Teves. *Experiencias y Políticas de Salvaguardia del Patrimonio Cultural Inmaterial en América Latina*. Cusco (Perú: Instituto de Estudios Peruanos, 2010), p.56.

③ Walter Silvera Prado, “El Patrimonio Inmaterial y Su Relación con el Territorio,” https://cooperaccion.org.pe/opinion/8736-2，2024 年 5 月 22 日访问。

④ J.Alonso and J.Martín, “Activos culturales y desarrollo sostenible: la importancia económica del Patrimonio Cultural,” *Política y Sociedad*,Vol.50,No.3(2013).

流动性表现为非物质文化遗产不断变化的特征。非遗流动性特征的形成是内外因素共同作用的结果。每代人从上一代人中习得丰富的表达方式。在与他们的现实、需求的结合中不断创造，实现文化的代际传承。殖民时期西班牙文明的输入和移民的加入，使得秘鲁本土的活态文化出现变化，全球化的持续发生，加剧了活态文化的交融，构成了活态文化持续发展的动力。特殊性强调了非物质文化遗产的代表性。非物质文化遗产是社区历史和精神的象征，是秘鲁国家文化的表达，被纳入"人类口头和非物质文化遗产代表作名录"的非遗项目是秘鲁向世界展现其国家形象的重要组成。[①]

秘鲁学界对非遗活态内涵的阐释，在很大程度上显示一种立足于秘鲁本土社会事实的遗产观的形成。第一，活态遗产的核心理念，在于对知识、实践等活态文化与人之间紧密性、联合性关系的确立，这既是"活态"的来源属性，也是赋予人之意义，人之为人的重要前提。活态遗产与人之间亲密关系的确立，显然是20世纪60年代秘鲁社会对西方遗产观的批判地继承与发展。第二，在对人与遗产关系确立的基础上，活态遗产主张知识、体验与实践的融合，批判将活态遗产固化为脱离于人的存在的"文化客体化"的倾向。在新自由主义大行其道，文化遗产资本化、标签化在拉丁美洲普遍发生的情形下，这一具备意识形态引领性意义的理念，是当代拉丁美洲反新自由主义思潮的重要组成。第三，活态意味着流动、开放、包容与杂糅。这一内涵既是对秘鲁社会多元族群共生历史及其共同创造的活态文化遗产的价值肯定，更是在全球化语境下，秘鲁大众与知识分子，以杂糅、包容、共享的活态文化遗产对全球化时代文化冲突论的批判与回应。因此，虽然秘鲁学界对活态文化的主张有着民族主义支配下文化所有权的主张，却更希望通过对杂糅、活态文化遗产的共享，在全球范围内传播秘鲁文化，树立秘鲁国家文化形象，实现人类文明共生发展的诉求。第四，最为重要的是，虽然活态文化遗产的概念固然有着回应西方中心主义遗产观中物质与非物质二分的意涵，但在人类文明赓续与共生发展的诉求下，这

---

① Soledad Mujica Bayly, "El patrimonio cultural inmaterial, repositorio de la identidad," https://cultura.petroperu.com.pe/noticia/el-patrimonio-cultural-inmaterial-repositorio-de-la-identidad/, 2024 年 7 月 2 日访问；Soledad Mujica Bayly, "Las declaratorias como Patrimonio Cultural de la Nación," https://cultura.petroperu.com.pe/noticia/las-declaratorias-como-patrimonio-cultural-de-la-nacion-inventario-participativo-del-patrimonio-cultural-inmaterial/, 2024 年 7 月 2 日访问。

一活态遗产观早已超越了西方中心主义遗产观中的二元对立思维，在对人、自然、社会多元共生关系确立的基础上，构建系统性、综合性、互补性的大遗产观。

（二）多种本真性与非遗保护的“剧目思维”

基于活态遗产的理论主张，秘鲁学者对非遗的保护方式进行积极的探索。这一探索首先表现在对本真性问题的讨论上。民族学和历史学家伊梅尔达·维加·森特诺认为，当前秘鲁社会存在着原教旨主义传统、形式传统和伪传统三种传统。原教旨主义传统是理想化的传统。这是一种保守和静止的观点，幻想在破碎的现代性中保存“高贵的传统”。这种传统观对应的是20世纪初土著主义和民族主义国家的话语下，对土著文化表达形式本质主义和浪漫主义的想象。显然，这一静止、幻想的传统观是不符合现实的。形式传统指的是旧瓶装新酒的态度，即抓住社区凝聚力和身份认同的形式结构，重新解释、化用并填充符合当下意义的内容，赋予旧传统新的功能。这种功能可能是符合新自由主义诉求的，也可能是重建人际之间互惠、情感、纽带等伦理关系，是一种可持续发展的传统态度。因此，形式传统虽然符合当下非遗保护的语境和事实，却很难将其定义为“本真性”存在。伪传统是霍布斯鲍姆所言“发明式”的传统主义。诸如“印地·拉米”（Inti Raymi）这种消失后又被重新挖掘展演的印加帝国的祭祀仪式。[①]“伪传统”是争议最大、最受诟病的传统形式。国家权力和资本主义参与建构的伪传统，是一种危险且虚假的“传统的发明”。三种传统观造成了非遗保护“本真性”困境的出现。[②]

人类学家丘卡诺借用迪米特里欧斯·狄奥多索普洛斯（Dimitrios Theodossopoulos）关于“本真性”的讨论[③]，提出了在非遗保护工作中存在“多种本真性并行”的观点。丘卡诺认为，在制作非裔音乐专辑的过程中，不同参与主体参

---

① “印地·拉米”印加帝国时期的祭祀仪式，在殖民时期已经消失。随着秘鲁旅游业的发展，在西方对古老神秘帝国的奇观想象中，外来者与本土精英通过迎合式的想象和加工，将其搬上舞台，成为“被发明”的传统。

② Imelda Vega-Centeno Bocángel, “Perú,” in *CRESPIAL: Estado del Arte del Patrimonio Cultural Inmaterial* (Cusco:CRESPIAL,2008), p.279—329.

③ Dimitrios Theodossopoulos, “Introduction: Laying claim to authenticity: Five anthropological dilemmas,” *Anthropological Quarterly* ,Vol.86, No.2(2013), p.337—360.

与非物质文化遗产保护的目标、假设和结果并不是任意的，也不是一致的。它们是不同利益相关者，从自身视角出发，基于利益、资源与可能性，进行复杂的学术、技术和政治谈判的结果。也就是说，虽然非遗保护是国家发起的文化行动，但非遗保护的具体实践却并非国家权力垂直干预、指导的行动，而是拉图尔所言“聚会”（gathering）的进程。应当以“行动者网络”的视角分析各参与主体在非遗保护行动中的目标、假设和结果，以取得对这一过程更为全面、系统的认知。①

鉴于非遗“活态遗产”的内涵，2011 年秘鲁美食申请进入人类非物质文化遗产代表作名录报告的执笔人、秘鲁天主教大学吉塞拉·卡内帕（Gisela Cánepa）教授明确提出了非物质文化遗产保护从“档案”（archivo）到“剧目”（repertorio）思维的转变：

> 我认为非物质文化遗产的表现形式不是事物，而是行为。从这个意义上说，有必要努力从档案的概念——及其各自的功能和排序、分类、比较等实践，以及保存和本真性等相关概念——转向剧目的概念。换句话说，当我们谈论非物质文化遗产时，我们谈论的是由特定社会群体以不同的能力和表现付诸行动的剧目，这些剧目对特定的机构议程和框架以及背景要求做出回应，并接受公众的评判。②

卡内帕曾参与了秘鲁美食的申遗进程，她将对文化遗产的关注转移到文化管理、申报和传承的多主体领域。她认为活态遗产的保护传承工作不仅涉及文化表现形式本身，还涉及文化和政治的因素，必须考虑保护进程中各个主体的利益与权力主张。从人类学的角度来看，文化政策和管理本身就是文化现象与实践，是对文化遗产构建和塑造的进程。尤其随着全球化的持续推进。文化不

① Rodrigo Chocano, “Producing African-descent: afro-peruvian music, intangible heritage, authenticity and bureaucracy in a Latin American music compilation,” *International Journal of Heritage Studies*,Vol.25,No.8 (2019), p.763—779.

② Gisela Cánepa, “La gestión de la cultura inmaterial: del archivo al repertorio,” in *Fiestas y ritualesX Encuentro para la Promoción y Difusión del Patrimonio Inmaterial de Países Iberoamericanos*, ed.John Galán Casanova (Bogota : Corporación para la Promoción y Difusión de la Cultura,2009), p.96—109.

仅是区域社会传承的文明形态，更是重要的政治和经济资源。传统档案式的管理方式过于注重文化遗产的保存和分类，忽略了文化遗产的实际应用和传承。这种管理方式无法满足当今社会对文化遗产的需求，也无法适应文化遗产角色和地位的变化。关注文化表演和实践方式的“剧目”思维，可以更好地传承和发扬非物质文化遗产，使其适应当下的需求。

表面上来看，卡内帕的观点与20世纪90年代后，新自由主义支配下秘鲁政府通过文化遗产发展旅游业，推动经济社会发展的目标较为相似。① 然而，但卡内帕的观点却超越了对社会、政治和文化等力量参与遗产形成进程，赋予遗产意义的“元文化运作”（metacultural operationsl）② 的批判，而是将社区和传承人纳入文化遗产保护的视域，在明确人与遗产亲密关系的同时，摆脱了官僚和政府机构在活态文化表现形式识别、推广和应用过程中的支配性思维，彻底解决了秘鲁学界“本真性困境”，为多元主体共同参与的非遗保护机制的建立提供了理论支撑。

进而，“剧目思维”在内外两个维度上体现出秘鲁学界对活态遗产保护的实践主张。首先，立足非物质文化遗产活态文化的属性，剧目思维摈弃了遗留物范式下非遗档案式、标本化保护方式，强调多元主体共同参与遗产保护的“实践”与“表演”，主张非物质文化遗产回应社会发展的需要，积极回应公众的诉求。其次，在遗产保护的范畴之外，这一理念更表现出社会大众和知识精英通过非遗保护实现社会变革的诉求。人类学家坎克里尼认为，人们占有文化遗产并与之建立关系的能力各不相同，这种能力取决于社会群体在文化遗产形成和占有过程中的不平等参与，由此使得文化遗产成为物质和象征斗争的空间。③ 剧目思维认为集结复杂的利益方、多元主体的辩论与妥协，比技术、意识形态的

---

① Helaine Silverman, “Branding Peru: cultural heritage and popular culture in the marketing strategy of PromPeru,” in *Encounters with popular pasts: Cultural heritage and popular culture*,ed. Mike Robinson, Helaine Silverman (Berlin:Springer,2015), p.131—148.

② Barbara Kirshenblatt-Gimblett, “World heritage and cultural economics,” in *Museum frictions: Public cultures/global transformations*,ed.Ivan Karp,Corinne A.Kratz,Lynn Szwaja and Tomas Ybarra-Frausto (Durham:Duke University Press,2006), p.161—202.

③ Néstor García Canclini, “Los usos sociales del patrimonio cultural,” in *Patrimonio Etnológico. Nuevas perspectivas de studio*, Encarnación Aguilar Criado (Sevilla: Instituto Andaluz del Patrimonio Histórico,1999), p.16—33.

一致性更能提升、促进社会大众对遗产的认知。这充分实现了对大众的动员，有利于构建多元主体共同参与的非遗保护体系。此外，对遗产保护中科层制结构的打破和对大众的赋权，更具备以遗产保护为切入，实现社会秩序变革的意义。

图 12　秘鲁天主教大学

正是基于这一理念，秘鲁政府和文化部门认为国家权力机构是非遗保护的参与者而非指导者，社区、传承人和大众才是非遗传承的主体，主张社区是非遗保护与传承的基本单位。基于此，秘鲁文化部简化了非遗申报的程序，鼓励多元主体参与非遗保护进程，并通过一系列立法确立了土著、妇女、大众等的政治主体地位，强调多元主体在非遗申报和保护中的相互配合与协作，

> 秘鲁以社区作为非物质文化遗产保护的中心，强调传承人的主体性和能动性，同时也关注非物质文化遗产清单的建设和非物质遗产保护工作对于社区本身的回馈；所有保护行动的中心是社区……非物质文化遗产由所

谓的传承者或传承者社区维护和传承，秘鲁和国际立法承认他们是非物质文化遗产的合法和直接持有者；这些团体是唯一被要求定义其文化实践的重要性和特征并管理其连续性的团体；无论是出于伦理道德的规范还是法律法规的规定，与遗产相关的所有行动都必须在传承人的充分参与下制定，并且必须在他们事先、自由和知情的同意下进行。保护的一项关键原则明确指出，如果没有文化习俗的承载者参与，任何保护行动都不会可持续；另一方面，任何自然人或法人都不能主张对非物质文化遗产资产的所有权，任何此类性质的行为都是无效的。从提案的构思开始，国家、地方政府和研究人员以及许多其他可以为保护做出贡献的行为者必须将传承者社区置于其遗产管理的中心。

秘鲁非物质文化遗产的申报程序具备透明性、参与性和专业性，以确保对非物质文化遗产的保护和传承。在这个过程中，官方团队与非物质文化遗产传承人代表建立关系，目的是澄清或强化包含在报告中的信息。这份文件涉及的内容非常全面，且与社区达成了共识，将成为支撑将文化表达形式宣布为国家文化遗产的副部长决议的一部分。这一宣言是交流的成果，由有组织的文化遗产传承者社区提供准确的第一手信息，而文化部技术人员的审查也为文件赋予了学术分析的附加价值。①

秘鲁政府对社区、土著族群等群体传承主体地位的承认，在事实层面上解构了权贵阶层、知识精英对遗产价值判断的独断权，将非遗的价值归属与承认范畴从可见的、固化的物的存在转移到遗产传承赖以依存的多元族群，在文化领域内打破了种族主义、殖民主义及其遗留对秘鲁社会的阶序性建构，使得土著族群、农民、女性、黑人等边缘的、底层的族群、阶层走上前台，在推动活态遗产保护、传承与弘扬的基础上，为公正、平等、包容的社会秩序的建立，以及可持续发展的实现，打下坚实的基础。正是因为如此，秘鲁文化部在《非遗手册》（*Guía sobre Patrimonio Cultural Inmaterial*）中认为，非物质文化遗产保

① Soledad Mujica Bayly, “Las declaratorias como Patrimonio Cultural de la Nación, inventario participativo del patrimonio cultural inmaterial,” https://cultura.petroperu.com.pe/noticia/las-declaratorias-como-patrimonio-cultural-de-la-nacion-inventario-participativo-del-patrimonio-cultural-inmaterial/, 2024 年 7 月 2 日访问。

护在可持续发展中具有不可低估的意义：

> 非物质文化遗产的表达在社会中发挥着重要作用，因为它们为社区提供了一种认同感和连续性……非物质文化遗产是实现可持续发展的途径，它激发了一些促进社会福利，对环境友好，负责任地利用资源的活动的开展，是一种有着巨大经济潜力的文化资本。这是文化企业和文化资产项目的案例，这些项目通过文化表达来加强传承人和/或社区的身份认同和情感。[①]

（三）理解《公约》：话语霸权与为我所用

《保护非物质文化遗产公约》是秘鲁非遗保护的纲领性文件。秘鲁学界认为，《公约》是“具有法律约束力的文书，它可以更好地代表全球南方的遗产表现形式，将社区和基层倡议置于其活动的中心，并将加强对遗产实践者的认识和支持”。[②]然而，在非遗保护的实践中，知识分子却逐渐意识到《公约》与秘鲁社会的张力关系，由此导致学界对《公约》权力话语的批判，并形成了对待《公约》实用主义的态度。

秘鲁学界对于《公约》批判源于秘鲁和玻利维亚两国对非遗项目的争论。秘鲁普诺（Puno）地区坎德拉利亚圣母节（La Festividad de la Virgen de la Candelaria）和玻利维亚的奥鲁罗狂欢节（Carnaval de Oruro）有着共同的文化渊源，两者的节日舞蹈也极为相似。玻利维亚民众声称秘鲁坎德拉利亚的舞蹈是从奥鲁罗偷来的，这甚至引发了两国持续数十年的外交争端。联合国教科文组织将玻利维亚的奥鲁罗狂欢节列入“人类口头和非物质遗产代表作名录”，导致秘鲁民众的不满。一些秘鲁学者认为，《公约》带来的“遗产热”，强化了国家话语

---

① Ministro de Cultura, *Guía sobre Patrimonio Cultural Inmaterial* (Lima: Ministro de Cultura de Peru,2017).

② Britta Rudolff and Susanne Raymond, “A Community Convention? An analysis of Free, Prior and Informed Consent given under the 2003 Convention,” *International Journal of Intangible Heritage*,Vol.8(2013), p.153—164.

对遗产保护的支配，使遗产保护的效果大打折扣①。

随着联合国教科文组织的申报和世界物质及非物质文化遗产名录的创建，各国之间为获得文化表达和纪念性资产的国际认可而产生的一种竞争现象。这种竞争不仅在国际层面展开，而且在一些国家内部，也通过文化政策部门或其他机构（如议会）的宣告来鼓励文化遗产的认定。这种现象在秘鲁和玻利维亚等国家尤为显著，被形容为一种“遗产热”。然而，这种“遗产热”常常导致文化遗产传承社区产生期望，但这些期望往往得不到满足。此外，一些政治代表也利用这种“遗产化”过程来提升他们在选民中的合法性。最终，这种遗产化的意义可能会偏离其原本的目标，无法让处于危险或面临潜在威胁的文化表达得到关注并受到保护。②

图 13　秘鲁国菜酸橘汁腌酸鱼

此外，秘鲁美食接连两次的申遗失败，也在很大程度上激起了知识分子的不满。秘鲁曾在 2009 年和 2011 年两次推动“秘鲁美食”申请进入“人类口头和非物质文化遗产代表作名录”。初次申请时，秘鲁驻联合国代表团认为申遗报告过于强调国家整合性，忽略了对多样性的关注。此外，饮食不符合《公约》中的非遗定义，《指南》没有明确纳入“饮食”这一类别。最终秘鲁政府主动撤回了此次申请。2011 年，秘鲁政府再次推进饮食申遗，却因“传承主体和社区不够明

① Ramón Pajuelo Teves, *Experiencias y políticas de salvaguardia del Patrimonio Cultural Inmaterial en América Latina* (Cusco: Instituto de Estudios Peruanos, 2010), p.59.

② Ramón Pajuelo Teves, *Experiencias y políticas de salvaguardia del Patrimonio Cultural Inmaterial en América Latina* (Cusco: Instituto de Estudios Peruanos, 2010), p.59.

确”，“缺少对社区和地方生态的关注”未能入选。[1]虽然“秘鲁美食”的申遗确实存在国家话语对地方社区文化侵蚀的风险，但秘鲁学者却认为申遗困境的背后是“识别条款”（términos del reconocimiento）[2]的问题，即霸权集团通常制定一系列的条件决定承认的范畴与对象，并通过一系列程序使得这种承认得以可见。学者将矛头指向了《公约》的语义不明和申报的程序问题上，认为忽视遗产所在国的态度，完全由西方主导的《公约》与申遗标准在一定程度上使非遗保护成为西方权力话语的产物。[3]

针对学者的批评，曾在秘鲁文化部非物质遗产司工作多年的丘卡诺却有着不一样的看法。他认为虽然研究者批评了代表作名录制度与申请程序，认为宣言性的《公约》容易引发冲突，但国家义务、问责制和监督机制的结合为非物质文化遗产的可持续性发展提供了坚实的制度基础。进而，他对如何理解《公约》亦有着不同的看法：

> 《公约》不是方法论指南，而是一套广泛的共识原则和指导方针。各国在国家层面的实施中需要对其进行补充。通过将公约原文转译到本国语言和语境的过程，各国根据其标准、背景、资源和需求来解释这些指导方针和义务并加以实施。[4]

丘卡诺访谈了许多从事非遗工作的人员，他们将《公约》描述为“一种有用的政策工具，因为《公约》使他们获得能力和资源处理与文化和社区相关的问题”。工作人员对《公约》的态度反映出这样的事实，宏观维度、宣言性质的

---

① Raúl Matta, “Food incursions into global heritage: Peruvian cuisine's slippery road to UNESCO,” *Social Anthropology*, Vol.24,No.3(2016), p.338—352.

② Arjun Appadurai, *The Capacity to Aspire: Culture and the Terms of Recognition* (California: Stanford University Press, 2004), p.338—352.

③ Raúl Matta, “Posibilidades y límites del desarrollo en el patrimonio inmaterial. El caso de la cocina peruana,” *Apuntes: Revista de Estudios sobre Patrimonio Cultural-Journal of Cultural Heritage Studies,* Vol.24, No.2(2011), p.196—207.

④ Rodrigo Chocano, “Musical sustainability vis-à-vis intangible cultural heritage: safeguarding and incentives in the Feast of the Virgin of Candelaria, Puno, Perú.,” *Ethnomusicology Forum*, Vol.31,No.2(2022).

《公约》不是非遗保护的具体细则，而是非遗保护的合法性宣言，是非遗保护精神性、纲领性的文件。应当基于本国实际，立足项目特征，援引《公约》的相关主张对非遗保护的行动进行辩护。非遗保护从业人员对《公约》实用主义的态度，赋予多元主体阐释《公约》的权力，在一定程度上消解了《公约》的话语霸权，实现《公约》的为我所用。

基于这一实用主义的态度，秘鲁文化部将非遗保护与传承的要求转化为与社区直接互动的公共服务——社区可以请求国家承认他们的文化习俗，推动社区经济社会发展，国家利用《公约》将非遗的概念推广进社区。进而，秘鲁政府将《公约》的主张与国家文化政策、经济社会发展的诉求结合，将非遗保护视为解决土著族群权利与发展问题、推动秘鲁经济社会发展的重要力量。在这一理念下，文化官员不是将非遗保护置于对《公约》的字面解释下，或是被《公约》束缚，而是战略性地利用这一国际文本支持、实施和响应国家和地方社会的多元诉求。一位拉美非遗保护中心官员表示："我们认为我们所做的正是《公约》所说的……关键在于我们如何解释文本。"①

四、整体性保护的实践路径：对饮食文化空间皮坎特利亚保护的田野调查

在对秘鲁非物质文化遗产保护机构，制度建设和知识贡献分析的基础上，立足于笔者对于秘鲁库斯科省田野调查，本章对库斯科地区皮坎特利亚非遗化的进程进行深度的民族志分析，从整体层面上对秘鲁非物质文化遗产保护体系的实践进行民族志分析。

（一）饮食民族主义与作为印加文明象征的皮坎特利亚

21 世纪初以来，秘鲁饮食经历了蓬勃发展的阶段。多样性的文化基础、巨大的经济潜力使得秘鲁政府充分认识到保护饮食文化的重要性。在此框架下，秘鲁文化部于 2007 年将秘鲁饮食文化列入国家文化遗产名录，目的在于推动饮

① Rodrigo Chocano, "Musical sustainability vis-à-vis intangible cultural heritage: safeguarding and incentives in the Feast of the Virgin of Candelaria, Puno, Perú," *Ethnomusicology Forum*, Vol.31,No.2(2022).

食文化的传播，鼓励与饮食相关的产业开发，激发社会大众对于饮食文化的认知自觉。这在一定程度上鼓励了秘鲁饮食热潮的发展，许多主体参与其中，饮食实践成为秘鲁民众讨论的重要议题。

皮坎特利亚（Picantería）是秘鲁饮食文化的重要组成。一般来说，皮坎特利亚是一个空间概念，通常指的是与安第斯传统食物有关的特定餐馆。在这些餐馆里配有特定的厨具和服务设施。皮坎特利亚起源于印加时期的11世纪至16世纪，通常是指那些生产齐恰（Chicha）——一种用安第斯特有的玉米和其他谷物发酵的饮料的场所。皮坎特利亚的前身是齐恰尼亚（Chichería）。齐恰尼亚是一个混合词，在土著的齐恰（chicha）后加西班牙语后缀“eria”，表示提供和销售齐恰的地方。“皮坎特利亚”源自西班牙语词汇“Picante”，意味辣的。在库斯科，这个词专指一系列小份额的炖菜。齐恰尼亚和皮坎特利亚在词源意义上的区别就在于此。通常在齐恰尼亚中齐恰扮演更重要的角色，在皮坎特利亚中，一系列的炖菜更重要。这些区分在库斯科，尤其是库斯科的农村地区仍然起作用。

一般认为在殖民前期还没有出现专门生产齐恰的齐恰尼亚。历史资料显示，当时的人们在日常生活中消耗大量的齐恰，以至于一些禁食的节日规定人们在那几天不许喝齐恰。殖民时期的编年史学家在著作中多次谈到这种饮品，齐恰已经为西班牙人熟识。这些史学家甚至留下了齐恰的制作方法，他们也是齐恰的日常爱好者。总之，齐恰在葬礼中或是一些盛大的节日中被饮用。统治者禁止在战争中饮用齐恰，因为齐恰含有一定的酒精浓度，会让人喝醉。“贵族们整天整个下午都在喝齐恰，穷人们却不得不劳动……”有历史学家记载，印加女子从5岁开始就帮忙做齐恰。① 殖民时期，饮用齐恰被视为文化上的坚持和反抗。这一时期，人们在宗教活动、生产活动和一些家庭活动，尤其是葬礼和安第斯仪式中饮用齐恰。虽然在17世纪受到一些禁令的影响，但是齐恰一直很受欢迎。在一些齐恰的生产地区，当地人至少每天喝两升齐恰。

殖民统治时期，西班牙人发明了齐恰的三种制作方式，分别用长芽玉米或发芽的玉米、磨碎的玉米和烤制的玉米制作。长芽玉米或发芽玉米制作的齐恰

---

① S.Tapia Peña and J. F.García Huallpa, *Picanterias típicas para la promoción turística en el barrio de San Blas del Cusco* (Tesis de la Universidad Nacional de San Antonio Abad del Cusco,2011), p.13.

酒精浓度最高、最烈，由于醉酒后带来的严重后果，这种齐恰被法律禁止饮用。赛涅斯（Saignes）提到的一份1572年的文献记载了在库斯科出售齐恰小酒馆。同一时期另一份资料指出了当时卖齐恰的酒馆里已设有桌椅。这意味着被征服后不久的时间里，齐恰尼亚已经传播开来，许多小商人都是酒店老板和酒保。从那时起，这些卖齐恰的酒馆就由女性来管理，或者至少由她们提供服务。由此，可以将齐恰尼亚的事务理解为女性的事务。[①] 福雷斯·加林多（Flores Galindo）指出，这些地方为人们公开地谈论政治问题提供了合适的氛围，人们在这里传播各种消息，诸如“印加人要回来了”的说法在库斯科的齐恰尼亚传播着。人们谈论宗教预言，相互交谈，在短暂的相遇中产生信任。“随着酒精席卷了舌头，人们被音乐、舞蹈和短暂的友谊所感染，忘记了谨慎和体面”。19世纪的皮坎特利亚是人们讨论政治问题和举办各种政治活动的场所，这种功能一直持续到20世纪上半叶。皮坎特利亚是少数几个具有自由、自发性和氛围温和的公共场所之一，这里聚集了社会不同的阶层。[②] 由于深受民众的喜好，皮坎特利亚也会成为犯罪的场所。这里经常发生各种暴力抢劫事件，罪犯会将皮坎特利亚当作分赃的地方。

秘鲁的独立运动后，持续的政治动荡、管理的混乱为皮坎特利亚的发展和繁荣营造了良好的时机。1834年时，仅库斯科城就有400家齐恰尼亚。在首都利马，土著人开设的齐恰尼亚和皮坎特利亚更是不计其数。20世纪初，大约有500家皮坎特利亚分布在库斯科城，尤其是在圣克里斯托瓦、圣安娜、圣佩德罗等传统街区中。圣佩德罗的一条街道可以找到31家皮坎特利亚，一般的街道也有数十家的皮坎特利亚。1950年的地震对库斯科的皮坎特利亚造成了严重的破坏。许多业主搬迁至其他新建的社区。随着近年来秘鲁旅游业的发展，传统的皮坎特利亚受到严重的冲击。库斯科文化部2019年登记在册皮坎特利亚共有24家，主要分布在库斯科城历史中心的街道上。

---

① S.Tapia Peña and J. F.García Huallpa, *Picanterias típicas para la promoción turística en el barrio de San Blas del Cusco* (Tesis de la Universidad Nacional de San Antonio Abad del Cusco,2011), p.14.

② S.Tapia Peña and J. F.García Huallpa, *Picanterias típicas para la promoción turística en el barrio de San Blas del Cusco* (Tesis de la Universidad Nacional de San Antonio Abad del Cusco,2011), p.14.

图 14　库斯科城传统皮坎特利亚分布图（图片来源：库斯科省文化部门）

虽然当前秘鲁各地的皮坎特利亚呈现多样的面貌，但大体上来说，秘鲁各地的皮坎特利亚有着如下的特征：

主人——即食客熟知的玛玛查（mamacha），是皮坎特利亚的灵魂人物，在过去常常是善良、幽默、会讲笑话、奔放、热情的的女人。她们通常穿着大大的裙子，两到三件厚毛衣，披很大的披风，穿着平底的漆皮鞋子。她们一般受教育水平较低，平均年龄较高，因为在皮坎特利亚工作不受年龄限制也没有学历的要求。目前，皮坎特利亚的女主人是一些更现代的女性，懂得商业，与传统的女主人已有很大不同。

豚鼠——豚鼠做的食物是皮坎特利亚重要的特点。豚鼠来自安第斯地区，是传统安第斯人获取蛋白质的重要营养来源。它们易于繁殖，且好打理，一般被村民饲养在厨房的小笼子里，长大可以被食用。豚鼠对安第斯人民的重要性不仅在于食用方面，在重要的仪式中，豚鼠常常被作为一种祭祀物被奉献给他们的守护神。豚鼠的神圣性也体现在安第斯传统治愈仪式中，豚鼠可以被当作治疗疾病的“神物”，它们在病人的身体上来回摩擦并且帮助治疗师找到病灶。因此豚鼠对于安第斯人来说有很重要的意义。在皮坎特利亚中，依然能找到传统烹饪豚鼠的技艺。

辣味酱汁（Llatán）——一般淋在饭菜上，用辣椒、洋葱、香草、花生或者面包干制成。

小菜（Picante）——多种食材，通常是蔬菜做成的食物。是一样或几样食物的一小部分组成，通常作为齐恰的辅食。

大玻璃杯（Caporales）——皮坎特利亚和齐恰尼亚用于盛齐恰和果汁的传统巨大型杯子，可以装一升半的水。

传统的炉灶——用土制作的炉灶。

柴火——主要是桉树的树枝，作为燃料。

陶罐（Raki）——从印加时期便被使用的安第斯传统的容器，在皮坎特利亚中主要被用于发酵齐恰。

篮子——由芦苇制成的篮子，在制作齐恰的过程中用作筛子，过滤玉米的残渣。

芸香花束——芸香花束是与皮坎特利亚的生意红火有关的重要因素。人们认为它会带来财富。花的清香会吸引顾客。花束通常被放置在门的后面。

人的头骨——有一些皮坎特利亚有这个元素。它们被叫作“奥基”（auqui），在克丘亚语中是守护神的意思。人们将安第斯山脉的众多山神都叫奥基，他们也是社区的保护神。有时会带一个小的陶壶或者大大小小的钟。头骨会被放置在朝向街道的位置。

红色的旗子——用绒布、塑料或者布做成，象征皮坎特利亚和地球母亲之间的紧密联系，红色象征血液，同时也象征地球母亲一直在这里，尽管时间在变化，但地球母亲一直在奉献她的价值。

黑板——库斯科的皮坎特利亚的显目标志，上面写着供应的菜品、果汁、齐恰和啤酒，为了突出显示，不同部分用不同颜色表示。

青蛙游戏机——在皮坎特利亚中的传统游戏，将小币投向蟾蜍的嘴巴，击中目标。在蟾蜍周围有数个标有数值的洞，数值加起来最高的玩家便是胜者。它的外观像一个木质的家具，金属质的蟾蜍在其中心。

（二）知识分子参与的皮坎特利亚遗产化的进程

皮坎特利亚的申遗之路与近十年来秘鲁饮食热的兴起有着密切的关系。2007 年 10 月 26 日，秘鲁政府将秘鲁国家饮食文化宣布为国家文化遗产。2011 年 3 月，秘鲁政府向联合国教科文组织提交了申请将秘鲁饮食文化列入人类非物质文化遗产代表名录的报告。此后，秘鲁出现了本土饮食文化关注的热潮。

图 15　库斯科传统的齐恰尼亚

翻拍自 Isabel Alvarez Novoa, *Picanterías y chicherías del Perú: Patrimonio cultural de la Nación* (Lima: Fondo Editorial de la Universidad de San Martin de Porres,2016),p.290.

秘鲁的饮食文化与生物多样性、文化多元主义发展出一种与饮食有关的民族主义。[①] 饮食民族主义为那些传统的饮食文化赋予价值，尽管传统的饮食文化常常被重新阐释，以适应特定的经济和政治利益。[②] 历史上，印第安人的饮食被

① Raúl Matta, "Posibilidades y límites del desarrollo en el patrimonio inmaterial. El caso de la cocina peruana," *In Apuntes.*Vol.24,No.2(2011).

② Raúl Matta, "Posibilidades y límites del desarrollo en el patrimonio inmaterial. El caso de la cocina peruana," *In Apuntes.*Vol.24,No.2(2011).

长期贬低。20 世纪 90 年代，随着第一波饮食热潮从首都利马传向安第斯高原和亚马孙丛林地区，有不少受过西式教育的年轻厨师开始关注印第安人的饮食传统。但这一时期并没有人从文化层面关注印第安人的饮食文化。直到 21 世纪初秘鲁饮食遗产化热潮兴起后，社会各界才关注到整个饮食产业链背后土著族群与农民群体。社会精英将生物多样性和商业价值联系在一起，强调“传统”的饮食和国际需求和全球化并不冲突。政府的话语中，生物多样性成为饮食文化的基石，秘鲁拥有突出的生物多样性和文化多样性。[①] 秘鲁饮食成为超越阶层和种族不平等的文化认同和重要的身份认同。[②]

在这一背景下，秘鲁的学者也参与到文化认同的发掘中，成为饮食民族主义的主要推动者。皮坎特利亚进入国家文化遗产宣言正是知识分子伊莎贝尔·阿尔瓦雷斯·诺瓦（Isabel Alvarez Novoa）努力的结果。伊萨贝尔是秘鲁圣马丁大学（Universidad de San Martín de Porres）社会学专业的教师，她也是秘鲁饮食协会的会员，对秘鲁饮食文化有着浓烈的兴趣。她在对秘鲁饮食文化传统的田野调查中发现了这一问题，虽然秘鲁的饮食产业随旅游业发展而迅速成长，但本土饮食文化传统并没有得到应有的重视。她认为，秘鲁饮食目前正在经历一场热潮，秘鲁饮食在国外被认为是世界上最重要的饮食体系之一，秘鲁国内却对皮坎特利亚和齐恰尼亚等地方饮食文化严重忽视。与旅游饮食活动相关的各部门忽视了土著饮食传统的利益，它们才是秘鲁地方饮食传统的源头和重要空间。进而，她认为，秘鲁的饮食热潮可能导致了新的不平等，这种不平等是由于饮食热潮集中发生在首都利马引起的，地方的饮食传统被忽视了。[③]

伊莎贝拉用“孕育地方饮食的子宫”来比喻皮坎特利亚在秘鲁国家饮食传统中的地位。皮坎特利亚以及它的前身齐恰尼亚已经在秘鲁有 4 个多世纪的历史了，它们几乎分布在秘鲁的全国范围内。今天秘鲁的皮坎特利亚却在经历一个衰落的过程，“它们面临着来自全球化和现代化的大众消费模式的有害影响。

---

① Raúl Matta, “Posibilidades y límites del desarrollo en el patrimonio inmaterial. El caso de la cocina peruana,” *In Apuntes.* Vol.24,No.2(2011).

② Raúl Matta, “Posibilidades y límites del desarrollo en el patrimonio inmaterial. El caso de la cocina peruana,” *In Apuntes.* Vol.24,No.2(2011).

③ Raúl Matta, “Unveiling the Neoliberal Taste. Peru’s Media Representation as a Food Nation,” in *Taste Power| Tradition: Geographical Indications as Cultural Property,* ed.Sarah May (Göttingen:Universitätsverlag Göttingen Press, 2017), p.104—117.

它们基本上是被当地的食客光顾，旅游部门本可以将它们优先作为美食开发的支持对象，但是并没有”。①

伊莎贝拉认为正是有了皮坎特利亚和皮坎特利亚里的妇女们，才有了秘鲁人基本饮食记忆的味道。“饮食是哲学，也是归属感和身份认同的象征”，② 因此，秘鲁人需要恢复和保存皮坎特利亚。伊莎贝拉认为皮坎特利亚的衰退与女性社会地位息息相关。皮坎特利亚的从业者大部分都是女性，女性和穷人是被历史和学者长期忽视的群体，而皮坎特利亚的从业者是两种身份的叠加，学者有必要关注她们的生命经验和她们传承的历史记忆。“不仅是从历史学的角度，而且应该考虑皮坎特利亚里人们的生动体验和主观感受，承认皮坎特利亚作为国内重要的饮食实践一直被忽视的事实，即便如此，仍然有勇敢坚韧的女性一直默默坚守着传统的饮食实践。”③

2013 年她向圣马丁大学传播旅游和心理学学院院长约翰·勒里丹·休斯（Johan Leuridan Huys）提出了有关皮坎特利亚非遗申请的提议，由院长向文化部提出了正式的申请。“基于对这些地方饮食保护承诺，我们根据非物质文化遗产申请文件规定（文化部 N 080 2011-MC 号文件第 5 章 N 01 2011/MC 条），提出将皮坎特利亚和齐恰尼亚认定为‘传统医药和饮食实践知识’类别的申请，重新认识它们的价值，承认它们是我们文化资本的一部分。”④

2013 年，伊莎贝拉和其他两位人类学家罗纳德·米格尔·阿基尼戈·维达尔（Ronald Miguel Arquiñigo Vidal）和乔治·尤里·穆尼奥斯（George Yuri Muñoz）开始关于皮坎特利亚和齐恰尼亚的田野调查。社会学家和人类学家组成的研究团队高效地在秘鲁阿雷基帕、兰巴耶克（Lambayeque）、拉利伯塔德（La Libertad）、库斯科、皮乌拉（Piura）和通贝斯（Tumbes）6 个地区完成持续 18 个月的田野调查，虽然有碰到困难—— “尽管与地方政府沟通中遇到一

① Isabel Alvarez Novoa, *Picanterías y chicherías del Perú: Patrimonio cultural de la Nación* (Lima: Fondo Editorial de la Universidad de San Martin de Porres,2016), p.20.

② Isabel Alvarez Novoa, *Picanterías y chicherías del Perú: Patrimonio cultural de la Nación* (Lima: Fondo Editorial de la Universidad de San Martin de Porres,2016), p.20.

③ Isabel Alvarez Novoa, *Picanterías y chicherías del Perú: Patrimonio cultural de la Nación* (Lima: Fondo Editorial de la Universidad de San Martin de Porres,2016), p.16.

④ Isabel Alvarez Novoa, *Picanterías y chicherías del Perú: Patrimonio cultural de la Nación* (Lima: Fondo Editorial de la Universidad de San Martin de Porres,2016), p.16.

些困难，但是他们完成了目标，感谢他们”。[①] 伊莎贝拉的团队调查过程中还获得了许多专家的支持，其中包括历史学家恩里克·拉米雷斯·安古洛（Enrique Ramirez Angulo）和爱德华多·巴斯克斯·蒙格（Eduardo Vásquez Monge），渔业餐饮业研究人员克里斯托瓦尔·诺莱加（Cristobal Norlega）、律师教授兼财政部官员佩德罗·恩里克·贝拉斯克斯·洛佩兹·雷加达（Pedro Enrique Velásquez Lopez Raygada）、律师兼社会文化研究员马可·安东尼奥·泽瓦洛斯·古德（Marco Antonio Zevallos Bueno）等。研究团队查阅了已有的相关文献，收集整理访谈录音和图片资料，调查了大量地方文化研究者、新闻工作者、音乐家、图书管理员、艺术家、作家和其他了解皮坎特利亚知识的人，访谈了许多厨师、农民、渔民、商人等群体。“作为记忆的保存者，皮坎特利亚的成员慷慨热情地分享他们鲜活的知识，让我们能了解更多关于它的故事。就像法国社会学家莫里斯·霍布瓦克（Maurice Halbwachs）所说，‘只有空间是如此稳定，它可以永远不衰老，也不失去任何一部分’。”[②]

2015 年 11 月，文化部获批皮坎特利亚和齐恰尼亚的国家文化遗产申请。由于秘鲁境内 6 个大区的皮坎特利亚呈现出明显的地区差异，这 6 个大区的皮坎特利亚分别作为不同名称的文化空间被录入《国家文化遗产宣言》。文化部对库斯科地区皮坎特利亚和齐恰尼亚进入《国家文化遗产宣言》进行了认证：

> 现已决定由圣马丁·博雷斯提交，社会学家伊莎贝拉领导的跨学科团队撰写的关于申请阿雷基帕、库斯科、里贝塔德、兰巴耶克、皮乌拉和通贝斯各省皮坎特利亚作为传统饮食和文化空间的提议生效。
>
> 皮坎特利亚和其他同类型的饮食场所不同，它专门销售用各种辣椒调味的菜肴，其中玉米制作的齐恰具有核心和基本的价值。这些文化空间中的每一个都有其自身的特殊性，无论是用于准备食物的用具还是供应的菜品和齐恰，不同地区的皮坎特利亚都可以相互区别。因此，尽管有一个方案申请皮坎特利亚作为国家文化遗产，但是与社会学家伊莎贝拉和其所在

---

① Isabel Alvarez Novoa, *Picanterías y chicherías del Perú: Patrimonio cultural de la Nación* (Lima: Fondo Editorial de la Universidad de San Martin de Porres,2016), p.19.

② Isabel Alvarez Novoa, *Picanterías y chicherías del Perú: Patrimonio cultural de la Nación* (Lima: Fondo Editorial de la Universidad de San Martin de Porres,2016), p.16.

团队商议后，决定将不同地区的皮坎特利亚认定为不同的文化遗产。

由于其自身的特殊性，秘鲁不同地区的皮坎特利亚已被巩固为当地人重要的相遇场所，建立了社会纽带，强化了文化认同，同时也是一些重要的文化事项的开展场所。它们中的之一，阿雷基帕省的皮坎特利亚作为文化空间于 2014 年 4 月 16 日被宣布为国家文化遗产。

提议证实了这些文化空间在当地社区的象征价值和身份认同价值，也就是说，这些传承者保持着传统文化空间与其他出售食品的场所有所区别。当然我们也可以了解当代皮坎特利亚的历史价值，皮坎特利亚作为传统食物烹饪技术的继承点，存在于国家不同的乡村和城市地区，它们充分利用当地多样化的生物和植物作为食物原材料，皮坎特利亚里的食物和饮品拥有鲜美的风味和地理上的特殊性，因此是独一无二无法替代的。

在库斯科省，皮坎特利亚和齐恰尼亚主要销售用当地产的玉米制作的齐恰和其他传统食物。两种场所有一些共同的特点。但是它们也相互区分开来。皮坎特利亚主要与城市空间联系在一起，以食物供应为主齐恰为辅；齐恰尼亚通常与农村地区相关，制作和出售齐恰是它们最主要的活动，食品供应是次要的活动。毫无疑问，库斯科目前的皮坎特利亚是现存齐恰尼亚的再调整和再适应，但是两者相互之间不排斥，在库斯科地区作为文化认同和谐并存。

不同的文献资料来源显示，这些食品供应场所对低收入人群的重要性，尤其是对农村地区的女性，在这些皮坎特利亚和齐恰尼亚里工作为她们提供了丰厚的收入。应该强调的是，皮坎特利亚和齐恰尼亚是传统饮食烹饪技术，包括殖民前期和殖民期间的烹饪技术的传承空间，它们为库斯科人民赋予了骄傲和历史的延续感。

库斯科的皮坎特利亚有两个明显的原始特征，一方面它供应菜肴的时间在午饭之后，即下午时间，另一个是它供应食物的同时，同时供应齐恰。皮坎特利亚的名字来源于“picante”这个词，指的是小份食用的传统食物，通常是以当地蔬菜和谷物，比如土豆、藜麦和豆类或者羽扇豆制作的炖菜，配以当地的尖辣椒或者绒毛辣椒作为调料。这些小炖菜通常是主人为了答谢喝齐恰的食客而准备的。

库斯科的皮坎特利亚专注于制作城市里的用餐者最喜爱的菜肴，这些菜主要用猪肉、羊和牛的内脏准备。煎炸和蒸煮是重要的烹饪方法，同时也会有炖菜。除了肉类，当地多样的土豆、莫拉亚（moraya）[①]、丘尼奥（chuño）[②]、莫特（mote）[③]、烤玉米等等地区特色农产品也是菜肴的重要组成部分。生菜和番茄沙拉与米饭也很常见。炖菜中有很多当地的特色香料，比如印加孔雀草、刺芹、欧芹、月桂叶、牛至和海藻。

库斯科的皮坎特利亚和齐恰尼亚通常都分为两个区域：用来准备齐恰和菜肴的厨房，以及放置着方桌或大长桌以及长凳的大厅。两个区域用侧面的墙隔开。大方桌或者长桌以及长凳有助于人们坐在一起交谈。两个区域之间的便捷性和做饭的人和食客之间的亲密关系是库斯科这两种场所最重要的特点，这两个特征保证了人们之间的友谊和高度亲密的关系。这些特殊性来自殖民时期的皮坎特利亚和齐恰尼亚的特征，将两者与其他供应事物的场所区分开来。

库斯科的皮坎特利亚和齐恰尼亚有一套特定的厨房用具。其中以下几种比较突出：研磨调料和食材的石头；大小不一的陶罐；盛齐恰的巨大玻璃杯；用于过滤已经煮沸的齐恰的大篮子；尽管有些厨房已经换用其他厨房设施，但是烧木柴的火炉也是这两个场所的特征。

由于齐恰是库斯科的皮坎特利亚和齐恰尼亚里消耗最多的饮料，因此每家皮坎特利亚和齐恰尼亚拥有在家庭内部代代相传的制作知识和特殊的制作传统。主要以当地产的黄色玉米为基本原料，另外还有一种特殊的齐恰，名叫“草莓酒”，是用当地雨季生长的一种草莓制作。库斯科的齐恰和其他地区不同的点还在于它将粉碎的小麦作为基本原料之一。

库斯科的皮坎特利亚和齐恰尼亚制作齐恰需要三天时间，前两天将发芽的玉米煮沸，第三天用来发酵，下午就可以品尝到做好的齐恰。在皮坎特利亚里，玉米不需要自己种，而是来自当地的市场或者从可靠的供应商处获得。在齐恰制作周期的前两天，先往玉米里加入磨碎的小麦，使其定型，这步叫“乌皮”（upi）；然后再将混合物煮沸，这一步叫“塞可”

---

① 莫拉亚（moraya）指一种白色冻土豆。人们以极低温和暴晒方式使土豆脱水、食用时再泡发。

② 丘尼奥（chuño）是指一种黑色的冻土豆。

③ 莫特（mote）是一种用熟石灰水煮沸脱皮的玉米粒。

（seqe）。第三天的发酵过程中会加入之前的齐恰底料，称为康乔（concho）作发酵剂。库斯科的齐恰，即齐恰，在克丘亚语中被称为“阿嘎”（aqa），被认为是印加帝国的象征性饮料，是库斯科文化和历史延续的象征。

库斯科的齐恰尼亚和皮坎特利亚作为一种文化空间，对于20世纪初库斯科印第安思想的传播和巩固非常重要，一方面由于社会各个阶层的人都可以在这里相聚，另一方面它为库斯科的知识分子和艺术家聚会提供了便利条件。许多研究、文章和艺术作品都反映了库斯科的皮坎特利亚和齐恰尼亚作为保存记忆和保护烹饪传统的文化空间功能。

从17世纪的文献中可以看出，这些文化空间也是开展文化活动的场所。促进当地社会化的过程。活动主要围绕喝齐恰进行，比如法国纸牌游戏、西班牙纸牌游戏、蟾蜍机游戏、瓷砖游戏等等，这些成为强化库斯科身份认同的文化事项。

基于以上，我们可以认定：

库斯科的皮坎特利亚和齐恰尼亚是为大众服务的社会空间，其主要特质是传统食物以及库斯科的象征性饮料齐恰的制作和出售。其具有一套特殊的烹饪方法，比如对当地原材料的使用，重要的有名为“查明科”（Chaminko）的黄色玉米、多样的马铃薯、作为菜肴调味料的辣椒。两种空间依然发挥着效用，并在库斯科作为身份认同的象征而和谐共存，它们一者与城市相联系，另一者与农村相联系，连接和凝聚着库斯科地区不同阶层的人民。

图16　库斯科一家传统的皮坎特利亚（拍摄者：杨慧云）

由于它们的空间设置允许厨师和食客之间、食客们相互间都能进行密切的互动，因此制造了一种友善和亲切的氛围。同样地，也是因为它们友好亲切的氛围，使得皮坎特利亚和齐恰尼亚过去成为传播和发展库斯科知识艺术的重要基地，强化了地区和国家认同。鉴于以上，推荐宣布库斯科的皮坎特利亚和齐恰尼亚成为国家文化遗产空间。（2015-11-4）①

皮坎特利亚的申遗历程反映出了非遗保护实践的实质。联合国教科文组织《非物质文化遗产保护公约》文本的生成，在全球社会建立了非遗保护的共同原则与普适性规范，表达着联合国教科文组织与世界各国建立多元文化共生发展秩序的意图与决心。然而，将这一全球性倡议落实为民族国家内部非遗保护的具体实践，却离不开地方社会多元主体的参与。在秘鲁，知识分子无疑是实现这一过程的最佳主体。一方面，知识分子在秘鲁有着较高的社会地位与影响力，具备与文化部门沟通的权力属性，又能与政治权力保持一定的距离。另一方面，与大部分底层的、边缘的传承人不同，在本土社会成长的知识分子熟识地方社会的文化传统，有着强烈的文化自觉意识，具备在地方社会中发起、推动非遗保护实践的能力。伊萨贝尔团队的行动启动了秘鲁皮坎特利亚非遗保护的进程，其作为社会主体，在提议申遗的过程中激活了包括地方政府、传承人在内的多元主体，对皮坎特利亚的保护与发展产生了根本性的影响。

（三）库斯科文化部的动员与传承人主体意识的激活

伊萨贝尔团队在为皮坎特利亚申请国家文化遗产时，库斯科地区的皮坎特利亚却面临着严重的生存危机。1983 年，联合国教科文组织世界遗产委员会将库斯科城命名为“人类文化遗产”。此后，秘鲁政府将库斯科城区划为保护区。1993 年，《秘鲁政治宪法》将库斯科城命名为“秘鲁历史首都”。20 世纪 80 年代后，随着新自由主义经济政策的实施，旅游业迅速发展为库斯科的支柱产业。皮坎特利亚却因其“传统”属性与现代旅游业格格不入。大多数皮坎特利亚坐落在简陋土坯房的庭院里，使用自然发酵的方式，利用传统的陶罐储存齐恰，玛玛查更在厨房饲养豚鼠。旅游城市的库斯科建立了严格的市政管理系统，作为“餐饮酒吧”类的皮坎特利亚难以获得有效的卫生证书、民防证和房屋租借证明。2015 年至 2019 年，库斯科市政府多次发起了关闭皮坎特利亚的行动，对

① Ministerio de Cultura, “Declaratorias de Expresiones del Patrimonio Cultural Inmaterial como Patrimonio Cultural de la Nación,” http://administrativos.cultura.gob.pe/intranet/dpcn/consulta.jsp, 2023 年 5 月 8 日访问。

皮坎特利亚恶劣卫生条件的负面评价也屡见报端。

2015 年 2 月和 2018 年 8 月，库斯科市政府对库斯科城的酒吧、餐馆和皮坎特利亚进行了两次大规模的卫生质量检查。2015 年 2 月 12 日，市政府突击检查了包括酒店、餐馆、民宿和皮坎特利亚在内的部分商业场所，将不符合卫生标准的食物和器具一律没收销毁。当时的新闻报道显示，这次检查关闭了许多皮坎特利亚和不合规定的酒吧民宿。假酒、过期的酒和皮坎特利亚里使用的塑料容器、其他厨具整整齐齐排了十几列。2018 年 8 月库斯科市政府再一次开展对皮坎特利亚和酒吧更大规模的查处和强制关闭行动。市政府认为，这些商业场所的卫生标准没有达到市政管理的标准，作为市政管理部门，应该保障市民的公共食品安全，尤其在历史中心这样人员最密集的地方。市政府检查负责人瓦尔德拉玛在相关报道视频中说，“无论如何都不能容忍这些场所的存在，因为它们糟糕的卫生条件和食品质量会危害公众健康，应该想办法让它们消失”。[①]

跟警察的荧光绿马甲一起出现的还有慌乱不知所措的皮坎特利亚业主，她们用手挡住镜头，害怕成为被关注的对象。市政人员将一桶桶积着白色浮沫的“传统齐恰”倒进下水道里，镜头不停闪过皮坎特利亚肮脏的厨房和简陋的后院，“皮坎特利亚的院子里甚至还躺着一具死了几天的狗的尸体”[②]，视频里一条黑色的土狗躺在塑料桶旁边，它已经死了好几天了，另一只黑色的狗就站在它旁边。

市政府拍摄的报道视频创造了一种“奇观”。在镜头下，皮坎特利亚的脏乱差被不断放大，市民通过电视、社交媒体和广播电台见证了这场奇观的产生。皮坎特利亚不再是处在地下世界中让贫苦的人们产生连接感的秘密洞穴，而成为市民眼中肮脏落后的，影响城市发展的“耻辱”。

“瓷器店”（Loceria）是库斯科老城区的一家皮坎特利亚。年轻的店主玛利亚和姐姐艾蕾娜一起经营的这家皮坎特利亚。这家皮坎特利亚的地面铺了漂亮

---

① Municipalidad del Cusco, “OPERATIVO A PICANTERIAS Y CHICHERIAS EN EL CUSCO POR DESARROLLO ECONOMICO,” https://www.youtube.com/watch?v=lUM2jp1uas0, 2023 年 1 月 12 日访问。

② Municipalidad del Cusco, “OPERATIVO A PICANTERIAS Y CHICHERIAS EN EL CUSCO POR DESARROLLO ECONOMICO,” https://www.youtube.com/watch?v=lUM2jp1uas0, 2023 年 1 月 12 日访问。

的瓷砖，故而得名“瓷器店”。瓷器店的外观相当朴素简陋，外面靠近街道的墙壁已经脱了几层皮，木门上的漆早已脱落，挂在门斜上方的一张纸牌子密密麻麻写满了“今日供应的菜品”。穿过低矮的门廊才能进到皮坎特利亚狭小的“洞穴”和厨房里。“洞穴”两边打通了厨房和另一间“洞穴”，大概能坐四五十人。客厅里的客人可以直接看见厨房。厨房里的“妈妈们”也随时可以出来和客人一起聊天。有些客人甚至可以坐一个下午或晚上。玛利亚的店一般下午一点开门，晚上十点关门。对于库斯科人来说，皮坎特利亚是一个很好的家庭聚会场所。每逢周末，很多三四十岁甚至年纪更大的人带着自己的小孩或者父母一起来皮坎特利亚吃饭。因此，周末来“瓷器店”吃饭的人非常多，几乎忙不过来，周一到周五却没什么人。

玛利亚最忙的时候会有一群“家人”来帮忙。玛利亚的母亲70岁了，曾经在一家名为“预言”（Propesorita）的皮坎特利亚做助手，后来有了钱自己租了这个房子开了这家皮坎特利亚。玛利亚制作齐恰和食物的知识来自母亲。现在母亲年纪大了，却仍然可以在厨房里帮很多忙。玛利亚还有一个重要的助手，这是店里唯一没有血缘关系的“朋友”，她们从小就认识，关系一直很好。玛利亚还有一个姐姐艾蕾娜，今年43岁，和玛利亚一起管理这家皮坎特利亚，两个人轮周休息。此外，玛利亚还有一群靠谱的孩子帮忙。侄子卡洛斯今年16岁，还在上高中，但已经是制作齐恰的“专家”，他能负责两家皮坎特利亚的齐恰制作，平时还能招呼客人。大女儿和二女儿都在上学，周末放假的时候也能在厨房做不少事情。玛利亚还有两个8岁和9岁的漂亮女儿，以及一个还在喝奶的宝宝。这些人让玛利亚逼仄拥挤的厨房总能在混乱中显现出温暖的人情味。奶奶在电视机旁哄孩子，几个小孩因为小事闹得不可开交，大孩子可以和厨房里的客人谈笑风生。玛利亚一会儿在厨具旁忙活，一会儿又来招待厨房里坐下的亲近的朋友，如果不出意外，还会有几只流浪狗从厨房穿过。

然而看似平静的生活却经不起一丝风吹草动。2019年7月24日下午，笔者像往常一样去玛利亚的皮坎特利亚。皮坎特利亚只有三位客人，冷冷清清。玛利亚和妈妈在厨房忙活，助手和孩子们都出去了。炉灶一旁的电视机开着，放着墨西哥的流行电视剧。玛利亚的妈妈熟练地在厨房里操作，玛利亚一边在炉灶里烧肉，一边把烧好的汤和土豆、木薯、冻土豆以及蔬菜沙拉快速装盘备用，动作略显慌乱但却非常快速。从下午四点到五点半左右就来了五位客人，有三位客人点了炸肋骨和牛肉，另外两位点了两杯齐恰，玛利亚一共赚了 50 索尔（约合人民币 100 元）。

直到晚上六点左右，玛利亚接到妹妹打来的好几次电话，电话那头一直不说话，玛利亚神色慌张，似乎预感到发生了什么。玛利亚的母亲也紧张起来，虽然跛着脚，但还是很快关上了朝向外面的大门，并且招呼客人进来到厨房坐下，迅速关闭了外面客厅的灯和音响。玛利亚从侧门跑出去把大门上的招牌取了下来，并且锁上了院门。玛利亚很不安，一直打电话问那头，“他们”走了没有。

大概过了半个小时，玛利亚说外面好像没什么动静了，她让客人继续在厨房里等着。在路上，笔者正好看到了几个身着荧光绿马甲的警察，他们伺机而动正在沿街突袭这些正在经营的皮坎特利亚。他们走到玛利亚的皮坎特利亚门口，敲了几下门，看里面灯黑着，就开着车离开了。第二天早上，玛利亚告诉笔者，前一天晚上有 4 家皮坎特利亚被警察查封了。其中一家位于瓷器店的对面，玛利亚妹妹从别的皮坎特利亚业主那里听到的消息，才赶紧通知的她。经历了很多次市政府的处罚，玛利亚和其他皮坎特利亚的业主们已经学会了察觉不友好的信号。他们在不善意的“大环境”中，互相扶持，互通消息。

玛利亚坦言，她的店铺并非孤立，库斯科地区的皮坎特利亚都处在一个非常困难的境地。“我们之前曾经有许可证，但是自从换了不同的市长，我们的许可证被他们拿走了，他们现在要关闭皮坎特利亚。我们现在只是临时地开着。许可证确实很重要。因为如果我们没有的话，我们就不能工作，因为他们会给我们罚款，而我们必须付钱。”当被问及现在面临的困难时，玛利亚说现在最大的困难来自市政府。“因为他们不想给我们提供许可证。这是最主要的困难。因为这些房子是文化遗产，所以市政当局不允许我们在里面做生意。警察总是来检查它们是否完好，是否干净。”

由于皮坎特利亚是在伊萨贝尔团队的运作下入选国家文化遗产，加之库斯科当地对这一传统的负面评价，库斯科文化部门和传承人并不知晓此事。直至国家文化部的官方通报下发到库斯科文化部时，非遗办公室才得知库斯科地区的皮坎特利亚已经和其他 5 个地区的皮坎特利亚一起入选了国家文化遗产名录。为了保护、弘扬这一饮食文化传统，库斯科文化部非遗办公室计划举办一次皮坎特利亚文化节，宣传其国家文化遗产的身份，改变大众的刻板印象。动员传承人、社会大众参与到对皮坎特利亚的保护中。由于此前屡遭取缔，传承人对非遗办公室的行动缺少基本的信任。此外，皮坎特利亚的传承人几乎都是女性，大部分没有受过良好教育，难以理解皮坎特利亚进入国家文化遗产宣言名录的真正意义。在很长一段时间内，库斯科省非物质文化遗产办公室的倡议并未获得响应。库斯科文化部非遗办公室的工作人员意识到，只有将外来的、宏观的、政策性的非遗保护“图式”内化为地方社会的知识系谱与表述体系，才能从真正意义上实现对传承人的有效动员。

在经历了持续三个月的探访和游说后，库斯科文化部终于说服 12 家传统皮坎特利亚和齐恰尼亚参加 2017 年 7 月举办的“第一届库斯科传统皮坎特利亚和齐恰尼亚节”（Primer encuentro de picanterias y chicherias del cusco）。为了从根本上改变大众对皮坎特利亚的负面认知，取得传承人的信任，库斯科文化部在当地纸媒和社交媒体上宣传皮坎特利亚作为库斯科文化传统和秘鲁国家文化遗产的特征，并通过大量的视频、图片资料展示其“温暖整洁”的形象。库斯科文化部在其“脸书”（Facebook）的官方账号上这样介绍皮坎特利亚：

> 库斯科的皮坎特利亚和齐恰尼亚作为文化空间在 2015 年 11 月 4 日被文化部认定为国家文化遗产，它们代表着库斯科的身份认同，也是库斯科不同阶层的人交流联系的空间。皮坎特利亚和齐恰尼亚通常有音乐、舞蹈和传统游戏，比如青蛙游戏、纸牌游戏等等。很多的文字资料表明这些空间在女性的指导下出售食物，在传承殖民前期和殖民期间的饮食知识和技艺方面起到重要的作用，并且主要是以师徒传承的方式传承文化。
>
> 库斯科的皮坎特利亚和齐恰尼亚首要的特点之一就是，提供食物的时间一般在下午。“皮坎特利亚”来自“picante”，是小份传统菜肴，通常是一些以当地农作物，比如土豆、藜麦或者羽扇豆，为原料制作的烧菜。这些小菜一般是店主给喝齐恰的食客准备的配菜。①

此外，文化部拍摄了大量的照片，呈现皮坎特利亚的内部“温暖整洁”的景象。文化部一系列宣传，极大地改变了库斯科民众对于皮坎特利亚的认知。

---

① 以上为库斯科文化部脸书账号对皮坎特利亚的介绍。

市民 1：要多举办这样的活动挽救我们的传统，作为库斯科人，我们有义务保护我们的传统。

市民 2：应该宣传更多的土著文化，保持它的本质，让更多人知道我们的文化，应该推动、促进、传播和发展我们的传统，不用隐藏它们，或者粉饰它们。我们怀着骄傲展示库斯科各个方面的伟大，我们也有丰富的饮食文化。

市民 3：第一届库斯科传统皮坎特利亚和齐恰尼亚节非常成功，展示了库斯科最好的食物，以及来自我们土地的原生的齐恰和草莓酒。①

在文化部的一系列宣传动员后，第一届库斯科传统皮坎特利亚和齐恰尼亚节成功举办。文化部的调查显示，文化节期间，每家皮坎特利亚大约卖出 430 份食物，每份食物 15 索尔（约 30 元人民币），仅食物出售的收入就有 77400 索尔，每家平均有 6500 索尔（约合 13000 元人民币）的收入、如果加上饮料的收入，此次文化节为每家皮坎特利亚创造了 9000—10000 索尔的收入。根据玛利亚的说法，她的皮坎特利亚每个月的收入只有 8000 索尔。因此，文化节创造的经济效益是显而易见的。当第二届皮坎特利亚活动筹备的时候，几乎所有的皮坎特利亚都申请报名。最终，库斯科文化部不得不派出专业人员，对申报名单仔细甄别，逐一筛选。

由于第一届节日活动很成功，我们决定 2018 年举办第二届传统皮坎特利亚和齐恰尼亚的文化节日。这次所有的皮坎特利亚都想参加。“我是我是，我要去！”所以我们当时做了一些筛选工作，来确定哪些皮坎特利亚是传统的皮坎特利亚，哪些不属于传统的皮坎特利亚。第二年的活动也很成功。后来我们文化部就商议说，前两次的节日活动很成功，在文化推广宣传方面起到了很好的效果。②

① 评论选自库斯科市民在库斯科文化部脸书官方账号上关于“第一届皮坎特利亚文化节”消息下方的留言。

② 访谈人：杨慧云；访谈对象：奥马尔，访谈时间：2019 年 5 月 2 日；访谈地点：秘鲁库斯科文化部非遗办公室。

（四）多元主体的联结与皮坎特利亚保护实践的探索

库斯科文化部对非遗知识的宣传与第一届皮坎特利亚文化节的举办，产生了持续、积极的文化效应。首先，文化节的举办激发着传承人与社会大众等多元主体文化自觉的生成，促使他们改变了库斯科地方政府和主流媒体对皮坎特利亚的污名化叙事印象，接受了皮坎特利亚“印加的遗产”“秘鲁的骄傲”“国家文化遗产”等新身份标签。其次，这一行动在促成传承人、学者、地方精英等多元主体文化自觉的同时，也刺激着他们反思皮坎特利亚的生存境遇，激发着他们相互联结，共同探索，创新建立多样性的整体性的非遗保护体系。

1. 直面皮坎特利亚传承困境的协商大会

多元主体文化自觉的生成首先表现在年轻的、活跃的皮坎特利亚传承人身上，玛利亚（Maria）就是其中的典型代表。文化节后，她接到了大量外出展演的邀请，参加了利马、通贝斯省、皮乌拉省和伊洛城（Ilo）等地的美食文化节，见证全国各地皮坎特利亚繁盛的状况。其中，阿雷基帕省皮坎特利亚协会所带动的当地繁荣发展令她羡慕不已，激起了她在库斯科也成立协会的想法。玛利亚得到了在秘鲁被誉为“厨房里的总统”的卡斯通·阿古里奥（Gaston Acurio）的支持，并在库斯科餐饮业精英何塞·鲁杭（Jose Lujan）的协助下与 9 位传承人联合成立了库斯科皮坎特利亚协会。

包括玛利亚在内的多位传承人认为，库斯科皮坎特利亚传承危机出现的根源在于文化部、卫生部和旅游部门之间信息的不匹配。此外，社会大众对皮坎特利亚卫生方面的负面看法也是制约其发展的重要原因。基于此，协会决定组织一次由传承人、政府部门和社会力量共同参与的研讨会，剖析传承危机，探索发展之路。在库斯科文化部的支持下，协会联系了库斯科所有的皮坎特利亚传承人，邀请了文化部的工作人员以及库斯科本地的人类学家与社会学家。2019 年 3 月 14 日，库斯科召开了第一次由传承人自发组织、本土知识分子和政府部门共同参与的皮坎特利亚协商大会。此次大会上，库斯科本地的人类学者克劳伍迪亚·查贡（Claudia Chacon）向大家介绍自己的研究成果。克劳伍迪亚在 2018 年初，对库斯科的皮坎特利亚进行了深入的调查。她的研究显示，20 世纪初，库斯科有着 500 多家齐恰尼亚与皮坎特利亚，到 2006 年只剩 172 家，到 2018 年数量下降至 31 家。克劳伍迪亚认为，皮坎特利亚传承危机的出现固然有其传统业态与现代城市发展的不匹配有关，但地方政府无视其国家文化遗产的地位以及卫生部、警察部门的强行取缔无疑恶化了皮坎特利亚的生存境遇，社交媒体的负面报道也强化着大众对其粗鄙、肮脏的标签。她认为，政府部门需要改变对皮坎特利亚的态度，传承人也需要在环境、食物与饮料的制作方面做出改善，以保护这些被称为国家文化遗产的文化空间。在此次会议上，克劳伍迪亚做了深入细致的发言；

2018年关于传统皮坎特利亚的研究主要从以下几个方面展开：历史文化价值、街区的特点、传承方式、经营状况、现存的风险和威胁，以及梳理了过往的研究，包括大学论文、博士论文等，

我采用的研究方法是参与式研究，我对历史中心的皮坎特利亚、一些已经消失的皮坎特利亚和它们的历史进行识别认证，同时也对街道的邻居、皮坎特利亚的主人和相关研究者做了深度访谈。在对皮坎特利亚和齐恰尼亚的拜访过程中，有被拒绝的情况，但是大多数情况下人们都接受了我的访谈，如果我表明自己是个研究者，人们可能不信任我，因此不接受我的访谈，但是如果我是一个食客的话，就没有任何问题。

相关的历史回顾从早期的编年史开始，资料显示在殖民前的印加时期齐恰是一种神圣的饮品，同时也是农业仪式中的神圣性饮品，在殖民时期，齐恰的制作和消费在公开场合被明令禁止，只能在家庭范围内饮用。先前研究者的研究表明齐恰尼亚和皮坎特利亚拥有同样的特征，它们的内部设置都是很长的桌子和长凳，来自不同社会阶层不同经济水平的居民来这里喝齐恰。两者的区别在于齐恰尼亚在演变过程中丢失了它的食物部分，这使得部分齐恰尼亚没有演变成皮坎特利亚。

1. 变化

根据库斯科文化部的研究，20世纪在库斯科省有500多家齐恰尼亚，2006年有172家皮坎特利亚，2018年做了登记的传统皮坎特利亚仅有31家。这表明这些文化空间正在逐渐消失。皮坎特利亚的土地使用登记册显示，大部分的皮坎特利亚和齐恰尼亚集中在库斯科城的历史中心，尤其是在圣佩德罗区、圣地亚哥区、圣布拉斯区，一些皮坎特利亚已经迁移到了其他临近街区，店主以这种方式延续自己母亲或者祖母的生意，这些信息

来自皮坎特利亚的主人和周围的邻居。

大多数的皮坎特利亚和齐恰尼亚已经将它们的大长桌换成了小一点的桌子，以便更好地为顾客服务，也可以让前来消费的家人或朋友有更多的私密空间，这在一定程度上削弱了皮坎特利亚和齐恰尼亚在传统意义上形塑社会关系的功能。极少的皮坎特利亚或齐恰尼亚还保留着传统的大长桌。食物也有变化，在皮坎特利亚里出售安第斯食物，但是在齐恰尼亚几乎很少在饮用齐恰时提供的小份菜。其他的变化是从皮坎特利亚和齐恰尼亚演变出了其他现代食物品牌，这些饮食空间的出现是因为在库斯科有服务国内外游客的需求，它们与传统的皮坎特利亚已经不同。

皮坎特利亚和齐恰尼亚的名称是根据它们的主人的名字或特点取的，比如头发（克丘亚语：chukcha），与女主人的辫子有关，瓦利（waliy）、曼努埃利达（manuelita）来自女主人的名字。尽管有些皮坎特利亚已经有正式的名称，但是邻居们还是用女主人的名字代表皮坎特利亚，比如比尔玛，它的真正的名字叫黄金的鸽子（克丘亚语：Qori Urpi）；四口儿（西班牙语：los cuatro suyos），也被人们叫作无知（西班牙语：Ignorante）。

关于代际间的传递，虽然确实现在的女主人从她们的妈妈和祖母那里学习了制作食物的知识，但是到目前为止，接受采访的人表示，她们不愿意让自己的孩子继续从事之一传统的行业，这让人很担忧。有一些齐恰尼亚，里面还有传统小菜，很简单朴素，他们害怕卫生部和市政府因为它们简陋的条件而查封这些小店，甚至关闭它们。另一方面，在农村或乡村地区，齐恰仍然在各种活动，农场工作、房屋建筑和节日中被人们饮用。它是一种文化，仪式，治疗和能量产品，同时在食物制作中也发挥作用。在制作齐恰方面的变化是现在的齐恰制作时间变得更短，而且不同于以往人们喝齐恰是为了干活更有劲，现在的齐恰更淡一些，没有之前那么浓烈。

2. 威胁

目前传统的皮坎特利亚面临的风险来自它的变化，这些变化是由现代化和媒体的变化、大众需求的变化、外国客人的出现和当地居民对它们的低评价引起的。这些皮坎特利亚和几乎没有相应的组织，多数是独立的，大部分都不是正式经营的形式，只有少数被宣布为国家文化遗产。由于地方政府不了解这些文化空间的重要性，也因为这些文化空间呈现出的糟糕卫生状况，使得这些文化空间很难获得合法经营的权利。地方政府、卫生部、警察部门和国家行政管理总局的监督和管理使得这些文化空间做了强制性的改变，这在一定程度上削弱了它们的传统特征。个人卫生和环境卫生状况、食物的质量，比如齐恰制作中有掺假的情况都不允许这些文化空间发展壮大。另外我的调查发现，皮坎特利亚里的主人只对客人，不对陌生人提供温暖热情友好的态度；根据周边邻居的反映，这些皮坎特利亚在安全预防方面可能也存在问题。同时也需要在食物和饮料的制作和处理方面有所改善。有必要考虑到这些现有的风险，以保护这些被宣称为国家文化遗产的文化空间。①

当人类学家以翔实的历史文献和扎实的田野调查将皮坎特利亚的知识传达出来的时候，传承人经历了一种知识“震撼”，现在他们可以谈论自己的处境了。在克劳伍迪亚对皮坎特利亚的历史和现状做完完整详尽的叙述后，文化部部长英格丽（Ingrid）鼓励业主讲述自己的故事，因为非遗保护不只关注皮坎特利亚的历史价值，更重要的是关注“每一位、每一家皮坎特利亚的故事和需求”：

我们在这里是为了对话，我们尊重所有人，我们应该听取所有的意见，不仅限于知道齐恰、食物的重要性，从已经开展的研究中我们应该思考皮坎特利亚、齐恰尼亚这些文化空间的历史价值。我们不止关注皮坎特利亚和齐恰尼亚作为文化遗产的认证宣言，重要的是你们每一位、每一家皮坎特利亚的故事和需求。②

在英格丽的鼓励下，业主们开始一个个站起来讨论自己面临的困境，以及可能需要从政府和文化部得到哪些帮助。首要的问题是市政府对皮坎特利亚历史价值的忽视，以及业主们因为无法获得经营许可而造成的困局。

① 发言人：克劳伍迪亚·查贡，记录人：杨慧云，记录时间：2019 年 3 月 14 日；记录地点：秘鲁库斯科城圣佩德罗区 644 号。

② 发言人：英格丽，记录人：杨慧云，记录时间：2019 年 3 月 14 日；记录地点：秘鲁库斯科城圣佩德罗区 644 号。

皮坎特利亚和齐恰尼亚的主人并不知道什么是国家文化遗产，而且可以肯定的是市政府也不知道我们作为国家文化遗产的事实。这些政府的工作人员都不知道。文化部应该开一个会让区域政府、地方政府承认我们传统，并且解决这个问题。我想表明的是地方当局想把我们这些传统的皮坎特利亚从历史中心清除出去，我们已经在这些皮坎特利亚工作了好多年了，我们想要具体的方案，我们不想复制阿雷基帕的模式，为了库斯科的发展，皮坎特利亚应该有一个负责人负责具体的计划。历史中心是旅游中心，很多人来采访我们，但是我们不知道该怎么向他们表明这是遗产，因此我们需要有证据表明它们是由政府承认的传统皮坎特利亚。①

南茜是皮坎特利亚协会的会长，她总是能在人群中引起注意力，她的发言公正客观，引起了许多传承人的共鸣。

为了公开宣传和接待外来的客人，皮坎特利亚应该提高和改善各方面的条件，人们如果觉得我们的服务质量不好，食物处理不卫生，可能会不

图 17　皮坎特利亚协商大会后的合影（拍摄者：杨慧云）

① 发言人：克斯瓦瓦西的店主，记录人：杨慧云，记录时间：2019 年 3 月 14 日；记录地点：秘鲁库斯科城圣佩德罗区 644 号。

好。我们希望文化部作为我们的文化和习俗的守护者，但是更好的是希望地方政府能为我们提供帮助，帮助皮坎特利亚和齐恰尼亚提高健康、卫生、食物的制作等等各方面的条件。这样我们可以更好地招待店里的客人。希望市政府、卫生部和警察局能理解和尊重我们的传统，我们的习俗，包括我们用石头研磨辣椒的方式。不要趁我们独自在店里的时候进来拿走我们的东西，这是对我们生活方式和习俗的不尊重。[①]

面对传承人的质疑与疑问，文化部负责人奥马尔给出了回应。他承认了库斯科文化部与市政府存在信息不对称等问题，表示文化部会进一步与市政府协商，依据《国家文化遗产宣言》逐一解决库斯科皮坎特利亚面临的问题。

我们会和市政府开会，让市政府了解皮坎特利亚和齐恰尼亚作为国家文化遗产的重要性，也会依据皮坎特利亚和齐恰尼亚的遗产宣言，制定相应的公共政策，以保护这些文化空间不受威胁。比如卫生和健康问题，比如不能将这些文化空间与旅游性餐馆用同一种方式看待。我们会去了解经营许可证的申请过程，我们会与市政府沟通，为大家提供特殊的经营许可，但许可证可能会是中长期过程。[②]

趁此机会，南茜邀请大家组建库斯科皮坎特利亚协会。她再一次支持，皮坎特利亚应该有更好的发展，但这需要更团结稳定的集体作为依撑。

在座的每位都是皮坎特利亚的主人，你们决定了什么时间怎样服务客人，那些大的餐馆“quinta”[③]，他们看不起我们，因为我们的卫生条件不如他们，但是他们却卖着我们的食物。我们邀请大家加入我们的组织——皮坎特利亚联合会。我们本可以向库斯科对外贸易旅游部提出申请，希望他们能资助我们改善制作食物、服务客人各方面的条件，但是他们说我们必

① 发言人：南茜，记录人：杨慧云，记录时间：2019 年 3 月 14 日；记录地点：秘鲁库斯科城圣佩德罗区 644 号。

② 发言人：奥马尔，记录人：杨慧云，记录时间：2019 年 3 月 14 日；记录地点：秘鲁库斯科城圣佩德罗区 644 号。

③ quinta 是库斯科当地服务外地游客、更为现代化的餐馆。

须聚集50家皮坎特利亚才会支持我们，但是我们现在联合会的成员只有5家皮坎特利亚。[①]

在皮坎特利亚业主与文化部开完会议之后，皮坎特利亚协会的运作有了进展。此前，皮坎特利亚协会仅有9位成员。这次会议上，10家皮坎特利亚传承人表示愿意加入协会。库斯科的皮坎特利亚协会初具规模。

2. “齐恰的节日”：多元主体共同参与的遗产保护活动

皮坎特利亚协会认为，想要彻底地解决传承问题，需要大家持续的努力。皮坎特利亚文化节是他们提升知名度、取得大众支持的重要方式。在连续举办两届文化节后，库斯科文化部2019年初表示，由于预算所限，他们无力继续出资筹办皮坎特利亚文化节。得知此消息后，玛利亚和协会的其他成员于当年3月上旬向市政府发展署提出承办第三届皮坎特利亚文化节的申请。他们的申请获得了市政府的批准。玛利亚、南希等人认为，文化部主办的文化节虽提升了皮坎特利亚的影响力，却没能精准地传递其文化内涵。库斯科是“帝国的城市”，齐恰是印加人的传统饮料，皮坎特利亚是齐恰的“发酵缸”，应当用标志性符号重新定义它。他们决定用印加人的克丘亚语，将皮坎特利亚文化节命名为“齐恰的节日”（Ajha Raymi）。以印加之名赋予皮坎特利亚作为印加帝国历史遗产的合法性，将其塑造为库斯科重要的文化品牌。2019年的4月6日，在库斯科皮坎特利亚协会成立一周年的纪念大会上，协会会长南茜开始了对传承人的动员：

我们是传统的皮坎特利亚，不是现在才有的，是有很多年历史的皮坎特利亚。比如四口儿（Los Cuatro Suyos），她（现在的女主人）的妈妈从很久之前就开始经营了，现在已经是第二代了。我们也有新的成员，欢迎比尔玛女士、欢迎艾蕾娜、欢迎苏菲、欢迎奇丽塔。和我们的集体在一起我们会越来越好，一直前进。我们会有很多年的时间继续坚持下去，现在是我们的第一年，我们不要停下来，要保持继续前进，我们的传统永远不会丢失。在这次第一周年的庆典上，我请求你们每一位，我们的皮坎特利亚

① 发言人：奥马尔，记录人：杨慧云，记录时间：2019年3月14日；记录地点：秘鲁库斯科城圣佩德罗区644号。

将永远受到神的庇护，我们会持续前进，在未来的很多年里都会前进，不只是现在。

由于大部分皮坎特利亚传承人都是女性，她从女性的视角，结合自身的经历，再次对库斯科的皮坎特利亚传承人们发起了动员。

我们都是勇敢的女性，努力的女性，我们会继续前进下去。同样要欢迎诸位女性的丈夫们，感谢他们给予我们的支持。很多次我都怀疑自己能坚持到什么时候，但是我们会继续下去因为我们有那么多客人，我要感谢我的丈夫。也要感谢每一位皮坎特利亚妇女的丈夫，因为这是非常长期的坚持。祝贺第一届庆典的举办，也欢迎诸位中的每一个人，我们会继续前进。齐恰节我们一定要举办，因为我们是进取的女性，我们会为之奋斗。我们会成功，无论付出任何代价，我们都会成功！这是我们为每一位成员说出的承诺，我希望诸位，每一家皮坎特利亚都能继续存在很多很多年！感谢大家！①

玛丽感激所有参与成员的信任，她表示自己将会坚定的举办皮坎特利亚文化节。她希望得到所有人的支持，她再一次向大家表达了她的野心和决心。

我要感谢每一位愿意加入这个集体的成员。第一次我们聚在一起是因为何塞·鲁杭先生，厨师何塞将我们聚在一起，将库斯科所有的皮坎特利亚聚在一起，我们创建了皮坎特利亚协会，当时总共有九个人。因此我们相聚在一起，而且去了阿雷基帕省。现在九家皮坎特利亚仍然团结在一起，就像今天一样。我相信大家一起会克服所有的困难，我们开始工作，开始团结更多的人，我们会以诸位每一个人的名义前进。欢迎新加入这个团体的成员，我希望这个团体更庞大，也更好。这次的齐恰节我们会举办，到时会来许多国内和国际上知名的厨师。会有厨师弗拉维奥·索诺萨诺

① 发言人：南茜，记录人：杨慧云，记录时间：2019 年 4 月 6 日；记录地点：秘鲁库斯科城万查克区瓦利二代皮坎特利亚。

（Flavio Solórzano）[①] 和厨师玛利亚·祖尼卡（Maria Zuniga）[②]。我们会举办齐恰节，我们有市政府的支持，有团结的集体，我们会尽力办到最好，为了以后每年都举办，会越来越好。[③]

皮坎特利亚协会的成员纷纷发言，表达着她们的激动和信心。里奥是玛利亚·安琪拉（Maria Angela）的业主，她声音轻柔，是玛丽最早找到的伙伴，她发自内心希望协会能够越来越好。

感谢各位能积极参与到我们的集体中，让我们这个集体更加团结牢固。我希望每一位，诸位中的每一个人都能获得成功。尤其是要感谢你们放下家里的很多事来加入进来。我要感谢每一位成员对我们这个集体付出的信任。祝贺一周年庆典举办，希望以后的活动会越来越好。我们承诺会在一起工作，有了你们的参与这个集体会越来越团结。[④]

五月的太阳（Sol de Mayo）的代表是唯一一位男性业主，他替自己年迈的母亲来参加会议，他母亲已经 80 多岁了，身体不方便。面对大家的发言，他激动万分。

---

① 弗拉维奥（Flavio）于 1974 年出生在利马，在成为厨师之前是他祖母的“学生”。祖母现在经营的餐厅是秘鲁最好的餐厅之一，弗洛维奥对饮食的深刻了解来自于此。他被公认为全球范围内推广秘鲁美食的重要大使之一。除了担任厨师外，他还在风味和美食提案的开发框架中担任不同公司的顾问，他是秘鲁主要烹饪学校的讲师厨师，还曾是秘鲁美食音乐学院（CECOMER）的创始成员。尽管弗拉维奥在世界各地旅行了很长时间，但他从未放弃其起源或传统的秘鲁美食，他是“Mistura”（在利马市举办的拉丁美洲最重要的美食博览会）的创始成员和组织者。参见 https://peru.gastronomia.com/chef/flavio-solorzano，2020 年 1 月 8 日访问。

② 玛利亚·祖尼卡，秘鲁知名厨师，秘鲁饮食文化推动者，在秘鲁餐饮业有着突出的声望。

③ 发言人：玛丽，记录人：杨慧云，记录时间：2019 年 4 月 6 日；记录地点：秘鲁库斯科城万查克区瓦利二代皮坎特利亚。

④ 发言人：里奥，记录人：杨慧云，记录时间：2019 年 4 月 6 日；记录地点：秘鲁库斯科城万查克区瓦利二代皮坎特利亚。

在这场庆典中最不缺乏的就是乐观的心态和夸张的口号。在公共生活中卑微存在的大多数皮坎特利亚业主，需要这样来自同伴的积极鼓励，她们代表着印加的骄傲，是库斯科的荣光，因为今天皮坎特利亚终于获得了一个真正的称号“国家文化遗产”。皮坎特利亚正处在最好的时代，她们要保持自己传统，并且让它强大。祝贺所有的母亲们，因为她们保留了我们祖先留下的文化传统。她们付出了很多努力，每天都获得成就，为了让皮坎特利亚继续存在下去。同时我也请求大家，因为皮坎特利亚已经获得了国家文化遗产的称号，我希望诸位可以继续努力坚持下去。传统的皮坎特利亚将会在未来很多年后仍然存在，我们的特殊食物也会被保留下去。我们不要失去皮坎特利亚的本质，不要让它衰落，相反要是让皮坎特利亚持续复兴。

这次的皮坎特利亚协会的团聚将会让我们更加强大。皮坎特利亚有自身独特的属性，它携带着祖先留下的味道记忆。我希望皮坎特利亚能一天天强大起来，成为可以与大型餐馆匹敌的地方，但是仍然保持着我们的传统。我请求各位努力让皮坎特利亚不要衰落，让皮坎特利亚强大起来。因为皮坎特利亚获得了属于它真正的称号——国家文化遗产。我仅希望大家一起为我们的祖先留下的财富感到骄傲。感谢神，我们要继续前进。我们应该办齐恰节，让皮坎特利亚成为库斯科和整个秘鲁最好的唯一。[①]

得到会员们的认可后，库斯科皮坎特利亚协会开始筹备6月“齐恰的节日”。在缺少官方支持的情况下，协会成员们表现出极大的团结与协作能力。缺少资金支持，皮坎特利亚传承人们集体众筹，凑齐了租赁广场与设备的8000索尔（相当于人民币约13600元）。玛利亚克服重重困难，从市政厅租赁到了城市中心的圣·佩德罗广场（San Pedro Plaza）。传承人比尔萨（Bielza）的女儿加布里埃拉（Gabriela），将自己的乐队搬到了现场，为食客们免费表演。还有一些传承人动用各种人脉关系，邀请了市政府的相关人员，在节日开始前的6月4日举行了规模盛大的新闻发布会。此外，传承人们还纷纷联系了库斯科音乐电视台（MUSICA VARIADA TV）、库斯科电视台47频道和完美（Impecable）17

① 发言人：五月的太阳店店主，记录人：杨慧云，记录时间：2019年4月6日；记录地点：秘鲁库斯科城万查克区瓦利二代皮坎特利亚。

频道对皮坎特利亚文化节进行了大规模的宣传报道。

在库斯科皮坎特利亚协会的精心筹备下，2019 年 6 月 8 日早上，“齐恰的节日”在库斯科中心的圣·佩德罗广场盛大开幕。圣佩德罗广场算是库斯科城中的中小型广场，位于库斯科城市中心。正对面是库斯科的圣佩德罗教堂，这座教堂由于其建于殖民时期和文艺复兴风格的装饰，1972 年被宣布为国家文化遗产。广场的左侧是库斯科最大的市场——圣佩德罗市场，市场有两个街区那么大，农产品、手工艺品、特色食物均有销售，是最受当地人和游客欢迎的市场。

皮坎特利亚的业主们前期设计好了布局，广场呈长方形，正面设置舞台，对面和左右两侧设置不同的皮坎特利亚展台。由于空间限制，部分传承人共用一个展台。总共 12 个展台，对角的地方留出空位供行人进出，广场中部设立桌椅供顾客饮食。

活动早上九点就开始了。妇女们很早就运来了需要出售的齐恰、草莓酒和准备好的食物。齐恰和草莓酒都用巨大的陶罐和陶缸装着。妇女们还带来了洗干净备用的肉和其他食材，还有其他厨具，包括天然气灶、锅和一些容器。每个展台用奶白色的幕布隔开，前面放了桌子，相当于一个隐秘的小型厨房。

图 18　齐恰的节日上的乐队表演（拍摄者：杨慧云）

妇女们都身着库斯科传统服饰，白色的帽子，白色的衬衫，颜色鲜艳的百褶裙，黑色皮鞋，上身还斜挂着一条与裙子颜色匹配的绸带，这是库斯科女性传统的穿着方式。每一家皮坎特利亚基本上带了 3—5 个助手，这些助手都是她们的家人或是朋友。玛利亚和姐姐艾蕾娜、妹妹苏菲都身着艳丽的裙子，化了浓妆。玛利亚的大女儿、侄子都在一边帮忙。每家的皮坎特利亚都身着统一的服饰，这在日常的皮坎特利亚里是很难见到的。

早上的库斯科阳光明媚，但还是有些微冷。主舞台布置好了椅子和话筒，主持人开始介绍此次活动。皮坎特利亚是库斯科伟大的传统，是国家文化遗产，齐恰是库斯科人身份认同的重要组成部分。现场请了市政府的代表和两位国内知名厨师，他们在开幕式上发表了简短的讲话，“希望齐恰节能成功举办，希望库斯科的皮坎特利亚能走到更广阔的平台，皮坎特利亚是秘鲁的骄傲”。

随着温度逐渐升高，皮坎特利亚的展台很快被人群挤爆。先来的人占到了中间仅有的几十个座位，在人们羡慕的眼神中大快朵颐。来的稍微晚一点的人只能在各个展台前排长队。人们都想品尝纯正的齐恰和传统的库斯科菜肴，有很多人是被现场的热闹所吸引，他们好奇地看着拥挤的人群和排起的长队，想看看里面究竟卖什么。皮坎特利亚的齐恰和草莓酒均是每杯 1 索尔（合人民币 2

图 19　皮坎特利亚的传统食物（拍摄者：杨慧云）

元左右），菜品每份15索尔左右。菜和饮料都可以选择现场吃或者带走。由于中间的位置太少，很多人不得不选择带走。

在现场品尝美食的大多是当地面孔，有少数外国游客好奇进来看看，或者买一杯齐恰或食物带走。中间的桌子明显不够用，展台周围被围得水泄不通，从广场一头穿越到另一头几乎不可能。乐队表演为现场增添了浓厚的节日气氛，很多人即便买不到齐恰和食物，也愿意聚集在广场上看乐队表演。比尔玛女儿的表演十分卖力，性感的穿着和热情的歌声吸引了一批好奇的市民。乐队在演唱时不忘加入齐恰的元素，灵活改编歌词让表演更加丰富有趣。因为食物和齐恰被消耗地过快，活动不得不在下午三点就结束。

几乎所有的传承人都意识到，想要赢得更好的发展，必须要改变皮坎特利亚的卫生条件，这需要接受专业的卫生知识与技能的培训。在筹备“齐恰的节日”的过程中，玛利亚结识了库斯科厨师学校的教职员工莱宁（Lehning）。底层出身的莱宁曾在库斯科和利马等地学习厨艺。成长为库斯科的知名厨师后，他一直致力于以厨艺消除贫困并传承秘鲁传统饮食。在他的引荐下，库斯科皮坎特利亚协会与库斯科基克（Quiki）厨师学校签署了协议。基克学校每月免费为协会的传承人培训2天，向传承人教授食品卫生知识和食物制作技巧。20多位皮坎特利亚传承人纷纷报名参加。此外，在延续“齐恰的节日”这一活动的同时，玛利亚和莱宁还计划发起一项名为“皮坎特阿达斯”（Picanteadas）的活动，让多位传承人聚集在一位传承人的家里，一起准备食物，邀请人们在充满温情的家庭空间中，感受库斯科皮坎特利亚的文化意蕴。他们计划邀请伊萨贝尔，让这位他们并不熟识、却对他们影响至深的知识分子“了解我们怎么办活动，了解我们怎么保护皮坎特利亚”。

2020年初，一场新冠疫情席卷全球，作为旅游重镇的库斯科遭到沉重打击。疫情冲击旅游业，带来的持续性困境并没有打倒皮坎特利亚的传承人。在库斯科皮坎特利亚协会的组织下，传承人克服城市封锁的困境，为各个区域的民众提供皮坎特利亚的食物，接待因疫情封锁无家可归的人们。皮坎特利亚不仅成了疫情中人们相互慰藉的避难所，地道的美食作为印加精神的象征更使其成为库斯科人们抗击疫情的精神支柱。随着疫情日渐趋于平稳，秘鲁国内旅游业开始复苏，库斯科地区的皮坎特利亚得以迅速恢复。在接待着世界各地游客的同时，亦发起或参与组织了多次美食推介活动。可以说，库斯科皮坎特利亚如今不仅彻底解决了传承的问题，并且已成长为与库斯科这一“帝国的城市”匹配的地方美食传统，这一切得益于非遗保护带来的地方社会生态的变化与多元保护措施的建立。

皮坎特利亚遗产化进程的民族志表明，作为印加地方传统的皮坎特利亚进入秘鲁《国家文化遗产宣言》，成为秘鲁的国家级非遗，建立多样性保护措施的过程，是在联合国教科文组织《非物质文化遗产保护公约》和秘鲁国内非遗保护制度共识的基础上，由秘鲁文化部门、传承人、知识分子和社会大众等多元主体，在对作为共识的非遗知识与制度和自我对遗产的认知中不断往复、重构遗产认知的过程。这一过程亦是多元主体不断磨合、相互认知与联结、共同探索非遗保护体系的过程。从这一意义上来说，非遗整体性保护体系的建立，其实质是以遗产为核心的联结网络重构的过程，这既是非遗意义再生产的过程，更是非遗在当代社会活力重建的动力所在。

皮坎特利亚遗产化进程与保护体系的建立，亦折射出这一联结主义文化实践的权力特征。这一过程并不是对作为“图式”的非遗保护公约与规范的完全遵从，亦不是行政机构自上而下的政府行为，而是参与非遗保护的多元主体在消解自身权力中心性的基础上，彼此尊重、相互联结的过程。正因如此，在有着威权传统的拉丁美洲，传统社会中被边缘化与被排斥的群体才得以在对非遗保护的参与中发出自己的声音，成长为社会中的重要存在。社会内部的边界被打破，不同的社会主体有了流动的机会，由于长期的种族不平等、阶层差异和文化隔阂产生的社会冲突可以被缓和和遮蔽。借此，从一定程度上来说，皮坎特利亚创造的关于印加文化的想象共同体让现代化背景下的秘鲁民族国家成为可能。由此，非遗保护也超越了单纯意义上的文化实践属性，成为拉美社会新的政治领域，体现出推动社会变革的意义。

结 语

以非物质文化遗产保护为依托深化中拉文明交流互鉴

一、在现代化进程中理解拉丁美洲的非遗保护实践

第二次世界大战通常被视为西方社会文化遗产保护兴起的源头。第二次世界大战对世界各国的破坏，种族主义支配下大屠杀的发生，在撕裂人类社会，挑战人类底线的同时，也在相当程度上激起了人类对战争的反思、对尊严的寻求、对平等的坚持与对和平的向往。人们试图通过对共有遗产的保护，弥补战争对人类心灵的伤害，重建人际之间的联结。

拉丁美洲文化遗产保护的兴起，亦与其本土现代化的进程密切相关。19 世纪初拉丁美洲国家独立后，统治精英或是主动对欧美国家的追随，或是迫于经济社会发展的形势，持续发起了一系列效仿西方的现代化改革。两次世界大战的爆发一度使欧洲国家放松了对拉美的控制，拉美多个国家的经济社会得到了一定的发展，推动着拉丁美洲民族主义思潮的兴起。拉丁美洲的统治精英和知识分子试图祛除殖民主义、种族主义对拉丁美洲的支配，在与殖民叙事话语下落后的、愚昧的标签决裂的同时，通过对文化遗产的保护与挖掘，实现国家认同的重塑。因此，这一时期拉美国家文化遗产政策的制定多为政治精英专属，文化遗产的发掘与整理多为知识分子承担，呈现出精英主义与威权主义的特征。

持续 200 多年的现代化改革，不仅没有推动拉丁美洲政治文明的进步与经济社会的发展，反而加剧了拉美国家的动荡，使拉丁美洲远远落后于世界其他区域。20 世纪 60 年代，古巴革命的胜利、越南战争的爆发、拉丁美洲解放神学运动的兴起和马克思主义在拉美的传播，激起了拉丁美洲知识分子对现代化的反思。依附理论和发展人类学研究揭开了西方对拉丁美洲支配的历史与现实。费尔南多·恩里克·卡多佐（Fernando Henrique Cardoso）和恩佐·法雷图（Enzo Faletto）[①] 等人吸收了马克思主义的相关主张，认为殖民时期的掠夺和不平等的经济交换，在根源上造就了殖民地社会的落后与不发达。帝国主义、资

---

① Fernando Henrique Cardoso and Enzo Faletto, *Dependencia y desarrollo en América Latina* (Lima: Instituto de Estudios Peruanos,1967).

本主义强加的不平等的全球秩序导致了第三世界国家独立后的发展困局。[①] 在对西方中心主义的批判与反思中，拉丁美洲作为现代化主体的地位逐渐得到承认。拉丁美洲本土知识分子认为，政治精英效仿西方的现代化改革，实质是对殖民时期已经形成的、以西方社会为核心的世界体系的再确认，自然无法从根本上推动拉丁美洲的发展。[②] 对西方现代化道路的效仿，无法回应拉美社会的事实，由此导致拉美经济社会发展的持续衰退。[③]

在对西方现代化的批判中，知识分子逐渐确立了拉丁美洲作在现代化进程中的独立性与主体性，并对拉丁美洲现代化的实现路径进行了思考。墨西哥学者巴勃罗·冈萨雷斯·卡萨诺瓦（Pablo González Casanova）继承了依附理论的主张，指出了西方主导的世界体系中权力分配不公对公平发展的限制。强调只有通过政治、社会、经济、教育和文化等多个维度的民主化才能真正实现现代化。[④] 多个维度的民主化与现代化的主张，为拉丁美洲超越西方现代化的政治、经济维度，探索本土现代化的道路提供了新的思路。20 世纪 70 年代后，拉丁美洲土著、农民运动呈现日益增长的态势。他们对多元的主张与诉求在进一步揭示西方现代化的权力意涵。在经历了后现代的洗礼后，人类学对知识生产权力关系的批判在认识论层面上为对西方现代化的批判做好了准备。在此影响下，发展人类学在横向的权力维度和纵向的殖民历史梳理的基础上，彻底揭示了“发展”的西方中心主义的意涵。作为发展实践的“现代化”也即失去了普适性的意义。

在对拉美社会多重主体性认知的基础上，坎克里尼认为西方社会主导的现代化本质是征服、剥削与对抗，这造成了世界的分裂与冲突。杂糅（Hibridacion）是拉美社会的根本性特征。不同于“规范性认同”与“混血杂交”，“杂糅”不是对“混血”的强制性认同，而是建立在多样性认同的基础上，对他者和自

---

① Andre Gunder Frank, *Capitalism and Underdevelopment in Latin America. Historical Studies of Chile and Brazil* (New York: Monthly Review Press,1969).

② Enrique Dussel, “Europa, modernidad y eurocentrismo,” in *La colonialidad del saber: eurocentrismo y ciencias sociales. Perspectivas Latinoamericanas,* (Buenos Aires: CLACSO.2000), p.24—33.

③ D.Martuccelli, “Problematizaciones de la modernidad y de la modernización en América Latina,” *Desarrollo económico*,Vol.232,No.60,(2021).

④ Pablo González Casanova, *La democracia en México* (México:Ediciones Era, 1965).

我身份的弹性认同。[1]拉丁美洲的杂糅文化并没有切断主体与不同身份来源之间的联系，而是在对多元身份与主体认同的基础上实现彼此的混合，在这一过程中完成自我认同、异质性和跨文化共识的生成。对主体性的承认、对差异性的尊重使得“杂糅”成为一个充满创新性的活力进程。在实现人类文明赓续创新的同时，以文化的方式开辟了新的公共协商的空间，构建不同于资本、市场秩序支配下中心与边缘二分的现代化图景，推动全球多样性本原的恢复。杂糅文化的提出，意味着坎克里尼彻底摆脱了西方中心主义对拉美社会与文明的阶序性建构，在对拉美独立性与主体性确立的基础上，为拉丁美洲现代化的“文化转向”做好了铺垫。

在拉美现代化“文化转向”的语境中，许多拉丁美洲本土的学者致力于解构西方中心主义的知识范式，承认被殖民主义、种族主义及其遗留否定的拉美本土社会多元族群的主体地位，恢复被帝国主义与民族主义否定的土著的、非洲裔、女性等底层民众的知识与记忆。在这一背景下，文化政策的权力属性遭到质疑与批判。随着拉美国家民主化转型的发生，文化的遗产政策也从政治精英和知识分子的专属转变为官员、学者和民众共同参与的公共政策领域。文化遗产保护的目标也从民族国家的建构转变为以文化为切入，实现社会的整体发展与进步。

文化现代化的实践构成了当代拉丁美洲非遗保护的基本背景，也在很大程度上决定当代拉美非遗保护的基本特征。首先，拉丁美洲非遗保护试图超越西方遗产观中物质与非物质的二分，不仅关注于长期以来被忽视、遮蔽的非物质文化遗产，更意在通过物质与非物质的联结，实现文化遗产生命力与活力的再造。其次，拉美国家非遗保护政策，不仅是对地方社区活态文化传统的保护，更与国家主权和区域社会发展有着密切的关系，是拉美国家通过非遗保护，推动社会整体发展与进步，实现本土现代化的实践探索。因此，拉美多国政府高度重视非遗保护，非遗保护更是多个拉美国家文化战略与外交政策的重要组成。最后，多样性是拉美国家非遗保护政策的基本面向。这不仅表现在制度层面上对区域社会不同族群、不同阶层、不同地域活态文化传统的关注，更通过对非遗保护场域开放性的建构与多元主体的包容，重构拉美社会多样性的生境，以

---

① ［阿根廷］内斯托尔·加西亚·坎克里尼著，陈金梅译:《想象的全球化》，南京：南京大学出版社，2022 年，第 5 页。

此实现社会活力的再造。

就此而言，诞生于拉丁美洲本土现代化进程中的非遗保护的理论与实践，表达着一种全球南方的遗产观与保护实践。第一，在对非遗保护理论与实践主张的基础上，拉丁美洲从殖民话语统治与实践的对象，成长为世界体系中活跃的现代化的主体与配置者。在对本土历史经验尊重的基础上，拉丁美洲的文化官员与知识分子超越了西方中心主义的单一性与决定性，构建包容拉美社会多元文明的、非本质主义与非进步主义的文明观与遗产观。第二，拉丁美洲国家的非遗保护，不仅在历史的维度中确认了多样性的合法性，并以多样性为切入，对人类社会的未来发展进行了积极的回应。关注于土著、非洲裔、农民、妇女等边缘群体，探讨多样性的活态之于区域社会整体发展与进步的意义。在超越地方的维度，探讨拉美文明之于世界文明的意义，探索全球世界多样文明共存的可能。第三，拉美多国在对非遗保护的战略性投入的实践中，表达一种积极的、批判性、支持性和情境化的愿景。在实践维度中实现着全球南方认知观与价值观的再生产。拉美国家的非遗保护，并不主张单一的、绝对的保护理念，而是通过对多个维度他者主体性的承认，反对各种类型的中心主义。在推动多样性共识生成的同时，探讨尊重多元主体、尊重多元文化的非遗保护在改变当前不平等的世界体系，重构全球秩序的巨大潜力。

基于此，才能理解非遗“活态遗产”共识在拉美形成的原因。拉美学者对于非遗“活态文化”共识的主张，固然有着超越西方遗产观中物质与非物质二分的诉求，但其根源却在于对非物质文化遗产活态属性承认的基础上，打破精英对于遗产意义建构的垄断性与唯一性，在文化维度实现社会秩序的重构。遗产之所以成为遗产，根源在于其对人类社会关系的意义与价值。不同群体在遗产意义生成中的地位、角色是不同的。西方精英在对遗产意义的建构中，实现着资本主义文明与价值取向的再生产。不同层级的权贵精英通过对遗产意义建构权的垄断，完成自身文明、价值观和社会秩序的合法性建构，并由此形塑了遗产意义的封闭性与唯一性。活态遗产在事实上层面上承认了遗产意义的动态性与流变性，并赋予遗产意义建构的开放性与多元性，由此将遗产历史意义的恢复与当下社会的需求联结，在重构遗产意义生成的动力机制，恢复遗产活态属性来源的同时，承认大众参与遗产意义建构的合法性，由此推动着文化民主在拉美国家的实现。

基于“活态遗产”的共识，拉丁美洲多个国家的知识分子将非物质文化遗产的保护与传承理解为实现文化权力，完成身份认同与恢复历史记忆的政治工具。拉美国家的多个政党与政府也将非物质文化遗产保护理解为承认和实现多样性、完成民族国家建构与实现人民福祉的政治承诺，并建立了文化、教育、环境和旅游等部门协同参与的非物质文化遗产保护机制。鼓励知识分子、社会大众和非政府组织共同参与非物质文化遗产的保护。这也使得拉丁美洲的非物质文化遗产保护超越了单纯意义上的文化维度，具备着变革社会秩序的意义。

二、拉丁美洲非遗保护实践的特征与格局

虽然当前一些拉美国家面临着突出的政治经济和社会发展问题，但大部分拉美国家都完成了非遗保护的制度建设。在百年未有之大变局的当下，拉美地区的政治秩序并不稳定。在 20 世纪 80 年代新自由主义改革后，许多拉美国家出现贫富分化，社会矛盾突出等一系列问题。新冠疫情后全球经济的衰退加剧了拉美国家的动荡与危机，一些拉美国家面临着政治极化的风险。虽然面临着重重挑战，但大部分拉美国家都非常重视非物质文化遗产保护，加入了《保护非物质文化遗产公约》，完成了非遗保护的法律和制度建设，设立了管理非遗保护的文化机构，建立了文化部门与旅游、教育和新闻出版等国家机构共同参与非遗保护体系。值得一提的是，拉丁美洲还建立了非物质文化遗产保护区域中心，致力于推动拉美国家在非遗保护方面的跨界交流与合作。

在尊重《公约》共识的基础上，拉丁美洲许多国家在政府部门的指导和支持下，建立了以社区为主体，多元主体共同参与的非遗保护机制。政府是非物质文化遗产保护的指导者，承担着非物质文化遗产保护基础设施建设的使命。这包括建立非物质文化遗产保护的行政管理机构，完成非遗保护的制度与立法建设，为非物质文化遗产保护计划的实施提供公共资源的支持，对其他主体在非遗保护中的行动进行监督，对具体保护项目进行评估与监测。社区是非物质文化遗产保护的绝对主体，也是非遗保护相关计划制订的主要对象。任何非物质文化遗产保护计划的制订与实施，都离不开社区民众的参与，都必须得到社区民众的认可。非遗保护目标的最低限度，是在社区维度上得到民众的认可，在微观层面上构建非遗代代相传的机制。商业资本也是拉美非遗保护中的重要

主体，拉美各国均鼓励商业资本参与非遗保护，认为商业资本对于非遗保护的参与，是以非遗保护为切入，推动地方社会经济发展的重要方式。然而，无论是政府和学界，都敏锐地注意到商业资本逐利取向对非遗保护事业的影响，他们在推动商业资本参与非遗传承的同时，亦反对过度商业化对非遗传承的破坏，强调关注那些具备突出的文化意涵但并不受资本市场重视的非遗项目。除此之外，知识分子，尤其是人类学者、民俗学者也是非遗保护的重要主体。知识分子对于非遗保护的参与，固然与民族主义支配下拉美多国人类学、民俗学学科发展史密切相关。后现代转向与民主化转型在促使学者反思学术研究与民族国家关系的同时，也形塑了学者对待非物质文化遗产的多元立场，使之呈现出积极参与与批评的多重立场。这也正是拉美多国非遗保护与研究的突出特征。

拉美国家非遗保护的制度建设与地方实践，是以文化为切入对社会治理机制的革新。这一以国家权力为基础的，多元主体共同参与的非遗保护机制。并不是对国家权力的否定与拒斥，而是开放遗产建构的空间与场域，赋予多元主体参与遗产意义建构的合法性与可能性，由此构建国家、资本与多元主体之间互动的平台。首先，非遗保护的实践推动，超越了西方中心主义的文明观对墨西哥文明的有限选择与承认，赋予了大众文化相当的合法性，构建了更为普世、包容性的遗产观，在认识论和实践论的双重层面上推动着文化多样性共识的传播。在前哥伦布时代的考古遗址、殖民时期的建筑遗产以外，民间流传的手工技艺，充满着地方性色彩的音乐、舞蹈、口头传统与习俗也已成为文化遗产的重要组成。其次，对非遗保护实践的共同参与，推动着多元主体之间互动、对话与交流，为打破殖民主义、种族主义对拉美社会的切分，构建更为包容的社会治理机制打下了坚实的基础。殖民主义时代形成的种族阶序，仍然是支配当前拉美社会的重要力量。这一强调区隔的等级秩序与新自由主义和文化多元主义理念结合，进一步推动着拉美社会的分化，强化着主流阶层对土著、妇女和农民群体的排斥，造成社会对立与冲突的发生。多元主体共同参与的非遗保护实践，为国家权力、资本与社会大众之间的对话交流创造平台。《公约》对于社区主体性的强调，在文化的维度上赋予了非遗承载者的合法性与能动力，激发着土著、妇女和大众等边缘群体的文化意识与权力自觉。在对非遗保护的实践参与中，他们从隐秘的角落走向前台，表达着自身的文化态度与主张，实现着自身主体性的成长，推动着一个更为公正、合理的社会秩序的生成，这也使得非物质文化遗产保护在相当程度上具备着政治启蒙的意义。

多元主体共同参与非遗保护的机制，既是对拉美社会多元族群共同创造的杂糅文化的历史呼应，更为全球化时代非遗的传承与创新发展注入了新的动力。与民族主义叙事下国家权力对遗产地方性原始意义的剥离、完成遗产意义的重构不同，当前拉美国家的非物质文化遗产保护并非强调区隔、阶序与压迫的政治工具，而是在尊重普遍人权，主张公平性与可持续原则的基础上，承认拉美社会多元主体在非遗意义层累历史进程中的独特贡献，在世界文明的版图中确认多元主体共同创造的，杂糅多元文明的拉美非遗的独特意义与价值。此外，拉美国家试图通过多元共同创造非遗历史的确认，明确多元主体参与非遗保护、表达自我文化的自由。这一对多元主体的动员与鼓励机制，在明确非遗作为交流关系价值的同时，促进不同主体间的跨界交流与合作，推动着一种批判性、包容性、创造性的文化姿态的生成。在集中多元主体智慧，重构当代社会非遗传承多元路径的同时，亦强化了作为文化的非遗与教育、就业、环境等社会领域的横向联系，充分发挥非遗在应对贫困、族群歧视等社会问题，提高生活质量，促进区域社会发展，以及增进人类社会和平中的意义所在。

此外，拉美各国在非遗保护的国际合作上做出了突出的探索。位于库斯科的拉丁美洲非遗保护区域协调中心是拉美地区非遗保护最为重要的国际组织，其以推动成员国履行《公约》，加强区域内国家的合作，提高对国家和民间社会之间联合工作为使命。拉丁美洲区域中心对非遗保护项目的持续推进，以及一系列区域性非遗保护项目的开展，在为拉美国家非遗保护提供经验支撑，推动区域社会非遗保护协同机制建立的同时，亦在从区域社会的层面构造了非遗保护的持续动力，使得非遗保护成为拉丁美洲各国公共文化政策的重要组成。拉美各国政府对非遗保护的持续性关注与参与，非遗作为各国文化外交重要组成确立，进一步推动着各国对拉丁美洲保护非物质文化遗产地区中心的参与，实现非遗保护国际与国内机制的双向推动。更为重要的是，区域中心的发起的一系列跨国非遗保护的行动与机构，不仅实现了拉美非遗保护协同机制的创新，更在文化内涵与文化政策的双重维度上推动着拉美区域社会一体化的进程。在超越国家的维度上，这一机构为反思西方中心主义的遗产观对拉美文明的边缘性建构，反抗新自由主义对拉美多样性文明的掠夺，以及探索拉美本土现代化进程提供了重要的支撑。

当然，虽然取得了一系列的成就，但不可否认的是，当前拉丁美洲各国非遗保护仍然存在着一系列的问题。首先，虽然殖民结构已经在法律上被废除，但其却仍然在大部分拉美国家中有着重要的影响。殖民情境对拉美社会的支配，使得在一些国家中占据主导地位的精英阶层确立的共同非遗并不能涵盖拉美社会多元族群，包容拉美社会多样性的文化传统，由此构成国家维度上非遗认定的重要挑战，这也是一些拉美国家非遗清单编制中的重要问题。其次，由于殖民阶序对拉美社会的持续渗透，造成了社会阶层的持续分化。虽然非遗保护致力于构建协作的机制，但部分非遗项目的实施都是教师、非遗保护专业人士孤立的行动，能够得到大众认可与国家支持下的非遗项目毕竟只是少数。如何有效实现对于大众的动员，真正意义上推动社会治理机制的革新，仍然是一个漫长的过程。再次，由于政治、经济等诸多原因，部分拉美国家并没有设立非遗保护的专业机构，一些国家面临着预算不足，缺乏专业从事非遗保护相关人员的困境，由此使得非遗保护的行动受到诸多限制。又次，在具体的保护理念与策略上，从事非遗研究的知识分子也存在着相当的分歧。活态遗产是非遗不同于物质文化遗产的根本特征，也是拉美学者对于非遗特征的基本共识。这一动态的定义固然符合非遗的特征，却也造成非遗保护的争议与分歧。对于非遗的“活态文化”的属性特征与“保护”本质主义的张力性关系，拉美学界仍然有着并不一致的看法，这也对非遗保护的具体实践产生了相当的影响。最后，在新自由主义构成大部分拉美国家政治经济基础的情形下，如何平衡非遗保护与商业开发、经济发展之间的关系，遵循非遗传承与发展的规律，尊重作为非遗传承主体的权力，实现文化传承与经济社会发展的双赢，仍然是一个漫长的进程。

三、以非遗保护为桥梁谱写新时代中拉文明互鉴的新篇章

联合国教科文组织 2003 年通过了《保护非物质文化遗产公约》后，我国 2004 年成为《公约》缔约国，是全球范围内较早开始非物质文化遗产保护的国家。在 20 年的非物质文化遗产保护工作中，我国建立了从国家到地方的非物质文化遗产保护体系，建立健全了《非物质文化遗产法》等一系列法律法规体系，积累了“保护为主、抢救第一、合理利用、传承发展”的非遗保护工作方针，并

探索出了“濒危非遗建档、整体性保护、生产性保护”等一系列非物质文化遗产保护的路径，在非物质文化遗产保护与可持续发展上做出了积极有益的探索。作为《公约》履约国，我国积极推进向联合国教科文组织申报进入人类非物质文化遗产代表作名录的相关工作。截至2024年底，我国列入联合国教科文组织“人类口头和非物质文化遗产代表作名录”项目共计44项，总数位居世界第一。

2021年，中共中央办公厅、国务院办公厅印发《关于进一步加强非物质文化遗产保护工作的意见》(以下简称《意见》)，从健全非物质文化遗产保护传承体系、提高非物质文化遗产保护传承水平和加大非物质文化遗产传播普及力度三个层面对新时代非物质文化遗产保护工作做出了宏观层面上的指导。《意见》强调应当加强与共建“一带一路”国家和地区非物质文化遗产保护的交流，提升我国在国际非物质文化遗产保护领域的话语权。“通过中外人文交流活动等形式，交流非物质文化遗产保护先进经验，向国际社会宣介我国非物质文化遗产和中华优秀传统文化”。《意见》明确了两方面的事实，第一，中国在非物质文化遗产保护领域取得的突出的成就，在全球范围内为非物质文化遗产保护与传承提供了中国智慧与中国方案。第二，应当以非物质文化遗产及其保护经验为桥梁，讲好中国非遗故事，推动中外文明的交流互鉴，共筑人类命运共同体。

拉美国家有着历史悠久的文化，漫长的殖民历史。来自世界各地的族群的涌入，多样文明的交融、碰撞与冲突形塑了拉丁美洲多元的、复合的文明形态，造就了拉美国家丰富多样的非物质文化遗产资源。拉美国家的非物质文化遗产，不仅是外在的、显现的艺术形式，更是拉美民众从远古时期层累至今的生活智慧，凝结着拉美人民反抗种族主义与殖民主义、在民族国家建设上的实践探索，是拉美社会多元文化共生发展的创造性表达。这一特征在赋予拉美本土非物质文化遗产创造力与生命力的同时，使其超越了单纯的文化维度，具备着相当的社会意义。在百年未有之大变局的当下，承载着本土发展观与文明观的非物质文化遗产，是拉美国家本土现代化发展道路的重要支撑。应当超越西方中心主义与种族主义对于拉丁美洲文明的边缘建构，尊重拉丁美洲人民的历史创造，在对拉美国家非遗的研究与呈现中推进中拉文明的交流与互鉴，以文明的多样性滋养文明的厚重性，深化习近平主席“全球文明倡议”，繁荣世界文明百花园。

中拉之间非物质文化遗产的交流，不仅表现在对于非物质文化遗产项目本身的理解与呈现，更需要在历史的情境中理解今日拉美人民的心境，理解非遗保护在拉美出现的动因，以及拉美民众对非遗保护意义的认知。欧洲殖民者对拉美的殖民统治，形塑了拉美社会多元、杂糅的文明形态。殖民者对拉美人民的奴役与剥削、对拉美财富的掠夺以及对拉美文明的否定也相当程度上激发了拉美社会多元族群的反抗意识。独立后，欧美等国对拉美国家的干预，以及对拉美国家文化意识形态的输出，激起了拉美人民的不满与抗争。尤其是 20 世纪 70 年代以来，新自由主义对于拉美的渗透及其对拉美财富、资源和文明的掠夺，更在相当程度上激起了拉美大众的抗争。正是这段漫长的、屈辱的历史，形塑了拉美本土非遗的厚重性，也推动了非遗保护在拉美的兴起。

拉丁美洲的社会大众力求以非遗保护为依托，超越西方中心主义对于拉美文明的边缘化审视，打破西方中心主义的遗留物是遗产观对拉美文明的审视，从拉美本土社会多样形态的文化遗产出发，在肯定拉美文明主体性的基础上，审视拉美独特性及其之于世界的意义和价值。他们更力求试图通过多元主体共同参与非遗保护的实践行动的推进，打破殖民主义、种族主义及其遗留对拉美社会的切割，在肯定殖民时代以来拉美社会多元族群共生发展历史的同时，重塑拉美社会多元主体共生联结的发展路径。多元深厚的非物质文化遗产，不仅是拉美文明独特性的标识，更是滋养拉美民众，推动拉美社会发展的重要动力。墨西哥、秘鲁、阿根廷、巴西、玻利维亚等拉美国家在非物质文化遗产的传承与发展上做出了积极的探索。他们以生产性保护、旅游产业、数字媒体技术和博物馆的方式，使得非遗成为推动地方社会经济发展的重要支撑。理论维度上对非遗属性的认知，在实践维度上对非遗保护的推进，使得拉美国家的非遗保护超越了单纯意义上的文化维度，承载着政治、经济和社会发展的多重意涵。由此，我们才能从真正意义上理解拉美非遗的厚重性，理解拉美人民对于非遗的热爱与执着，真正意义上推进中拉之间的民心相通。

中拉之间非物质文化遗产的交流，亦表现在非物质文化遗产保护经验的交流借鉴上。由于地理位置与文化差异等诸多因素，我国多向日韩等国交流学习非物质文化遗产保护的经验。作为非物质文化遗产保护的首倡之地，拉丁美洲国家不仅在非物质文化遗产保护上积累了丰富的经验，尤其是在多元主体的分工协作上，在非遗资料的规范性搜集、整理，以及在非物质文化遗产保护的创造性转化与创新性传承上做出了积极、有效的探索。应当承认拉丁美洲国家在非物质文化遗产保护领域的突出贡献，学习借鉴拉丁美洲国家在非物质文化遗产的搜集、保存和转化方面的突出经验。立足于拉美国家非遗传承的特色，探索以非物质文化遗产为杠杆，支撑乡村振兴与城乡协调发展的路径与经验。学习拉丁美洲国家在非物质文化遗产创意开发的先进经验，规范非物质文化遗产保护的制度建设，在实践维度上提升我国非物质文化遗产保护的实践水平。

在引进拉美国家非遗保护积极经验的同时，也要大力推动我国非遗在拉美的传播。2014 年 7 月，国家主席习近平出席在巴西利亚举行的中国—拉美及加勒比国家领导人会晤，发表题为《努力构建携手共进的命运共同体》的主旨讲话，提议中拉双方共同宣布建立平等互利、共同发展的中拉全面合作伙伴关系，倡议于 2016 年举办“中拉文化交流年”。在中拉文化交流年期间，包括春节、苗绣、马尾绣、蜡染、银饰、木雕、剪纸、太极拳、中医、古琴、婺剧、皮影等非遗走进墨西哥、古巴、委内瑞拉、巴西、智利和哥伦比亚等多个拉美国家。历史悠久，别具特色的中国非物质文化遗产，受到了拉美各国民众的极大欢迎。基于中国非遗深受拉美民众喜好的事实，应当从“文化外交”和“文化走出去”的战略高度制定中国非遗传播机制，积极吸收国外资本、社会力量等多元主体，利用网络、影视、旅游、图书出版、网络游戏等多样化渠道，创造性地建构中国非遗对外传播的多元机制，向拉美同人介绍中国非遗保护的积极经验，才能真正意义上促进中拉之间的民心相通，推动中国和拉美这两个有着同样悠久历史的文明交流互鉴。

中拉之间，山海不为远。中华文明与拉美文明是人类历史长河中形成的悠久文明。虽然都曾遭遇殖民主义、帝国主义和资本主义的侵袭，两者都在漫长的历史长河中，以开放包容、兼收并蓄的姿态绵延至今、历久弥新。习近平总书记 2016 年出席在利马举行的中拉文化交流年闭幕式时，曾欣赏在人类非物质文化遗产保护事业有着标志性意义的民歌《老鹰之歌》。习近平总书记指出：“文化关系是中拉整体外交的重要一翼。我们要以 2016 年中拉文化交流年举办为新起点，牢牢把握中拉整体合作这一历史机遇，充分借鉴彼此文化成果，让中拉文明成为不同文明和谐相处、相互促进的典范，为世界多元文化版图增添更加绚烂的色彩。”① 承载着中拉人民世界观、发展观、历史认同与文明成就的非物

① 求是网:《博物馆内外，总书记这样说》，http://www.qstheory.cn/laigao/2021-05/18/c_1127460007.htm，2024 年 11 月 1 日访问。

质文化遗产，是世界文明百花园的重要组成，更是团结世界人民共同应对挑战，促进世界和平与发展，构建人类命运共同体的思想滋养。应当以非物质文化遗产为重点，推动中拉文明的交流互鉴，以实际行动践行全球文明倡议，书写新时代中拉文明互鉴新篇章，为推动人类命运共同体建设做出更大贡献。

附录一　殖民主义遗迹与墨西哥恰帕斯州印第安人的“反遗产化”运动

2014 年底，联合国教科文组织批准墨西哥南部恰帕斯州（Chiapas）印第安小镇圣克里斯托瓦尔 - 德拉斯卡萨斯（San Cristóbal de Las Casas）入选全球创意城市网络（Creative Cities Network）名单，并被命名为“手工艺和民间艺术之都”（Craftand Folk Arts）。当时的我正在这座城市北部的一个印第安人自治社区里进行田野作业。当我兴奋地将这则消息分享给我的合作伙伴——自治社区年轻的领导人胡安·卡尔洛斯时，他很不以为然。我颇为功利地向他解释，联合国教科文组织对圣克里斯托瓦尔 - 德拉斯卡萨斯的命名不仅会使其蜚声世界，也会在一定程度上促进圣克里斯托瓦尔 - 德拉斯卡萨斯旅游业的发展，印第安人的收入肯定会有相当的提升。胡安冷静地回答我，40 年来，圣克里斯托瓦尔 - 德拉斯卡萨斯就不断被认定为各种遗产。但是，所有的项目却从未考虑过印第安人的诉求，是从不同方面在消费着印第安人。这座城市的印第安人，一直在和所谓的遗产运动抗争着。胡安的话让我很是震惊，我从未想过在中国炙手可热的遗产居然会遭到印第安人民众的抵抗。胡安不多的回应让我感觉到，印第安人对圣克里斯托瓦尔 - 德拉斯卡萨斯遗产化的抵抗与殖民时代至今他们的境遇密切相关。在更深层次上，印第安人的抵抗也在相当程度上反映出当前世界各地遗产化进程中存在的一些关键性问题。

作为学术概念“遗产”兴起于 20 世纪，其与现代民族国家的形成与发展需要确定有限的领土和国家机器，进而在想象共同体的基础上构建合法认同的需要密切相关。[①] 过去指向的、具备权威属性的文化及其遗留物由此被命名为“遗产”，成为国家建构的重要组成。20 世纪 70 年代后，联合国教科文组织相继开展的人类自然和非物质文化遗产保护，在更大程度上推动了遗产概念在世界范围内的普及。联合国教科文组织对于遗产保护的推动，是在全球化的语境中倡导对于人类多样文化形态的保护，进而在此基础上建立超越民族国家认同、实现人类社会共同发展的可能。[②] 然而在最为微观层次上，遗产是一定社区民众的创造、享有和传承的文化，这是自然形态遗产的根本特征。就此而言，“遗产”的出现是原生社区的民众、现代民族国家和联合国教科文组织共同参与建构的结果。另外，在广大的非西方社会，全球化以来漫长的殖民历史与分层社会的建立，在相当程度上切分着地方社群对于遗产属性的认知，使地方社群形成了完全不同于联合国教科文组织和现代民族国家的对于遗产的复杂体验。因此，本研究认为，对于遗产的研究应当充分注意到所属群体的复杂性与多元性，充分吸收不同主体对遗产属性的认知，从多元族群共同发展的层次上批判性的认知遗产的属性，进而倡导多元主体共同参与的遗产保护机制。这既是对于联合国教科文组织发起遗产保护初衷的回应，也是超越族群、国家和阶层的藩篱，实现人类社会共同发展的必然要求。

基于此，本研究以墨西哥南部恰帕斯州圣克里斯托瓦尔 - 德拉斯卡萨斯为田野点，通过历史文献梳理和对印第安人的实地田野调查，对圣克里斯托瓦尔 - 德拉斯卡萨斯成为遗产的过程进行分析，并对印第安人反遗产化的实践和原因进行探讨。研究试图以此为切入，对全球化、殖民主义和遗产保护的关系问题进行阐释，并从公平、正义多元族群共生发展的立场上对当前遗产保护的机制进行反思，在此基础上对如何构建多元族群共同参与的遗产建构与保护机制等问题进行回应。

① ［英］艾瑞克 · 霍布斯鲍姆，［英］特伦斯 · 兰格编，顾杭、庞冠群译：《传统的发明》，南京：译林出版社，2004 年。

② 参见徐知兰：《UNESCO 文化多样性理念对世界遗产体系的影响》，清华大学 2012 年博士学位论文；巴莫曲布嫫 :《非物质文化遗产：从概念到实践》，《民族艺术》2008 年第 1 期；安德明 :《非物质文化遗产保护 : 民俗学的两难选择》，《河南社会科学》2008 年第 1 期。

一、伤心的遗产：殖民主义与圣克里斯托瓦尔－德拉斯卡萨斯城市的形成

2014年2月，我第一次来到圣克里斯托瓦尔-德拉斯卡萨斯，认识了乞丐巴哈龙。得知我要在圣克里斯托瓦尔-德拉斯卡萨斯进行长期的田野作业，巴哈龙特意嘱咐我，千万不要去城市中心的圣·多明戈教堂（Iglesia de Santo Domingo）。见我有些不解，巴哈龙给我讲述了当地流传的这样一个传说：

> 圣克里斯托瓦尔-德拉斯卡萨斯的圣·多明戈教堂是西班牙人抓印第安人修建的。当时，西班牙人抓了男性的印第安人去修建教堂，女性的印第安人沦为西班牙人的性奴。当印第安女人怀孕后，西班牙人则将他们囚禁在教堂的地下室里，等他们生下小孩，再将小孩和她们杀死。修好教堂后，又将男人们杀死。然后将印第安人都埋在教堂下。圣·多明戈教堂，其实是一个大坟墓，下面有着无数印第安人的骸骨。①

此后数个月的田野中，我曾在不同的场合听到不同的人员讲述着类似的故事，他们告诉我，不仅是圣·多明戈教堂，拉·梅塞教堂（Iglesia de la Merced）、卡门（Carmen）、瓜达卢佩教堂（Iglesia de Guadalupe）、圣·尼古拉斯教堂（Iglesia San Nicolás），甚至是位于城市中心的市政厅广场下面都埋葬着被西班牙人屠杀的印第安人的骸骨。然而，无论是查阅历史文献，抑或是对建筑内部的实地调查，还是和教堂神父及相关负责人员的访谈，都无法确定这些传说的真实性。可以断定的是，这些依附于城市各个景观的传说表达的并非仅是西班牙人强奸印第安女性、奴役印第安男性、屠杀印第安人的事实，在更深层次上展现的是圣克里斯托瓦尔-德拉斯卡萨斯城市兴起过程中印第安人所遭遇的殖民之痛。

位于墨西哥南部恰帕斯州的圣克里斯托瓦尔-德拉斯卡萨斯是一个有着近500年历史的古城。1528年，西班牙殖民者迭戈·德·马萨列戈斯（Diego de Mazariegos）率领军队抵达恰帕斯州印第安人聚居的河谷地区，在这片被称为

---

① 访谈人：张青仁，访谈对象：巴哈龙，访谈地点：访谈时间：2014年2月24日，访谈地点：墨西哥恰帕斯州圣克里斯托瓦尔-德拉斯卡萨斯香港餐馆。

"霍韦尔"（Jovel），意为青草繁盛的谷地上，建造了名为雷亚尔的城市（Ciudad R eal de Chiapas）。① 雷亚尔城是西班牙殖民者在墨西哥建造的第一座城市，也是其在美洲大陆建造的第三座城市。这座雷亚尔城便是今日圣克里斯托瓦尔 - 德拉斯卡萨斯的前身。

当西班牙殖民者到达美洲大陆时，作为殖民者的他们便确立了他们和印第安人之间征服与被征服、支配与被支配的殖民关系。西班牙殖民者将印第安人土地据为己有，并在此建立了大庄园制度，作为土地主人的印第安人成为西班牙殖民者的奴隶。在计划修建雷亚尔城之后，西班牙殖民者征募数以万计的佐齐人（Tzotzil）、策尔塔人（Tzeltal）、乔尔人（Chol）和索盖人（Zoque）。陆续修建了圣·多明戈教堂、拉·梅塞教堂和卡门等多个建筑，并以圣·多明戈教堂为中心铺设了两条城市主干道。② 在技术水平不发达的当时，没有大规模劳动力的投入，显然是无法完成这样规模浩大的工程。为数不多的文献都是在歌颂西班牙殖民者的伟大，没有文献记载当时印第安人在修建城市时所遭受的苦难。差不多这一时期造访圣克里斯托瓦尔 - 德拉斯卡萨斯的传教士阿隆索（Alonso de San Juan）这样记载着他所见到的雷亚尔城：

> 这个城市大约有着 150 名西班牙人，他们虽然贫穷，但都是诚实和高尚的人。房子都是由树木覆盖。这里有着恰帕斯州主教椅子。这里没有教堂，只有一个圣多明戈修道院以及其他建筑。这些建筑都是几年前建造的。③

仅有的 150 个人靠着对印第安人的征服，最终完成了整个城市建设的宏大工程。当印第安人完成了雷亚尔城的初步建设后，却被西班牙殖民者从城市中

---

① Rosa Isabel Estrada Martínez, *Indígenas de San Cristóbal de las Casas, Chiapas: de dóndevienen, cómoviven, cómo se ven y cómo son vistos* (Guadalajara:Producción Groppe, 2009), p.9.

② Juan Pedro Viqueira, "Historia crítica de los barrios de Ciudad Real," in *La ciudad de San Cristóbal de Las Casas: A sus 476 años. Una miradadesde las cienciassociales,* Camacho Velázquez, LomelíGonzález and Hernández Aguilar(México: CONECULTA,2007), p.29—59.

③ Juan Pedro Viqueira, "Historia crítica de los barrios de Ciudad Real," in *La ciudad de San Cristóbal de Las Casas: A sus 476 años. Una miradadesde las cienciassociales,*Camacho Velázquez, Lomelí González and Hernández Aguilar (México: CONECULTA,2007), p.29—59.

驱逐。既是为了防止印第安人反叛，也是为了强调和维系西班牙人与印第安人的区隔，殖民者将新建的城市划分为不同的区域。城市中心的区域是白人西班牙人聚居的区域，紧靠城市中心的区域居住的是西班牙殖民者所信赖的伙伴和仆人，城市外围的区域则为印第安人和其他有色人种所有。具体而言，紧靠城市中心的是墨西哥人社区（Mexicanos）和特拉斯卡拉社区（Tlaxcala）分别由混血的墨西哥人和特拉斯卡人居住。西侧的拉·美塞街区（La Merced）是西班牙人的仆人们所有。库斯第达利街区（Cuxtitali）分配给了来自危地马拉的基切（Quichés）居住。城市外围的圣安东尼奥街区由米斯特克（Mixtecs）人居住。埃·塞瑞右街区（El Cerrillo）由佐齐、策尔塔人和索盖人居住。[①] 西班牙人居住的城市中心有着鹅卵石铺成的精致街道，石头修建的人行道。每栋房子都有着高大的墙壁，红色的屋顶。直到如今，城市外围印第安人的房屋都是由各种木板或是水泥砖墙搭设而成，街道狭窄逼仄，房屋拥挤不堪。雷亚尔城地处谷地，四周都是高原，缺少发展农业的基本条件。西班牙殖民者居住的城市中心，全部依赖于周围印第安街区和广袤的印第安农村的供养。这种供养关系一方面表现为殖民者圈地运动建造起各种大庄园。他们成为土地的主人，以为印第安人提供保护的名义使其成为庄园无地的奴隶，由此对其进行残酷的剥削。据统计，在 1837 年，恰帕斯当地的大庄园就有着 310 个。[②] 为了更便于管控印第安人，西班牙人还对于城市外围的区域的经济活动进行了安排，东部的几个街区是纺织品交易的区域，包括铁器在内的金属工具集中在埃·塞瑞右街区，林木、松毛和皮毛的交易多集中在城市东部几个街区，供奉宗教活动的器物多在城市西部的拉·美塞街区出售。[③]

殖民主义以及在此基础上的种族区隔不仅存在于城市发展之初，其亦贯穿在圣克里斯托瓦尔 - 德拉斯卡萨斯此后的城市发展过程中。在城市建构初步完

---

① AndrésAubry, *San Cristóbal de Las Casas suhistoriaurbana, demográfica y monumental 1528—1990*(San Cristóbal de Las Casas:Instituto de AsesoríaAntropológicapara la Región Maya,1991), p.61.

② AlbertoSaladino García, *El problema indígena: Homenaje a José Carlos Mariátegui*(Mexico:Universidad Autónoma del Estado de México,1995), p.230.

③ AndrésAubry, *San Cristóbal de Las Casas suhistoriaurbana, demográfica y monumental 1528—1990*(San Cristóbal de Las Casas:Instituto de AsesoríaAntropológicapara la Región Maya,1991), p.61.

成后，殖民者陆续修建了街心花园、瓜达卢佩教堂、圣·尼古拉斯教堂、城市博物馆等颇具特色的建筑。这些高大的、浓郁巴洛克风格建筑均是依靠着印第安的双手而完成。印第安人对于城市发展的持续投入，换来的却是日常生活中遭遇的持久隔离与迫害。

1573年颁布的法律，将印第安人视为社会结构的底层。①1812年通过的加的斯宪法废除了新西班牙的种族歧视，赋予新西班牙殖民地所有族群公平等的权利，但法律层面上平等身份的赋予并没有改变日常生活中的种族隔离和歧视。在圣克里斯托瓦尔-德拉斯卡萨斯，种族歧视仍然表现在城市空间的占有上，白人的殖民者位居城市中央，而印第安人分散在城市外围。墨西哥独立以后，殖民时代的种族秩序以及在此基础上城市空间的隔离被新的统治者们继承。1906年，圣克里斯托瓦尔-德拉斯卡萨斯市政厅规定，举止行为不端的、醉酒的、衣衫褴褛的人员禁止进入城市中心的花园地带。②表面上来看，这条规定针对的是举止不端的人，但对处于社会经济结构底层的印第安人而言，举止行为不端、衣衫褴褛实际上是对种族隔离另一种合法化的表述。

如今的圣克里斯托瓦尔-德拉斯卡萨斯，城市中心高大的巴洛克风格建筑群、随处可见的教堂、城市各处的花园和光滑的鹅卵石街道无一不显示着这座城市深厚的历史底蕴。街头巷尾的印第安人在丰富圣克里斯托瓦尔-德拉斯卡萨斯文化构成的同时，彰显着这座城市的多元性。然而，圣克里斯托瓦尔-德拉斯卡萨斯文化的厚重性与多元性是建立在殖民主义的基础之上，暗含的是近500年来殖民者对印第安人的奴役与歧视。对于印第安人而言，圣克里斯托瓦尔-德拉斯卡萨斯城市的建立与发展，是作为这片土地主人的印第安人一步一步地失去对于土地的控制权，沦为殖民者奴隶的过程，是使得他们“伤心的遗产”，这也正是诸多西班牙殖民者屠杀印第安人传说在当地兴盛的根源。

---

① Rosa Isabel EstradaMartínez, *Indígenas de San Cristóbal de las Casas, Chiapas: de dóndevienen, cómoviven, cómo se ven y cómo son vistos*(Guadalajara:Producción Groppe, 2009), p.11.

② JustusFenner, *Entre Palacios y Portales. Historia del Centro de la Ciudad (1800—1923)* (San Cristóbal de Las Casas: H.Ayuntamiento de San Cristóbal de Las Casas/Instituto Chiapaneco de Cultura/ArchivoHistórico del Estado,1993), p.35.

二、从历史古迹到手工艺和民间艺术之都：圣克里斯托瓦尔－德拉斯卡萨斯的遗产化进程

由于地处高地，交通不便，加之谷地可供拓展的面积非常有限。1892 年，恰帕斯州州府从圣克里斯托瓦尔 - 德拉斯卡萨斯搬迁到了平原地带的图斯特拉古铁雷斯（Tuxtla Gutiérrez）。[①] 首府的搬迁使得原本就缺少支柱产业的圣克里斯托瓦尔 - 德拉斯卡萨斯陷入了更为落后的境地。经济和社会发展的相对落后，使圣克里斯托瓦尔 - 德拉斯卡萨斯在相当程度上保留了殖民时代遗留的建筑群，也为城市后续的遗产化进程打下了基础。

20 世纪 50 年代，经过圣克里斯托瓦尔 - 德拉斯卡萨斯的泛美公路的修通，改变了圣克里斯托瓦尔 - 德拉斯卡萨斯交通不便的状况，为当地经济和社会的发展打下了坚实的基础。依靠高速公路，当地特色的农产品、商贸物流迅速发展起来。随着人员往来的增多，越来越多的人开始了解圣克里斯托瓦尔 - 德拉斯卡萨斯，进而推动了城市旅游业的发展。[②]20 世纪 70 年代后，以乡村为目的地的旅游业开始在墨西哥中产阶级中兴起。[③] 拥有大量殖民时代文化遗存的圣克里斯托瓦尔 - 德拉斯卡萨斯成为炙手可热的目的地。生活在圣克里斯托瓦尔 - 德拉斯卡萨斯城外印第安人，更被视为传统的象征而备受中产阶级的青睐。

伴随着城市旅游业的发展，占地面积 2.88 平方千米，包括 246 个街区，有着 500 多栋殖民时代建筑遗迹的圣克里斯托瓦尔 - 德拉斯卡萨斯的文化价值也逐渐为官方认可。1974 年，圣克里斯托瓦尔 - 德拉斯卡萨斯被墨西哥政府命名为历史古迹，1980 年 12 月 4 日，圣克里斯托瓦尔 - 德拉斯卡萨斯被墨西哥政府命名为国家文化遗产。1986 年，圣克里斯托瓦尔 - 德拉斯卡萨斯中心城区被划为历史文化街区。2001 年，墨西哥国家旅游局启动了魔幻之城（Pueblos Mági-

---

① Rosa Isabel Estrada Martínez,*Indígenas de San Cristóbal de las Casas, Chiapas: de dóndevienen, cómoviven, cómo se ven y cómo son vistos*(Guadalajara:Producción Groppe, 2009), p.14.

② LéaManet, *Turismo y desarrollo local: experiencias de turismo comunitario en el corredor San Cristóbal de Las Casas-Antigua Guatemala. Hacia nuevas dinámicas territoriales*(Universidad Autónoma de Chiapas y la Universidad Autónoma de Madrid,2014), p.155—156.

③ LéaManet, *Turismo y desarrollo local: experiencias de turismo comunitario en el corredor San Cristóbal de Las Casas-Antigua Guatemala. Hacia nuevas dinámicas territoriales*(Universidad Autónoma de Chiapas y la Universidad Autónoma de Madrid,2014), p.155—156.

cos）计划，推广国内具有重要历史文化价值的城市，圣克里斯托瓦尔 - 德拉斯卡萨斯于 2003 年入选。2006 年开始，以绿色生态党（Partido Ver de Ecologista de México）为代表的政党致力于将圣克里斯托瓦尔 - 德拉斯卡萨斯申请为联合国教科文组织的世界文化遗产名录。[①] 然而，在经历数次申请后，圣克里斯托瓦尔 - 德拉斯卡萨斯并没有入选世界文化遗产名录，只是在 2014 年入选了联合国教科文组织创意城市网络的名录，成为手工艺和民间艺术之都，以表彰其在推广印第安族群民间艺术，促进城市可持续性发展方面的贡献。

从 20 世纪 70 年代开始，圣克里斯托瓦尔 - 德拉斯卡萨斯经历一个持续不断的“遗产化”进程。然而，无论是历史古迹、国家文化遗产、魔幻之城，还是政府致力推动的入选世界文化遗产名录的行动，墨西哥政府对圣克里斯托瓦尔 - 德拉斯卡萨斯遗产化进程的推动有着更为复杂的诉求。西班牙殖民者的统治形成了墨西哥包括白人、印第安人、混血的梅斯蒂索族群在内的多元族群。虽然在生物学层面上实现了人种的融合，但文化层面上仍然缺少统一的认同建构，尤其是在墨西哥现代民族国家建立之后，迫切地需要建立统一的认同体系。因此，文化遗产在国家认同建构中有着重要的意义。对此，墨西哥学者科尔德罗认为，“文化遗产，特别是史前文化遗产，是墨西哥国家机构和公民社会进行文化沟通的载体。代表着公共记忆的文物古迹从时间与空间上代表着民族国家。由于全球化进程的作用，国家下放一部分对文物古迹的主权干预，但同时又要保持同胞的忠诚与爱国热情的时候，这些载体就显得尤为重要和有意义。”[②] 基于这一诉求，殖民时代遗留至今的圣克里斯托瓦尔 - 德拉斯卡萨斯成为国家认同的理想来源。20 世纪 80 年代末，墨西哥政府开始了新自由主义改革，对于自由市场经济的发展成为国家的当务之急。在旅游业持续发展的背景下，对圣克里斯托瓦尔 - 德拉斯卡萨斯传统性的命名无疑也是赋予其权威属性，产生经济效益的最好路径。因此，墨西哥旅游局致力打造于“魔幻之城”计划，当地政府更是希望得到联合国教科文组织的认可，提升圣克里斯托瓦尔 - 德拉斯卡萨斯在全球知名度。虽然最终没能成功入选世界遗产名录，但手工艺和民间艺术之

---

① Burguete Cal y Mayor, Araceli.La patrimonialización del espacio público: negocios en nombre de la cultura, Chiapas Paralelo,2015-02-13.

② ［墨］科尔德罗，常世儒等译:《文化遗产：文化与法律文集》，北京：文物出版社，2014 年，第 79 页。

都称号的赋予也在相当程度上回应了当地政府发展经济的诉求。然而，纵观圣克里斯托瓦尔 - 德拉斯卡萨斯遗产化的进程，可以看出，除了成为文化多样性的代表外，印第安人始终都是被排除在外的。

三、殖民主义及其遗迹：印第安人的反遗产化及其动因

被排除在外的印第安人并不认同圣克里斯托瓦尔 - 德拉斯卡萨斯遗产化的进程。从 20 世纪 80 年代至今，圣克里斯托瓦尔 - 德拉斯卡萨斯每年都会举办建城庆典活动。每年的庆典活动都会遭到印第安人的抵制。1992 年 10 月 12 日，圣克里斯托瓦尔 - 德拉斯卡萨斯举行了纪念哥伦布发现美洲大陆 500 年的庆典活动，居住在圣克里斯托瓦尔 - 德拉斯卡萨斯的多个印第安族群在中心广场集会，抗议殖民主义及其遗留对于印第安人的压迫与迫害，矗立于圣多明戈教堂前西班牙征服者迭戈的雕像被砸得粉碎。①2014 年底，包括公民阵线联盟在内的多个印第安政治组织发起游行示威，反对联合国教科文组织对于圣克里斯托瓦尔 - 德拉斯卡萨斯手工艺和民间艺术之都的命名，要求在真正意义上实现对印第安人公平权利的赋予。谈及于此，恰帕斯教师协会负责人之一何塞这样评论道：

> 圣克里斯托瓦尔 - 德拉斯卡萨斯这座城市是殖民者剥削印第安人的产物，这座城市的发展见证了印第安人的屈辱历史进程。将这样一座充满殖民主义罪恶的城市改造为文化遗产，而无视印第安人的痛苦，这是对于印第安人的不公正，也是对于我们屈辱的无视。②

圣克里斯托瓦尔 - 德拉斯卡萨斯城市的形成是建立在殖民主义的基础之上，是世界政治经济格局下殖民者对印第安人苦难施加的结果。这些建立在印第安人血泪基础上，铭记着印第安人苦难记忆的殖民时代的建筑群经历了持久遗产

---

① Francis MestriesBenquet, “Antecedentes y motivos del movimiento indígena zapatista,” *Estudios Agrarios*(2001), p.136.

② 访谈人：张青仁，访谈对象：何塞，访谈地点：访谈时间：2014 年 12 月 29 日，访谈地点：墨西哥恰帕斯州圣克里斯托瓦尔 - 德拉斯卡萨斯北部自治社区。

化进程。

然而，对于城市的诸多命名并没有考虑到对印第安人困难的反思。更深层次上而言，印第安人对圣克里斯托瓦尔 - 德拉斯卡萨斯遗产化的不认同实际上触碰到了当前遗产化进程的关键。即所谓的遗产，是在现代文明视野下对过去遗留至今的物质和非物质形态的文化的认知与肯定，但这并非意味着今日确立之遗产是对遗产特殊历史蕴含的彻底否定。相反，今日遗产价值的确立是需要建立在对遗产历史蕴含深刻认识与反思的基础之上。

在大多数有着殖民历史的国家，遗产的形成多是建立在殖民主义、种族主义之上，是特殊时代政治经济学的产物。当下建立在旅游开发、国家认同和人类社会发展基础上的遗产命名，其实质是不同层次的权力主体对遗产本身苦难属性的否定与改写。更为重要的是，在联合国教科文组织的推动下，这种改写试图以人类文明多样性的宏大叙事的方式得以合法化。然而，在缺少对殖民主义和种族主义深刻反思的当下，这样一种对遗产苦难属性改写的方式，显然无法得到遗产所属族群的认同。

在更为实际的层面，印第安人对圣克里斯托瓦尔 - 德拉斯卡萨斯遗产化进程的反对与其现实遭遇密切相关。如前所述，联合国教科文组织对圣克里斯托瓦尔 - 德拉斯卡萨斯手工艺和民间艺术之都的命名，是对其在印第安人手工技艺的保护以及推动族群发展意义上的肯定。墨西哥政府对圣克里斯托瓦尔 - 德拉斯卡萨斯的命名，同样有着超越族群区隔，建立统一认同的诉求。但无论是历史还是当下，印第安人从来没有从真正意义上获得共享城市发展的可能。

20 世纪 70 年代，圣克里斯托瓦尔 - 德拉斯卡萨斯周边佐齐人的村庄恰穆拉发生了大规模的天主教酋长迫害村民的现象，许多佐齐人逃离城市来到圣克里斯托瓦尔 - 德拉斯卡萨斯避难。1994 年，萨帕塔运动爆发以后，受运动影响的印第安民众大量涌入圣克里斯托瓦尔 - 德拉斯卡萨斯。然而，印第安民众并没有得到城市居民的认可，他们不断遭到白人和梅斯蒂索人的驱逐，最终还是圣克里斯托瓦尔 - 德拉斯卡萨斯市区的天主教会为逃难的印第安人提供了庇护的场所，使他们暂时度过危机。①

20 世纪 90 年代后，新自由主义的改革导致大量农民破产，许多印第安民众

① Rosa Isabel EstradaMartínez, *Indígenas de San Cristóbal de las Casas, Chiapas: de dóndevienen, cómoviven, cómo se ven y cómo son vistos* (Guadalajara:Producción Groppe, 2009), p.39—44.

离开农村，来到城市谋生。大量的印第安男人扛着货柜，贩卖诸如香烟、口香糖等物品，或是在城市劳动力交易市场上等候诸如泥瓦匠、小工和车夫等工作。一些印第安女性则在市场上贩卖各种手工艺品。印第安人定居及其对城市空间的涌入同样遭到了城市中心居民的排斥与驱逐。城市北部的印第安人贫民区一直没有得到政府的合法化，不断有政府派出的各种准军事组织驱逐着他们。集市中的印第安人也不断遭到驱赶。圣克里斯托瓦尔 - 德拉斯卡萨斯的中心市场建于 20 世纪 80 年代初，约 500 多个摊位为美斯蒂斯族群掌控的墨西哥区域工人联合会（Confederación R egional Obrera Mexicana, CROM）控制。2000 年左右，市场曾发生了大量驱逐印第安女性摊位的事件，10 多名没有收入、试图在市场上出售纺织品的印第安人女性被驱逐。最终在教会的调解下，印第安人女性才得以允许进入这一市场。萨帕塔运动之后，在国际人权组织的参与下，圣克里斯托瓦尔 - 德拉斯卡萨斯有形的族群隔离界限已经不复存在，但建立在商业资本基础上，以利益为核心的新的界限也在无形的区隔着印第安人。如今，圣克里斯托瓦尔 - 德拉斯卡萨斯城市中心的区域已经成为经营成熟的旅游区，各式各样的商店、酒吧和旅馆遍布其中。一个只有 20 平方米左右的店面，年租金都在 10 万比索以上，远非印第安人所能承受的。城市内部的各个市场也竞相提高了摊位费，除了占地面积很小、经营成本相对较低的蔬菜摊外，其他摊位印第安人根本无法承担。被迫在城市中扛着纺织品出售的玛利亚 · 迪亚斯（Maria Dias）这样介绍着自己的情况：

> 我的丈夫在圣克里斯托瓦尔 - 德拉斯卡萨斯做小工，我家里 4 个小孩，收入主要靠我制作披肩、毯子为生，以及丈夫的收入。我也想过去此圣克里斯托瓦圣多明戈教堂前面摆摊兜售，那里已经是游客旅游的必经区，人流量很大。但是你知道纺织品的销售需要很大的空间做展示，在那里一个摊位的费用差不多是 2000 比索一个月，我至少需要租赁 3 个摊位，我根本没办法承担这样的摊位费。市场管理都是有钱人，他们不会考虑我们的死活的，我给市政府写信，要求降低印第安人的摊位费，但是他们并没有搭理我。所以我只能扛着纺织品，每天晚上在街道上沿街兜售我的产品。①

① 访谈人：张青仁，访谈对象：玛利亚 · 迪亚斯，访谈地点：访谈时间：2015 年 1 月 11 日，访谈地点：墨西哥恰帕斯州圣克里斯托瓦尔 - 德拉斯卡萨斯圣达 · 卡达利那社区。

可以看出，政府部门主导的圣克里斯托瓦尔 - 德拉斯卡萨斯遗产化的进程之所以遭到了印第安人的抵制，一方面与遗产化进程中缺少对殖民历史和印第安苦难的正视密切相关，同时也与印第安人持之已久的边缘遭遇密切相关。从根源上来说，这一切问题的发生在于殖民主义及其遗留。正是因为此，印第安人才被视为低等族群，作为主体的他们被排除在遗产建构之外，使得圣克里斯托瓦尔 - 德拉斯卡萨斯遗产化的进程无视印第安人的遭遇与苦难，进而导致了印第安人在城市发展中陷入更为恶劣的境地。

四、一种路径："热阐释"化解"遗产之痛"

已有研究表明，作为传统的发明，"二战"以后开始的文化遗产化运动，其实质是一种"制造意义的文化生产过程，包括激发观众的记忆，建构其身份认同和地方感等"。[①] 圣克里斯托瓦尔 - 德拉斯卡萨斯遗产化的进程以及印第安人对于这一过程的抗争，反映出遗产化运动背后存在的问题。即作为自上而下的运动，文化遗产化运动的发生以及在此基础上权威属性的建构，在强化了遗产权威属性的真实感和合法性的同时，亦排除了对其他弱势的少数族群对遗产阐释包容和反思的可能。

遗产保护运动的兴起源自全球化对多元文化的破坏。这也意味着遗产本身承载的是弱势的少数族群遭遇的殖民主义和种族主义的全球化之痛，故而才有研究将其视为"遗产之痛"（Heritage that Hurts）。[②] 在文化遗产化的过程中，不仅需要自上而下的建构，更需要承认包括少数族群在内的多元主体的地位，正视"遗产之痛"。实现对弱势的、边缘群体的情感性诉求的回应，在此基础上检讨既有的发展秩序与逻辑，才能实现遗产保护的初衷。

"热阐释"（Hot Interpretation）概念为处理诸如圣克里斯托瓦尔 - 德拉斯卡萨斯之类承载着殖民主义和种族主义的"伤心的遗产"提供了可能。在遗产批

---

① ［澳］劳拉 · 简 · 史密斯，张煜译：《遗产本质上都是非物质的：遗产批判研究和博物馆研究》，《文化遗产》2018 年第 3 期。

② David Uzzell and Roy Ballantyne, "Heritage that hurts: Interpretation in a postmodern world," in *Contemporary issues in heritage and environmental interpretation,*eds.David Uzzell and Roy Ballantyne(Oxford: Pergamon Press,1998), p.152—171.

评理论的建构中，乌泽尔和罗伊·巴兰坦教授提出了热阐释的概念。他们认为，遗产负载的价值与个人价值观、信仰、利益和记忆等个人情感因素直接相关，遗产阐释的功能是制造衔接和使我们觉悟。进而，需要在遗产理解和阐释过程中强调一种“热阐释”的视角，即“热阐释是一种意识到需要情感成分并将其注入研究主题的诠释”。①热阐释涉及的遗产包括战场遗址、城堡、监狱，以及社会、政治抗议以及公民权利抗争的地点，与奴隶制或强制搬迁有关的场所以及暴行的地点。这些地点“激发了一定程度的情绪激发，需要在提出的解释中予以认可和处理”。②从人类文明的发展来看，“热阐释”的概念对于文化遗产的保护有着重要的意义。一方面，这一概念强调了在全球化发展过程中对被权力所遮蔽的弱势的、边缘群体声音与话语的关注；另一方面，在转型正义的语境下，这一概念亦是从人类文明发展高度上对包括殖民主义、种族主义在内的全球化进程中罪恶的正面承认。更为重要的是，热阐释代表着一种更为合理的遗产观。遗产表达的不仅是对人类文明发展成果的共识，遗产身份的确立及其保护措施的建立，更是对人类社会历史的自我批判和对未来发展的指引。

“热阐释”概念的提出对遗产的建构与保护提出了更高的要求，即在遗产权威属性的建构过程中，需要一种建立在对弱势族群个体性关照基础上的“多重声部”的表达机制，包容、涵盖对遗产价值属性多样性和异质性的认知。这种建立在个体性和情感性基础上的多重声部的表达机制，将充满着情感温度的“热阐释”融入其中，让多重参与者的体验还原遗产本身的意义，必然能够在最大限度上考虑遗产建构的全面性与主体性，强化遗产的批判属性，为更为合理的意义与秩序建构成为可能。

包括公民阵线联盟在内的多个印第安政治组织正在努力将“热阐释”融入圣克里斯托瓦尔-德拉斯卡萨斯遗产化运动中来。印第安少数族群发展协会以城市空间内举行集会的方式，向围观的民众讲述印第安人文明悠久历史以及他们在圣克里斯托瓦尔-德拉斯卡萨斯城市发展中的付出。在他们的努力下，城市西部拉·梅塞教堂上，布置了大量的对于印第安人遭受歧视的历史文献资料，

---

① Philip Ryland, “Reporting Research.Hot Interpretation and the Use of Many Voices to Support its Goals,” *Interpretation Journal,* Vol.22,No.1(2017).

② Philip Ryland, “Reporting Research.Hot Interpretation and the Use of Many Voices to Support its Goals,” *Interpretation Journal,* Vol.22,No.1(2017).

试图促使人们反思这段不堪回首的历史。当然，在有着强大的威权传统的墨西哥，这些公民社会组织孤立自身的行动，并不具备广泛性的效应。作为遗产化的主体，只有官方对于少数族群的“热阐释”的真正接纳与认同，才会具有持久的、示范性的效应，进而使得遗产化运动具备真正意义上的批判属性和意义生成的可能。

结语：遗产的危机与未来的可能

毫无疑问，指向过去的遗产是人类社会文明发展和经验积累的结果，并为人类在当下的安身立命和未来发展指引了方向。对于遗产属性的认知和定位实际上回答的是我们如何理解过去，进而认知自我和朝向未来发展的过程。然而，圣克里斯托瓦尔 - 德拉斯卡萨斯城市遗产化的过程以及印第安人对遗产化的反抗，在相当程度上表明了当前遗产意义与权威属性建构中包容性和反思性的缺失。以致在相当程度上无视遗产自身承载的殖民主义和种族主义的历史，无法将弱势的、少数族群的印第安人对遗产的遭遇融入其中，由此使得遗产建构成为对过去遗忘的过程。建立在此基础上的遗产化进程必然得不到民众的认可，造成遗产权威属性的下降与传统的衰落。这不仅是遗产发展自身的危机，也是人类社会发展的困境。

过去的记忆决定了未来的发展，对过去记忆纵深性理解的是社会进步发展深刻性的基础。若要在真正意义上实现遗产推动社会发展的作用，那么需要的是对于遗产记忆丰富性与深刻性的彻底认同。这种深刻性不仅包括纵向层次上对于遗产历史过程的梳理，更包括在横向层次上承认多元主体尤其是弱势、少数群体对遗产属性的认知，勇敢承认人类社会发展进程中的谬误。就此而言，“热阐释”的视角包容、承认弱势群体的情感认同，对于正确认知遗产的属性，反思人类社会发展的过去，推动人类政治文明的进步，亦有助益。事实上，这不仅是对遗产保护意义的探寻，也正是遗产权威属性形成的来源。

附录二　拉美国家入选人类非物质文化遗产代表作名录项目列表

国家	遗产名称	中文译名	入选时间	类别	共享国
阿根廷 (Argentina)	El tango	探戈	2005 年	abce	乌拉圭
	El filete porteño de Buenos Aires, una técnica pictórica tradicional	菲勒特：布宜诺斯艾利斯的传统装饰画绘画技巧	2015 年	e	
	El chamamé	恰马梅	2020 年	abce	
巴哈马 (Bahamas)	El Junkanoo	贾卡努游行	2023 年	abcde	
伯利兹 (Belize)	La lengua, la danza y la música de los garifunas	加利弗那语言、舞蹈和音乐	2008 年	ab	危地马拉、洪都拉斯、尼加拉瓜
玻利维亚 (Bolivia)	La cosmovisión andina de los kallawayas	安第斯卡拉瓦亚世界观	2008 年	cd	
	El carnaval de Oruro	奥鲁罗狂欢节	2008 年	c	

类别说明：

（a）口头传统和表现形式，包括作为非物质文化遗产媒介的语言；

（b）表演艺术；

（c）社会实践、仪式、节庆活动；

（d）有关自然界和宇宙的知识和实践；

（e）传统手工艺技术

续表

国家	遗产名称	中文译名	入选时间	类别	共享国
玻利维亚 (Bolivia)	Ichapekene Piesta, la fiesta mayor de San Ignacio de Moxos	伊查佩克内 - 皮埃斯塔——莫克索斯地区圣伊格纳西奥的最大节日	2012 年	acde	
	El Pujllay y el Ayarichi: músicas y danzas de la cultura yampara	普杰莱和阿亚里奇：雅玛拉文化中的歌舞	2014 年	bcde	
	Recorridos rituales en la ciudad de La Paz durante la Alasita	拉巴斯市阿拉西塔节的仪式巡游	2017 年	ce	
	Festividad del Señor Jesús del Gran Poder en la ciudad de La Paz el día de la Santísima Trinidad	拉巴斯市的大能耶稣圣三一节	2019 年	bc	
	La Fiesta Grande de Tarija	塔里哈盛典	2021 年	abcde	
	Ch'utillos, Fiesta de San Bartolomé y San Ignacio de Loyola, encuentro de culturas en Potosí	丘托约斯节，即圣巴托洛梅节和圣伊格纳西奥·德洛约拉节，波托西的文化盛会	2023 年	abce	
巴西 (Brasil)	Las expresiones orales y gráficas de los wajapi	瓦雅皮人的口头和图画表达形式	2008 年	ade	
	La Samba de Roda de Recôncavo de Bahía	巴伊亚州雷孔卡沃的圆圈桑巴舞	2008 年	bc	
	Frevo: arte del espectáculo del carnaval de Recife	弗莱沃舞蹈——累西腓狂欢节表演艺术	2012 年	abce	
	El "Círio de Nazaré" : procesión de la imagen de Nuestra Señora de Nazaret en la ciudad de Belem (Estado de Pará)	帕拉州贝伦市的拿撒勒圣像节	2013 年	abc	
	El círculo de capoeira	巴西战舞卡波耶拉	2014 年	abcde	

续表

国家	遗产名称	中文译名	入选时间	类别	共享国
巴西 (Brasil)	El ‘bumba-meu-boi’, práctica cultural compleja de Maranhão	马拉尼昂州的本巴牛文化	2019 年	abce	
	Formas tradicionales de hacer queso artesano Minas en Minas Gerais	米纳斯吉纳斯州手工米纳斯奶酪的传统制作方法	2024 年	ae	
智利 (Chile)	El baile chino	齐诺舞	2014 年	c	
哥伦比亚 (Colombia)	El carnaval de Barranquilla	巴兰基亚狂欢节	2008 年	b c	
	El espacio cultural de Palenque de San Basilio	帕兰克 · 德 · 圣巴西里奥文化空间	2008 年	abc	
	El Carnaval de Negros y Blancos	黑白狂欢节	2009 年	abce	
	Las procesiones de Semana Santa de Popayán	波帕扬的圣周游行	2009 年	ce	
	El sistema normativo de los wayuus, aplicado por el pütchipü’ üi (“palabrero”)	瓦尤社区“话事人”执行的规范体系	2010 年	ac	
	Los conocimientos tradicionales de los chamanes jaguares de Yuruparí	尤露帕莱美洲豹巫师的传统知识	2011 年	cd	
	Fiesta de San Francisco de Asís en Quibdó	基布多“阿西斯圣弗朗西斯节”	2012 年	abce	
	Música de marimba y cantos y bailes tradicionales de la región colombiana del Pacífico Sur y de la provincia ecuatoriana de Esmeraldas	哥伦比亚南太平洋地区和厄瓜多尔埃斯米拉达省的木琴音乐、传统歌曲和舞蹈	2015 年	abcde	厄瓜多尔

续表

国家	遗产名称	中文译名	入选时间	类别	共享国
哥伦比亚 (Colombia)	Sistema de conocimiento ancestral de los cuatro pueblos indígenas, arhuaco, kankuamo, kogui y wiwa de la Sierra Nevada de Santa Marta	圣玛尔塔雪山的阿华科、坎夸莫、科吉和维瓦四个土著民族的传统知识体系	2022 年	acd	
	Partería: conocimientos, competencias y prácticas	助产术相关知识、技能和实践	2023 年	acd	塞浦路斯、德国、卢森堡、斯洛文尼亚、尼日利亚、多哥、吉尔吉斯斯坦
	Las pinturas vivas de Galeras, Sucre	苏克雷州加雷拉斯的活态画作	2024 年	bce	
哥斯达黎加 (Costa Rica)	La tradición del boyeo y las carretas	哥斯达黎加的牧牛传统和牛车	2008 年	ce	
古巴 (Cuba)	La Tumba Francesa	法国鼓乐	2008 年	b	
	La rumba cubana, mezcla festiva de baile y música, y todas las prácticas culturales inherentes	古巴伦巴及与之相关的音乐、舞蹈节和一切活动	2016 年	abcde	
	El punto	崩多音乐	2017 年	abce	
	Las Parrandas de la región central de Cuba	古巴中部地区的帕兰达斯节	2018 年	abcde	
	Saberes de los maestros del ron ligero	淡色朗姆酒大师的知识与学问	2022 年	acd	
	Bolero: identidad, emoción y poesía hecho canción	波莱罗：歌曲中的身份、情感与诗意	2023 年	abc	墨西哥
	Conocimientos y prácticas tradicionales para la fabricación y el consumo de pan de yuca	木薯饼制作与享用的传统知识与实践	2024 年	cde	多米尼加、海地、委内瑞拉、洪都拉斯

续表

国家	遗产名称	中文译名	入选时间	类别	共享国
多米尼加 (Dominicana)	La tradición del teatro bailado Cocolo	库库鲁舞蹈戏剧传统	2008 年	bc	
	El espacio cultural de la Cofradía del Espíritu Santo de los Congos de Villa Mella	维拉梅利亚圣灵贡戈兄弟会的文化空间	2008 年	abce	
	La música y el baile del merengue en la República Dominicana	梅伦格歌舞艺术	2016 年	b	
	Música y baile de la bachata dominicana	多米尼加巴恰达歌舞艺术	2019 年	b	
	Conocimientos y prácticas tradicionales para la fabricación y el consumo de pan de yuca	木薯饼制作与享用的传统知识与实践	2024 年	cde	古巴、海地、委内瑞拉、洪都拉斯
厄瓜多尔 (Ecuador)	El patrimonio oral y las manifestaciones culturales del pueblo zápara	萨巴拉人的口头遗产和文化形式	2008 年	ad	秘鲁
	Tejido tradicional del sombrero ecuatoriano de paja toquilla	厄瓜多尔传统巴拿马草帽编制技艺	2012 年	de	
	Música de marimba y cantos y bailes tradicionales de la región colombiana del Pacífico Sur y de la provincia ecuatoriana de Esmeraldas	哥伦比亚南太平洋地区和厄瓜多尔埃斯米拉达省的木琴音乐、传统歌曲和舞蹈	2015 年	abcde	哥伦比亚
	“El Pasillo”, canto y poesía	帕西约：歌曲与诗歌	2021 年	bc	
格林纳达 (Grenada)	Construcción tradicional de barcos de madera en Carriacou y Petite Martinique	卡里亚库和小马提尼克岛的传统木船建造	2023 年	ce	

续表

国家	遗产名称	中文译名	入选时间	类别	共享国
格林纳达 (Grenada)	Shakespeare Mas', un componente tradicional del carnaval anual de Carriacou	莎士比亚马斯化妆舞会，卡里亚库年度狂欢节的传统组成部分	2024 年	ac	
危地马拉 (Guatemala)	La tradición del teatro bailado Rabinal Achí	“拉比纳尔・阿奇”舞剧传统	2008 年	ab	
	La lengua, la danza y la música de los garifunas	加里富纳斯人的语言、舞蹈和音乐	2008 年	ab	伯利兹、洪都拉斯、尼加拉瓜
	La Semana Santa en Guatemala	危地马拉的圣周	2022 年	abcd	
	Técnica de fabricación de las cometas gigantes de Santiago Sacatepéquez y Sumpango, Guatemala	危地马拉圣地亚哥萨卡特佩克斯和桑潘戈巨型风筝的制造技术	2024 年	cde	
海地 (Haïti)	La sopa joumou	久慕汤	2021 年	acde	
	Conocimientos y prácticas tradicionales para la fabricación y el consumo de pan de yuca	木薯饼制作与享用的传统知识与实践	2024 年	cde	古巴、多米尼加、委内瑞拉、洪都拉斯
洪都拉斯 (Honduras)	La lengua, la danza y la música de los garifunas	加里富纳斯人的语言、舞蹈和音乐	2008 年	ab	伯利兹、危地马拉 尼加拉瓜
	Conocimientos y prácticas tradicionales para la fabricación y el consumo de pan de yuca	木薯饼制作与享用的传统知识与实践	2024 年	cde	古巴、多米尼加、海地、委内瑞拉
牙买加 (Jamaica)	Las tradiciones de los cimarrones de Moore Town	摩尔镇的马隆人传统	2008 年	abcd	
	El reggae de Jamaica	牙买加雷鬼音乐	2018 年	abcd	
	Peregrinación a Watt Town	瓦特镇朝圣	2024 年	ac	

续表

国家	遗产名称	中文译名	入选时间	类别	共享国
墨西哥 (México)	Las fiestas indígenas dedicadas a los muertos	土著亡灵节	2008 年	cd	
	Lugares de memoria y tradiciones vivas de los otomí-chichimecas de Tolimán: la Peña de Bernal, guardiana de un territorio sagrado	托利曼的奥托米 - 希希美卡斯民族的纪念地和活态传统：伯纳尔巨石，圣地的守护者	2009 年	acde	
	La ceremonia ritual de los Voladores	飞人的仪式庆典	2009 年	acd	
	Los parachicos en la fiesta tradicional de enero de Chiapa de Corzo	恰帕德科尔索城一月传统盛会中的帕拉奇科斯舞蹈	2010 年	abcde	
	La pirekua, canto tradicional de los p'urhépechas	皮卢瓜，普热佩贾人的传统歌曲	2010 年	abc	
	La cocina tradicional mexicana: Una cultura comunitaria, ancestral y viva y el paradigma de Michoacán	传统墨西哥美食：一项古老鲜活的集体文化以及米却肯州的范例	2010 年	acd	
	El Mariachi, música de cuerdas, canto y trompeta	"玛利亚奇" 弦乐、歌唱和小号的音乐形式	2011 年	abc	
	La charrería, tradición ecuestre en México	"恰雷利亚"：墨西哥传统马术	2016 年	ace	
	La romería de Zapopan: ciclo ritual de La Llevada de la Virgen	萨波潘朝圣：圣母像的巡游仪式	2018 年	abce	
	Procesos artesanales para la elaboración dec(México) y de la cerámica de Talavera de la Reina y El Puente del Arzobispo (España)	墨西哥普埃布拉州、特拉斯卡拉州和西班牙塔拉韦拉德拉雷纳、埃尔蓬特德拉尔索维斯波的制陶工艺	2019 年	e	西班牙

续表

国家	遗产名称	中文译名	入选时间	类别	共享国
墨西哥 (México)	Bolero: identity, emotion and poetry turned into song	波莱罗舞曲：身份认同、情感与诗意	2023 年	abc	古巴
尼加拉瓜 (Nicaragua)	La lengua, la danza y la música de los garifunas	加里富纳斯人的语言、舞蹈和音乐	2008 年	ab	
	El Güegüense	艾尔 - 圭根斯讽刺剧	2008 年	ab	
巴拿马 (Panamá)	Procedimientos y técnicas artesanales de obtención de fibras vegetales para talcos, pintas y crinejas del sombrero pintao	获取用于制作“宾达奥帽”帽饰、彩绘和编织植物纤维的传统工艺与技术	2017 年	acde	
	Expresiones rituales y festivas de la cultura congo	非洲裔“贡戈”文化的仪式与节庆表达	2018 年	abcde	
	Danzas y expresiones asociadas a la festividad del “Corpus Christi”	与基督圣体节有关的舞蹈和表现形式	2021 年	abcde	
巴拉圭 (Paraguay)	Prácticas y saberes tradicionales del tereré en la cultura del pohã ñana, bebida ancestral guaraní en Paraguay	波阿尼阿那人制作巴拉圭古老的瓜拉尼饮料“特雷雷”的传统实践和知识	2020 年	acde	
	Guarania, sonido del alma paraguaya	瓜拉尼亚，巴拉圭的灵魂音乐	2024 年	ab	
秘鲁 (Perú)	El patrimonio oral y las manifestaciones culturales del pueblo zápara	萨巴拉人的口头遗产和文化形式	2008 年	ad	厄瓜多尔
	El arte textil de Taquile	塔奎勒岛的纺织艺术	2008 年	de	
	La huaconada, danza ritual de Mito	米驼村的仪式舞蹈“华空纳达”	2010 年	bc	
	La danza de las tijeras	剪刀舞	2010 年	bc	

续表

国家	遗产名称	中文译名	入选时间	类别	共享国
秘鲁 (Perú)	La peregrinación al santuario del Señor de Qoyllurit'i	科伊露莉提天主圣殿的朝圣	2011 年	c	
	Conocimientos, técnicas y rituales vinculados a la renovación anual del puente Q'eswachaka	凯世瓦恰卡桥年度修缮相关的知识、技术和仪式	2013 年	cd	
	La fiesta de la Virgen de la Candelaria en Puno	普诺的坎德拉里亚圣母节	2014 年	abcde	
	La danza del wititi del valle del Colca	科尔卡峡谷的维蒂蒂舞	2015 年	bd	
	Sistema Tradicional de Jueces de Agua de Corongo	科隆戈传统水务法官制度	2017 年	acd	
	El 'Hatajo de Negritos' y 'Las Pallitas', danzas del sur de la costa central del Perú	秘鲁中部海岸南部的"一群小黑人"舞和"拉斯帕伊塔"舞	2019 年	bc	
	Valores, conocimientos, saberes y prácticas del pueblo awajún asociados a la producción de cerámica	阿瓦珲人与陶器有关的价值观、知识、传说和实践	2021 年	acde	
	Prácticas y significados asociados a la preparación y consumo del ceviche, expresión de la cocina tradicional peruana Perú	关于制备和食用"酸橘汁腌鱼"的实践与意义，一项秘鲁传统饮食表达	2023 年	c	
乌拉圭 (Uruguay)	El tango	探戈	2009 年	abce	阿根廷
	El candombe y su espacio sociocultural: una práctica comunitaria	坎东贝及其社会文化空间：一项集体实践	2009 年	bce	
委内瑞拉 (Venezuela)	Diablos Danzantes de Venezuela	委内瑞拉基督圣体节魔鬼舞	2012 年	c	

续表

国家	遗产名称	中文译名	入选时间	类别	共享国
委内瑞拉 (Venezuela)	La parranda de San Pedro de Guarenas y Guatire	在瓜尔纳斯和瓜提尔的圣佩德罗庆典	2013 年	b	
	Conocimientos y técnicas tradicionales vinculadas al cultivo y procesamiento de la curagua	库拉瓜种植和加工传统知识和技能	2015 年	de	
	El Carnaval de El Callao: representación festiva de una memoria e identidad cultural	卡耀狂欢节：文化记忆和认同的节庆表现	2016 年	bc	
	Ciclo festivo alrededor de la veneración y culto de San Juan Bautista	关于对施洗者圣约翰表达虔诚和崇拜的节日周期	2021 年	ac	
	Conocimientos y prácticas tradicionales para la fabricación y el consumo de pan de yuca	木薯饼制作与享用的传统知识与实践	2024 年	cde	古巴、多米尼加、海地、洪都拉斯

附录三　拉美《保护非物质文化遗产公约》缔约国与拉丁美洲保护非物质文化遗产地区中心（CRESPIAL）成员国名单

国家	加入《公约》时间	加入 CRESPIAL 时间
阿根廷（Argentina）	2006 年 8 月 8 日	2006 年
玻利维亚（Bolivia）	2006 年 2 月 28 日	2006 年
巴西（Brasil）	2006 年 3 月 1 日	2006 年
智利（Chile）	2008 年 12 月 10 日	2006 年
哥伦比亚（Colombia）	2008 年 3 月 19 日	2006 年
哥斯达黎加（Costa Rica）	2007 年 2 月 23 日	2014 年
古巴（Cuba）	2007 年 5 月 29 日	2010 年
多米尼加（Dominicana）	2006 年 10 月 2 日	2019 年
厄瓜多尔（Ecuador）	2008 年 2 月 13 日	2006 年
危地马拉（Guatemala）	2006 年 10 月 25 日	2012 年
洪都拉斯（Honduras）	2006 年 7 月 24 日	2024 年
墨西哥（México）	2005 年 12 月 14 日	2010 年
尼加拉瓜（Nicaragua）	2006 年 2 月 14 日	2022 年
巴拿马（Panamá）	2004 年 8 月 20 日	2022 年
巴拉圭（Paraguay）	2006 年 9 月 14 日	2006 年
秘鲁（Perú）	2005 年 9 月 23 日	2006 年
萨尔瓦多（Salvador）	2012 年 9 月 13 日	2015 年
乌拉圭（Uruguay）	2007 年 1 月 18 日	2006 年
委内瑞拉（Venezuela）	2007 年 4 月 12 日	2011 年

参考文献

中文专著

韩琦，等 . 墨西哥文化革新运动与现代化 [M]. 北京：社会科学文献出版社，2021.

金・麦夸里 . 安第斯山脉的生与死：追寻土匪、英雄和革命者的足迹 [M]. 冯璇，译 . 北京：社会科学文献出版社，2017.

莱斯利・贝瑟尔 . 剑桥拉丁美洲史（第二卷）[M]. 中国社会科学院拉丁美洲研究所，译 . 北京：经济管理出版社，1997.

联合国教科文组织 . 从理念到实践——联合国教科文组织 70 年 [M]. 联合国教育科学文化组织，2020.

内斯托尔・加西亚・坎克里尼 . 想象的全球化 [M]. 陈金梅，译 . 南京：南京大学出版社，2022.

普雷斯科特 . 秘鲁征服史 [M]. 周叶谦，刘慈忠，吴兰芳，刘方，等译 . 北京：商务印书馆，1996.

曾昭耀，宋霞，曹龙兴 . 玻利维亚 [M]. 北京：社会科学文献出版社，2017.

中文期刊

玛莎・布兰奇 . 西班牙语美洲中的民俗概念 [J]. 杨慧云，张青仁，译 . 民俗研究，2018（6）：41—49.

王迪 . 秘鲁土著主义思想的发轫与演变——从硝石战争到“1900 年一代”[J].

史林 2022（3）：206—217+222.

沃尔迪玛・哈福斯坦．山鹰之行：非物质文化遗产的制造过程 [J]. 张举文，译．文化遗产 2018（5）：79—83.

张家唐．论波菲里奥・迪亚斯政权的兴亡 [J]. 湘潭大学学报（哲学社会科学版）1996（4）：51—53+64.

张青仁．20 世纪墨西哥民族国家的一体化建设 [J]. 民族研究 2022（4）：62—74+140—141.

中文电子资源

联合国．土著和部落人民公约 [A/OL]. [2023-11-24]. https://www.un.org/zh/documents/treaty/OHCHR-1989.

联合国．世界人权宣言 [A/OL]. [2023-11-24]. https://www.un.org/zh/about-us/universal-declaration-of-human-rights.

中华人民共和国国家发展和改革委员会．拉美地区概况 [A/OL]. [2024-10-01]. https://www.ndrc.gov.cn/xwdt/ztzl/zlcnyutzhz/202112/t20211228_1310263.html.

西班牙语专著

ALVAREZ NOVOA I. Picanterías y chicherías del Perú: Patrimonio cultural de la Nación [M]. Lima: Fondo Editorial de la Universidad de San Martin de Porres，2016.

ANDRÉS G D. BASAURE AGUAYO F, CHANG VARGAS G, ENDERE M L, DE FRAGA H J, GUERRERO JIMÉNEZ B, GÓMEZ G, et al. Patrimonio cultural inmaterial e inclusión social:Aportes para la agenda de desarrollo de la era post-COVID en América Latina y el Caribe [M]. Montevideo:la Organización de las Naciones Unidas para la Educación, la Ciencia y la Cultura (UNESCO)，2022.

ARIZPE L. Culturas en movimiento. interactividad cultural y procesos globales [M]. México: Miguel Ángel Porrúa，Cámara de Diputados，CRIM-UNAM，2006.

ARIZPE L. El patrimonio cultural inmaterial de México: ritos y festividades [M]. México:Miguel Ángel Porrúa，2009.

AUGÉ M. La guerre des rêves. Exercices d'ethno-fiction [M]. Média Diffusion, 2015.

BAILÓN CORRES M J. Derechos Indígenas en México 2001- 2019: Algunas consideraciones sobre la evolución de las resoluciones del Poder Judicial de la Federación [M]. Ciudad de México:CNDH, 2019.

BASADRE, J. Meditaciones sobre el Destino Histórico del Perú [M]. Lima: Petróleos del Perú, 2007.

BOCÁNGEL I V. Perú. en CRESPIAL: Estado del Arte del Patrimonio Cultural Inmaterial [M]. Cusco:CRESPIAL, 2008.

BONAPARTE P R. La mirada del marciano: ensayos para conocer lo conocido [M]. Eudeba:Universidad de Buenos Aires, 2001.

BONILLA ARROYO I. Experiencias de salvaguardia del patrimonio cultural inmaterial de Jalisco [M]. Guadalajara:Secretaría de Cultura del Gobierno del Estado de Jalisco, 2018.

BRACK A, MENDIOLA C. Ecología del Perú [M]. Lima: Bruño y Programa de las Naciones Unidas para el Desarrollo, 2004.

Cánepa Koch G, Zuleta García M, Hernández Macedo M, et al. Cocina e identidad: la culinaria peruana como patrimonio cultural inmaterial [M]. Lima:Ministerio de Cultura, 2011.

CARDOSO F H, FALETTO E. Dependencia y desarrollo en América Latina [M]. Lima: Instituto de Estudios Peruanos, 1967.

CASTRO-GÓMEZ S. La reestructuración de las ciencias sociales en América Latina [M]. Bogotá: Pensar, Instituto de Estudios Sociales y Culturales, 2000.

CASTRILLÓN-VIZCARRA A. El Museo Peruano. Utopía y realidad [M]. Lima:Gráfica, 1986.

CLACSO. La colonialidad del saber: eurocentrismo y ciencias sociales. Perspectivas Latinoamericanas [M]. Buenos Aires: CLACSO, 2000.

FOSTER G M. Los hijos del imperio [M]. Michoacán: El Colegio de Michoacán, 1983.

GAMIO M. Forjando patria: Pro-nacionalismo [M]. Ciudad de México: Libreria de Porrúa Hermanos, 1916.

GARCÍA CANCLINI N. Culturas híbridas. Estrategias para entrar y salir de la modernidad [M]. México: Grijalbo, 1990.

GARCÍA J U. El nuevo indio: ensayos indigenistas sobre la Lima sur peruana [M]. Madrid:Digibís, 2020.

GIMÉNEZ G. Estudios sobre la cultura y las identidades sociales [M]. Ciudad de México:ITESO, 2007.

GIMÉNEZ G. Estudios sobre la cultura y las identidades sociales [M]. México:-Consejo Nacional para la Cultura y las Artes, 2007.

GONZÁLEZ CASANOVA P. La democracia en México [M]. México:Ediciones Era, 1965.

KHAZNADAR C. Desafíos en la implementación de la Convención de 2003 [M]. México: UNAM-CRIM-CONACULTA, 2011.

LARA PLATA L.Comunidades en movimiento. Aproximaciones a la expresión inmaterial del patrimonio cultural [M]. Ciudad de México:Secretaría de Cultura, 2017.

LIMA BELLIDO M S, QUISPE SALAZAR M L. Políticas culturales de protección del patrimonio histórico inmueble y su valor cultural en el centro histórico del Cusco 1983—2006 [M]. CUSCO:Tesis de Universidad Nacional de San Antonio Abad del Cusco, 2023.

LOMBARDI-SATRIANI L M. Apropiación y destrucción de la cultura de las clases subalternas [M]. Buenos Aires: Nueva Imagen, 1978.

MARTÍN L. Las Hijas de los Conquistadores: Mujeres del Virreinato de Perú [M]. Barcelona: Editorial Casiopea, 2000.

MANTECÓN A R, NIVÓN E. Gestionar el Patrimonio en Tiempo de Globalización [M].México:Universidad Autónoma Metropolitana, 2010.

MILLONES L. El rostro de la fe, doce ensayos sobre religiosidad popular andina [M]. Sevilla:Universidad Pablo de Olavide, 1997.

Ministro de Cultura. Guía sobre Patrimonio Cultural Inmaterial [M]. Lima: Ministro de Cultura de Peru, 2017.

NOVOA I A. Picanterías y chicherías del Perú: Patrimonio cultural de la Nación [M]. Lima: Fondo Editorial de la Universidad de San Martin de Porres, 2017.

ORTIZ T. México Considerado Como Nación Independiente y Libre [M]. Ciudad de México:CONACULTA, 1996.

OSSIO J M, MILLONES L. Patrimonio Cultural del Perú Balance y Perspectivas: Asociación Peruana para el Fomento de las Ciencias Sociales [M]. Lima:FOMCIENCIAS, 1986.

PAJUELO TEVES R. Experiencias y políticas de salvaguardia del patrimonio cultural inmaterial en América Latina [M]. Cusco:Centro Regional para la Salvaguardia del Patrimonio Cultural Inmaterial de América Latina, 2010.

PRATS L. Antropología y Patrimonio [M]. Barcelona:Editorial Ariel, 2009.

QUIJANO A. Dominación y cultura. Lo cholo y el conflicto cultural en el Perú [M]. Lima, Perú : Mosca Azul Editores, 1964.

SANDOVAL P. La Diversidad Cultural en el Perú [M]. Lima: Ministerio de Cultura de Perú, 2014.

SAN MARTÍN P S. Patrimonio Cultural Inmaterial e Inclusión Social. Aportes para la agenda de desarrollo de la era post-COVID en América Latina y el Caribe [M]. Montevideo:UNESCO, 2022.

TAPIA PEÑA S, GARCÍA HUALLPA J F. Picanterias típicas para la promoción turística en el barrio de San Blas del Cusco [M]. Tesis de la Universidad Nacional de San Antonio Abad del Cusco, 2011.

TELLO J C, Xesspe T M. Historia de los Museos Nacionales del Perú, 1822—1946[M]. Lima:Museo Nacional de Antropología y Arqueología e Instituto y Museo de Arqueología de la Universidad Nacional de San Marcos, 1967.

TOPETE LARA H, AMESCUA CHÁVEZ C. Experiencias de salvaguardia del patrimonio cultural inmaterial [M]. México:CRIM&UNAM, 2013.

TUÑÓN J. Educación y exilio español en México. El Instituto Luis Vives, 1939—2010[M]. México:INAH, 2019.

TURINO T. Mapa de los instrumentos musicales de uso popular en el Perú [M]. Lima: Ediciones OMD, 1978.

VILLASEÑOR ANAYA C J. Estado del Arte de la Salvaguardia del Patrimonio Cultural Inmaterial. México [M]. Cusco:UNESCO / CRESPIAL，2017.

VILLAURRUTIA X. Crítica cinematográfica [M]. México. UNAM，1970.

西班牙语论文

AGUILERA-GUZMÁN R M，Mondragón Barrios L，Medina-Mora Icaza M E. Consideraciones éticas en intervenciones comunitarias: la pertinencia del consentimiento informado [J]. Salud mental，2008，31（2）：129—138.

AGUILAR RIVERA J A. La Constitución y la tiranía: Emilio Rabasa y la carta de Querétaro de 1917 [J]. Historia Mexicana，2017，66（3）：1415—1478.

ALABARCES P. Transculturas pospopulares. Las culturas populares，las hibridaciones y lo nacional-popular [J]. Oficios Terrestres, 2014，30（4）：131—150.

ALONSO J，MARTÍN J. Activos culturales y desarrollo sostenible: la importancia económica del Patrimonio Cultural [J]. Política y Sociedad，2013，50（3）：1133—1147.

BÁKULA C. La salvaguardia，difusión y promoción del patrimonio cultural inmaterial en el Perú [M] // CASANOVA J G. Fiestas y ritualesX Encuentro para la Promoción y Difusión del Patrimonio Inmaterial de Países Iberoamericanos. Bogota : Corporación para la Promoción y Difusión de la Cultura，c2009 ：317—327.

BONFIL BATALLA G. Pensar nuestra cultura [M] // Dirección General de Culturas Populares e Indígenas. Diálogos en la acción，primera etapa，c2004 ：117—134.

CASTILLO J. El patrimonio cultural podría estar en peligro y los responsables son la memoria，la salvaguardia，la comunidad y el paisaje cultural (además del turismo，claro) [J]. Revista Electrónica de Patrimonio Histórico，2021，28（3）：3—38.

CASTILLO RAMÍREZ G. El programa integracionista durante el cardenismo. La diversidad cultural según Gamio [J]. Signos históricos，2015，17（34）：78—111.

CHURCHILL CONNER N. La gestión del patrimonio cultural intangible: la experiencia del carnaval popular en la ciudad de Puebla [M] // MANTECÓN A R，NIVÓN E. Gestionar el Patrimonio en Tiempo de Globalización .México:Universidad

Autónoma Metropolitana, c2010：251—267.

COMPARATO G J. Nuevos enfoques para el fortalecimiento de la ciudadanía sustantiva del MERCOSUR[J]. Revista MERCOSUR de políticas sociales, 2017（1）: 66—95.

COROZO-ANGULO B N，OJEDA-MORÁN M E，PANCHANO-VALENCIA N D R. Patrimonio cultural inmaterial y turismo comunitario en el norte de la provincia de Esmeraldas[J]. Sociedad & Tecnología，2023，5（1）：114—128.

CORTÉS FERREIRA C. Soluciones creativas en la gestión del patrimonio cultural inmaterial: Análisis de caso a las Buenas Prácticas de Salvaguardia de la UNESCO en Sudamérica[J]. Sophia Austral，2021，27：1—22.

CRESPO C，ONDELJ M. Patrimonio y Folklore en la política cultural en Argentina(1943—1964)[J]. Avá，2012（21）：1—22.

CRUZ M P R.Un acercamiento al patrimonio cultural inmaterial su salvaguarda y patrimonialización[J]. Campos en Ciencias Sociales，2017，5（1&2）：175—209.

da Costa E B. Patrimonioterritorial: y territorio de excepción en América Latina, conceptos decoloniales y praxis/Territorial-heritage and exceptional territory in Latin America，decolonial concepts and praxis[J]. Revista Geográfica Venezolana，2021，62（1）：108—128.

de Grammont, Hubert C. y Mackinlay, Horacio.Las organizaciones sociales campesinas e indígenas frente a los partidos políticos y el Estado，México 1938-2006[J].Revista mexicana de sociología，2006，68（4）：693—729.

De la Cadena，Marisol.Silent Racism and Intellectual Superiority in Peru[J]. Bulletin of Latin American Research，1998，17（2）：143—164.

DIEZ HURTADO A. Antropología peruana en el siglo XXI. Nuevas interpretaciones para antiguas y nuevas realidades[J]. Gazeta de Antropología，2020，36（2）：1—18.

FERNÁNDEZ F G. La historicidad del encuentro de la Virgen de Guadalupe y Juan Diego[J]. Studium Veritatis，2000，1（1）：35—38.

FUSTÉ-FORNÉ F. Los paisajes de la cultura: la gastronomía y el patrimonio culinario[J]. Dixit，2016，24（1）：4—16.

GARCÍA CANCLINI N. El patrimonio cultural de México y la construcción imaginaria de lo nacional [M] // FLORESCANO E. El patrimonio nacional de México(Vol. 1). México: Fondo de Cultura Económica, c1997：57—86.

GARCÍA CANCLINI N. Los usos sociales del patrimonio cultural [M] // AGUILAR CRIADO E.Patrimonio Etnológico. Nuevas perspectivas de studio.Sevilla: Instituto Andaluz del Patrimonio Histórico，c1999：16—33.

Gisela Cánepa, La gestión de la cultura inmaterial: del archivo al repertorio [M] // CASANOVA J G.Fiestas y rituales X Encuentro para la Promoción y Difusión del Patrimonio Inmaterial de Países Iberoamericanos.Bogota : Corporación para la Promoción y Difusión de la Cultura，c2009：96—109.

GÓMEZ-QUINTERO J D. La colonialidad del ser y del saber: la mitologización del desarrollo en América Latina [J]. El ágora USB，2010，10（1）：87—105.

GONZALES M J. Imagining Mexico in 1921: visions of the revolutionary state and society in the centennial celebration in Mexico City [J]. Mexican Studies，2009，25（2）：247—270.

GRAS D. Reviewed of La narrativa indigenista peruana [J]. Reseñas iberoamericanas. Literatura，sociedad，historia，1997，4（1）：106—108.

GRIMALDO MUCHOTRIGO M. Identidad y política cultural en el Perú [J]. Liberabit，2006，12（12）：16—23.

KEMPER R V. Estado y antropología en México y Estados Unidos: reflexiones sobre los Proyectos Tarascos [J]. Relaciones. Estudios de historia y Sociedad，2011，128（32）：209—241.

LÓPEZ J O. José Vasconcelos y la educación mexicana [J]. Revista Historia de la Educación Latinoamericana，2003，7：139—159.

MATHEWS-SALAZAR P. Patrimonio y exclusión . Debates sobre identidad y poder desde las comunidades del Parque Arqueológico de Sacsayhuamán [J]. Crónicas Urbanas，2008，12：126—135.

MARTÍNEZ-DE LA ROSA A. Patrimonialización de elementos culturales inmateriales y desarrollo local sostenible [J]. Ra Ximhai，2015，11（2）：15—29.

MARTOS NÚÑEZ E，MARTOS GARCÍA A. Ecoficciones e imaginarios del agua y su importancia para la memoria cultural y la sostenibilidad [J]. Alpha: Revista de Artes，Letras y Filosofía，2013，36：71—91.

MARTUCCELLI D. Problematizaciones de la modernidad y de la modernización en América Latina，[J]. Desarrollo económico，2021，232（60）：253—274.

MATTA R. Posibilidades y límites del desarrollo en el patrimonio inmaterial. El caso de la cocina peruana[J]. Apuntes: Revista de Estudios sobre Patrimonio Cultural-Journal of Cultural Heritage Studies，2011，24（2）：196—207.

MEJÍA J. Política para la gestión，protección y salvaguardia del patrimonio cultural [M] // Ministerio de Cultura de República de Colombia.Compendio de políticas culturales, Bogotá:Ministerio de Cultura de República de Colombia, c2010: 225—247.

MONSIVÁIS C. Notas sobre cultura popular en México [J]. Latin American Perspectives，1978，5（1）：98—118.

MORAGA F. Jaime Torres Bodet y la permanencia del "espiritualismo" en el sistema educativo mexicano，1921—1964 [J]. Cuadernos Chilenos de Historia de la Educación，2018，10：143—173.

NEGRO S. Reflexiones sobre el patrimonio cultural del Perú，contextos y perspectivas [J]. Tradición，segunda época，2019，19：169—177.

NINIZ F S. Lázaro Cárdenas y su legado en la educación[J/OL].Revista Vinculando，2010，8（1）[2023-05-04].https://vinculando.org/educacion/lazaro_cardenas_y_su_legado_en_la_educacion.html.

OLIVERA A. Patrimonio inmaterial，recurso turístico y espíritu de los Territorios [J]. Cuadernos de Turismo，2011（27）：663—677.

PEÑALBA J L. Evolución del concepto y de la significación social del patrimonio cultural [J]. Arte，individuo y sociedad，2005，17：177—206.

PIETSCHMANN H.Consideraciones en Torno al Protoliberalismo，Reformas Borbónicas y Revolución. La Nueva España en el Último Tercio del Siglo XVIII [J]. Historia Mexicana，1991，41（2）：167—205.

PORTILLA M L. El pensamiento sociológico de Manuel Gamio [J]. Revista Mexicana de Sociología，1961，23（1）：33—44.

PRATS L.Concepto y gestión del patrimonio local [J]. Cuadernos de Antropología Social，2005，21，：17—35.

RAVINES R. Las antigüedades peruanas y su protección legal [J].Revista del Museo Nacional，1974，40：363—456.

ROJAS MIRA C F. Los anfitriones del exilio chileno en México，1973—1993 [J]. Historia crítica，2016，60：132—140.

ROSALES H. Cultura popular. Definiciones y acciones [J].Culturas populares e indígenas，2004，18：205—222.

SANDOVAL ARAGÓN S L. El mezcal: enfant terrible de México. Estudio sociológico sobre la cultura y comercialización del mezcal en un contexto globalizado [J]. Estudios Sociales: Revista de Alimentación Contemporánea y Desarrollo Regional，2020，55（30）：2—8.

SOTELO F S. De la cultura popular a la cultura de masas en México [J]. Sociológica México，1991，6（15）：189—208.

TORTAJADA QUIROZ M. La investigación artística mexicana en el siglo XX: la experiencia oficial de Departamento de Bellas Artes y del Instituto Nacional de Bellas Artes [J]. Cultura y representaciones sociales，2008，2（4）：169—196.

VALENCIA FLORES A O. En pos de organizar la educación técnica en México. La construcción del Instituto Politécnico Nacional [J]. Estudios de historia moderna y contemporánea de México，2021，61：283—315.

VEGA-CENTENO BOCÁNGEL I. Perú [M] // CRESPIAL: Estado del Arte del Patrimonio Cultural Inmaterial. Cusco:CRESPIAL，c2008：279—329.

VERGARA J I，ESTÉVEZ J V，GUNDERMANN H. Elementos para una teoría crítica de las identidades culturales en América Latina [J]. Utopía y praxis latinoamericana, 2010：51（15）：57—79.

VILLASEÑOR ALONSO I，MÁRQUEZ E Z . Del patrimonio cultural inmaterial o la patrimonialización de la cultura [J]. Cultura y representaciones sociales，2012，12（6）：75—101.

VILLASEÑOR ANAYA C J. Políticas culturales para la salvaguardia del patrimonio cultural inmaterial. Antecedentes，evolución y perspectivas a future [M] // LARA PLATA L.Comunidades en movimiento. Aproximaciones a la expresión inmaterial del patrimonio cultural. México: Secretaría de Cultura，c2017：105—132.

YÁÑEZ REYES S. El Instituto Nacional de Antropología e Historia: antecedentes，trayectoria y cambios a partir de la creación del CONACULTA [J]. Cuicuilco, 2006，38（13）: 47—72.

ZEPEDA-GARCÍA E，BRAVO-SALAZAR R. Prácticas comunitarias como patrimonio cultural inmaterial: tres casos de comunidades en Oaxaca, México [J]. Revista Salud y Administración，2016，9 : 41—50.

西班牙语电子文献

Cámara de Diputados. la Ley Federal sobre Monumentos y Zonas Arqueológicos, Artísticos e Históricos [A/OL] [2023-05-03]. https://www.diputados.gob.mx/LeyesBiblio/pdf/131_160218.pdf.

Cámara de Diputados. Ley de la Comisión Nacional para el Desarrollo de los Pueblos Indígenas [A/OL] [2023-04-19]. https://www.diputados.gob.mx/LeyesBiblio/abro/lcndpi/LCNDPI_abro_04dic18.pdf.

CCGM.El Conservatorio de la Cultura Gastronómica Mexicana [OL] [2023-05-10]. https://www.ccgm.mx/ccgm/es/home/.

Centro de Investigaciones y Estudios Superiores en Antropología Social. Nuestra historia [A/OL] [2023-04-29]. https://ciesas.edu.mx.

Centro Regional de Investigaciones Multidisciplinarias. Historia [A/OL] [2023-04-29]. https://www.crim.unam.mx.

COLOMA PORCARI C. El Instituto Nacional de Cultura del Perú [EB/OL] [2023-04-29]. https://sites.google.com/site/elperuysuhistoria/el-instituto-nacional-de-cultura-del-peru.

Conferencias Internacionales Americanas. Declaración de México(Conferencia Interamericana sobre Problemas de la Guerra y de la Paz, Ciudad de México–1945) [A/OL] [2023-11-23]. https://www.dipublico.org/106504/declaracion-de-mexico-conferencia-interamericana-sobre-problemas-de-la-guerra-y-de-la-paz-ciudad-de-mexico-1945/.

Congreso de la República. Constitución para la República del Perú(1979) [A/OL]

[2023-11-24]. https://www.congreso.gob.pe/Docs/sites/webs/quipu/constitu/1979.htm.

Congreso de la República. Constitución Política del Perú(1993) [A/OL] [2023-11-25]. https://www.wipo.int/wipolex/zh/text/202200#LinkTarget_314.

Congreso de la República. Ley Nº 28555 [OL] [2024-03-13]. https://www.deperu.com/legislacion/ley-28555-pdf.html.

Dirección Desconcentrada de Cultura de Cusco. ORGANIGRAMA: DIRECCION DESCONCENTRADA DE CULTURA CUSCO [A/OL] [2024-08-17].

https://www.culturacusco.gob.pe/dmdocuments/transparencia/organigrama/2019%20-%20ORGANIGRAMA%20DDC.pdf.

Documentos jurídicos nacionales. Carta de México en Defensa del Patrimonio Cultural [A/OL] [2022-12-18]. http://ipce.mcu.es/pdfs/1976_Carta_Mexico.pdf .

D. O. F. Ley General de Derechos Lingüísticos de los Pueblos Indígenas [A/OL] [2023-04-20]. https://site.inali.gob.mx/LGDPI/pdfs/Ley_pame.pdf.

Gobierno de México. Comisión Nacional para el Desarrollo de los Pueblos Indígenas [A/OL] [2023-04-29]. https://www.gob.mx/inea/documentos/comision-nacional-para-el-desarrollo-de-los-pueblos-indigenas.

Gobierno de Mexico. Instituto Nacional de Lenguas Indígenas [A/OL] [2023-05-08]. https://www.inali.gob.mx.

INAH. Carta de México en Defensa del Patrimonio Cultural [A/OL] [2023-01-09]. https://revistas.inah.gob.mx/index.php/conversaciones/article/view/13570/14662.

INAH. ¿Quiénes somos? [EB/OL] [2023-05-04]. https://www.inah.gob.mx/quienes-somos.

Instituto Nacional de Cultura. Ley General del Patrimonio Cultural de la Nación 28296 y su Reglamento [A/OL] [2024-07-01]. https://www2.congreso.gob.pe/sicr/cendocbib/con2_uibd.nsf/562A9CCF932F0F62052577E300711E65/$FILE/2Ley_28296.pdf.

Instituto Nacional de Desarrollo Social. Ley Orgánica De La Administración Pública Federa [A/OL] [2023-05-09]. https://www.gob.mx/indesol/documentos/ley-organica-de-la-administracion-publica-federal-62720.

Instituto Nacional del Derecho de Autor. Misión y visión [A/OL] [2023-04-29].

https://www.indautor.gob.mx.

La Legislatura de la Ciudad Autónoma de Buenos Aires. El texto completo de la ley Nº 1227 [A/OL] [2024-09-02]. https://www.pagina12.com.ar/diario/suplementos/m2/subnotas/418-48-2004-03-13.html.

Ministerio de Cultura. Brindan ponencia sobre patrimonio cultural inmaterial [EB/OL] [2024-01-05]. https://www.cultura.gob.sv/brindan-ponencia-sobre-patrimonio-cultural-inmaterial/.

Ministerio de Cultura. Declaratorias de Expresiones del Patrimonio Cultural Inmaterial como Patrimonio Cultural de la Nación [A/OL] [2023-05-08]. http://administrativos.cultura.gob.pe/intranet/dpcn/consulta.jsp.

Ministro de Cultura. Declaratoria de la Obra de Grandes Maestros, Sabios y Creadores del Perú [A/OL] [2024-08-04]. http://www.administrativos.cultura.gob.pe/intranet/dpcn/procedimiento.jsp.

MUJICA BAYLY S，El patrimonio cultural inmaterial, repositorio de la identidad [EB/OL] [2024-07-02]. https://cultura.petroperu.com.pe/noticia/el-patrimonio-cultural-inmaterial-repositorio-de-la-identidad/.

MUJICA BAYLY S. Las declaratorias como Patrimonio Cultural de la Nación [EB/OL] [2024-07-02]. https://cultura.petroperu.com.pe/noticia/las-declaratorias-como-patrimonio-cultural-de-la-nacion-inventario-participativo-del-patrimonio-cultural-inmaterial/.

MUJICA BAYLY S. Inventario para qué? [EB/OL] [2024-05-01]. https://cultura.petroperu.com.pe/noticia/inventarios-para-que/#_ftn1.

Museo de Arte Popular. Acerca de [A/OL] [2023-05-10]. https://www.map.cdmx.gob.mx.

Museo Nacional de Culturas Populares. Datos generales [A/OL] [2023-05-10]. https://sic.cultura.gob.mx/ficha.php?table=museo&table_id=976.

Oficinas Estatales de Turismo. Ciudades Mexicanas Patrimonio Mundial [A/OL] [2023-05-04]. https://www.datatur.sectur.gob.mx/SitePages/CiudadesPatrimonio.aspx.

Poder judicial de Chiapas.LEY GENERAL DE BIENES NACIONALES [A/OL] [2023-05-06]. https://www.poderjudicialchiapas.gob.mx/archivos/manager/C50AD-

2CD-606F-4250-953A-EA471D94BD8A.pdf.

Programa de Patrimonio Cultural Inmaterial y Diversidad Cultural [A/OL] [2023-05-10]. https://www.gob.mx/cultura/acciones-y-programas/programa-de-patrimonio-cultural-inmaterial.

Secretaría de Cultura.Programas de Desarrollo Cultural Regional [A/OL] [2023-05-09]. https://www.gob.mx/cultura/acciones-y-programas/programas-de-desarrollo-cultural-regional.

Secretaría de Gobernación.Reglamento Interior de la Secretaría de Cultura [A/OL] [2023-05-09]. https://www.dof.gob.mx/nota_detalle.php?codigo=5460041&fecha=08/11/2016.

Secretaría de Cultura.Programa para el Desarrollo Integral de las Culturas de los Pueblos y Comunidades Indígenas [A/OL] [2023-05-10]. https://www.gob.mx/cultura/acciones-y-programas/programa-para-el-desarrollo-integral-de-las-culturas-de-los-pueblos-y-comunidades-indigenas-prodici.

Secretaría de Cultura.Dirección General de Culturas Populares Indígenas y Urbanas [A/OL] [2023-05-03]. https://www.culturaspopulareseindigenas.gob.mx/index.php/quienes-somos/directorio/oficinas-centrales/659-directorio-dgcpiu.

Secretaría de Cultura.Unen esfuerzos para salvaguardar el patrimonio cultural inmaterial de México [A/OL] [2023-04-18]. https://www.gob.mx/cultura/es/prensa/unen-esfuerzos-para-salvaguardar-el-patrimonio-cultural-inmaterial-de-mexico?idiom=es.

Secretaria de Educacion Publica. Ley Federal Del Patrimonio Cultural de La Nación [A/OL] [2023-05-08]. https://es.scribd.com/document/437979624/Ley-Federal-Del-Patrimonio-Cultural-de-La-Nacion#.

Secretaría de Gobernación.DOF: 17/12/2015 [A/OL] [2023-04-08]. https://dof.gob.mx/nota_detalle.php?codigo=5420363&fecha=17/12/2015.

Sil.Ley Orgánica de la Administración Pública Federal [A/OL] [2023-05-09]. https://nsil.gobernacion.gob.mx/.

UNESCO.Las listas del PCI y el Registro de Buenas Prácticas de Salvaguardia [A/OL] [2023-05-10]. https://ich.unesco.org/es/listas.

西班牙语其他文献

ARIZPE L. Videoconferencia ante el 1 Congreso Internacional sobre experiencias en la salvaguardia del patrimonio cultural inmaterial [CD]. México: Portada de Semillas, Tepoztlán, Morelos, 2011.

CÁRDENAS L. Discurso del Presidente de la República en el Primer Congreso Indigenista Interamericano[R]. Pátzcuaro, Michoacán de Ocampo, 14 de abril de 1940.

MAGÓN R F. El odio a la raza[N]. Regeneración, 12 de noviembre de 1910.

Municipalidad del Cusco. OPERATIVO A PICANTERIAS Y CHICHERIAS EN EL CUSCO POR DESARROLLO ECONOMICO [EB/OL] [2023-01-12]. https://www.youtube.com/watch?v=lUM2jp1uas0.

VALENZUELA BEJARANO G. Políticas y planes para la salvaguardia patrimonio cultural inmaterial en América Latina[R]. Ponencia presentada al Primer Congreso Latinoamericano de Gestión Cultural，entre los días 23 al 27 de abril de 2014.

英文专著

APPADURAI A. The Capacity to Aspire: Culture and the Terms of Recognition [M]. California: Stanford University Press，2004.

BENDIX R F，HASAN-ROKEM G. A Companion to Folklore [M]. Malden, MA: WILEY-Blackwell，2012.

FRANK A G. Capitalism and Underdevelopment in Latin America. Historical Studies of Chile and Brazil [M]. New York: Monthly Review Press，1969.

GAONKAR D P. Alternative modernities [M]. Durham:Duke University Press，2001.

GIOLLÁIN D Ó. Locating Irish Folklore: Tradition, Modernity, Identity [M]. Cork: Cork University Press，2000.

LONG N. An introduction to the sociology of rural development [M]. New York: Tavistock，1977.

KIDDLE A M，LO MUÑOZ M. Populism in Twentieth Century Mexico: The

Presidencies of Lázaro Cárdenas and Luis Echeverría [M]. Tucson: University of Arizona Press，2010.

SEITEL P. Safeguarding traditional cultures: A global assessment [M]. Washington, D.C:Center for Folklife and Cultural Heritage Smithsonian Institution，2001.

英文论文

CHOCANO R. Producing African-descent: afro-peruvian music, intangible heritage, authenticity and bureaucracy in a Latin American music compilation [J]. International Journal of Heritage Studies，2019，25（8）：763—779.

CHOCANO R. Musical sustainability vis-à-vis intangible cultural heritage: safeguarding and incentives in the Feast of the Virgin of Candelaria, Puno, Perú [J]. Ethnomusicology Forum，2022，31（2）：283—303.

KIRSHENBLATT-GIMBLETT B. World heritage and cultural economics [M] // KARP I，KRATZ C A，SZWAJA L，YBARRA-FRAUSTO T. Museum frictions: Public cultures/global transformations, Durham:Duke University Press，c2006：161—202.

LENZERINI F. Intangible cultural heritage: The living culture of peoples [J]. European Journal of International Law，2011，22（1）：101—120.

MATTA R. Food incursions into global heritage: Peruvian cuisine's slippery road to UNESCO [J]. Social Anthropology，2016，24（3）：338—352.

MATTA R. Unveiling the Neoliberal Taste. Peru's Media Representation as a Food Nation [M] // MAY S.Taste Power| Tradition: Geographical Indications as Cultural Property. Göttingen:Universitätsverlag Göttingen Press，2017：104—117.

McCANN A. The 1989 recommendation ten years on: Towards a critical analysis [M] // SEITEL P. Safeguarding traditional cultures: A global assessment, Washington, D.C:Center for Folklife and Cultural HeritageSmithsonian Institution，c2001：57—63.

MOLINA P A. The Heritage Regime and the Declarative Policy from Intangible Cultural Heritage Manifestations in Peru (1986—2022) [M] // DE CARVALHO L G，YOSELIN R. 20th Anniversary of the Convention for the Safeguarding of Intangible

Cultural Heritage: Strategies and Experiencies from Latin America and the Carribbean，Belém: NUMA/UFPA ; Brasilia: ABA Publications，c2023 ：103—118.

RUDOLFF B，RAYMOND S. A Community Convention? An analysis of Free, Prior and Informed Consent given under the 2003 Convention [J]. International Journal of Intangible Heritage，2013，8：153—164.

SILVA H E，HENRIQUES F M A .The impact of tourism on the conservation and IAQ of cultural heritage: The case of the Monastery of Jerónimos (Portugal) [J/OL]. Building and Environment，2021，190 [2023-05-04].https://www.sciencedirect.com/science/article/abs/pii/S0360132320309033.

SILVERMAN H. Branding Peru: cultural heritage and popular culture in the marketing strategy of PromPeru [M] // ROBINSON M, SILVERMAN H. Encounters with popular pasts: Cultural heritage and popular culture, Berlin:Springer，c2015：131—148.

THEODOSSOPOULOS D. Introduction: Laying claim to authenticity: Five anthropological dilemmas [J]. Anthropological Quarterly，2013，86（2）：337—360.

英文网络文献

UNESCO. Brief history of the Convention for the Safeguarding of the Intangible Cultural Heritage (2003) [A/OL]. [2023-05-04]. www.unesco.org/culture/ich/index.php?pg=00007.

UNESCO. Mexico City Declaration on Cultural Policies [A/OL]. [2023-05-04]. https://unesdoc.unesco.org/ark:/48223/pf0000054668?posInSet=2&queryId=a17e6c98-cdae-4cf2-8314-80bf9113911d.

UNESCO. Recommendation on the Safeguarding of Traditional Culture and Folklore [A/OL]. [2023-05-04]. https://unesdoc.unesco.org/ark:/48223/pf0000092693?3=null&queryId=d33f1222-8291-4ad3-aac7-347d8c213c3c.

UNESCO. The Guadalajara Declaration [A/OL]. [2023-05-04]. https://unesdoc.unesco.org/ark:/48223/pf0000091218.

World Bank Group. Population, total - Latin America & Caribbean, St. Martin

(French part) [A/OL]. [2024-10-01]. https://data.worldbank.org/indicator/SP.POP.TOTL?locations=ZJ-MF.

葡萄牙语与法语文献

ANDRADE M de. Danças dramáticas do Brasil [M]. São PAULO: Instituto Nacional do Livro, Fundação Nacional Pró-Memória，1982.

CASTRO M L V de，LONDRES M C. Patrimônio imaterial no Brasil [M]. Brasília: UNESCO，Educarte，2008.

CHUVA M P. En Barroso, Véra Lucia Maciel, and Renata Cássia Andreoni de Souza. ed, Experimentações, políticas culturais e patrimonios [M]. Porto Alegre: Edições，2018.

IPHAN. O registro do patrimônio imaterial: dossiê final das atividades da Comissão do Grupo de Trabalho Patrimônio Imaterial [M]. Brasília: Instituto Patrimônio Histórico Nacional，2006.

SIMONE T O J I. Patrimônio imaterial: marcos, referências, políticas públicas e alguns dilemas [J]. Patrimônio e Memória，2007，5（2）：3—18.

主要翻译对照表

一、人名

西班牙语　　中文译名

Adolfo Colombres　阿道夫・科隆布雷斯

Aguirre Beltrán　阿吉雷・贝尔特兰

Alan García　阿兰・加西亚

Alejandro Alvarez Perez　亚列汉德罗・阿尔瓦雷斯・佩雷斯

Alfonso Caso Andrade　阿方索・卡索・安德拉德

Alfonso Castrillón　阿方索・卡斯特里翁

Alicia Bustamante　艾丽西亚・布斯塔曼特

Antonio Caso　安东尼奥・卡索

Armando Robles Godoy　阿曼多・罗夫莱斯・戈多伊

Arturo Escobar　阿图罗・埃斯科瓦尔

Atahualpa　阿塔瓦尔帕

Bielza　比尔萨

Carlos Pellicer　卡洛斯・佩利塞

Celia Bustamante　西莉亚・布斯塔曼特

Claudia Chacón　克劳伍迪亚・查贡

Cristina Amescua Chávez　克里斯蒂娜・阿梅斯卡・查韦斯

Cristóbal Norlega　克里斯托瓦尔・诺莱加

Daniel Rubín de la Borbolla　丹尼尔・鲁宾・德拉博博拉

Doña Ercilla Moreira　埃西雅·莫雷拉夫人

Edgardo Zamora　埃德加多·萨莫拉

Eduardo Vásquez Monge　爱德华多·巴斯克斯·蒙格

Efraín Morote　埃夫拉因·莫罗特

Emiliano Zolla　埃米利亚诺·佐拉

Enrique Ramirez Angulo　恩里克·拉米雷斯·安古洛

Enzo Faletto　恩佐·法雷图

Federico Lenzerini　费德里科·伦泽里尼

Fernando Belaúnde Terry　费尔南多·贝朗德·泰瑞

Fernando Henrique Cardoso　费尔南多·恩里克·卡多佐

Fernando Solana Morales　费尔南多·索拉纳·莫拉莱斯

Flavio Solórzano　弗拉维奥·索诺萨诺

Flores Galindo　福雷斯·加林多

Francisco Ignacio Madero　弗朗西斯科·伊格纳西奥·马德罗

Francisco Pizarro　弗朗西斯科·皮萨罗

Néstor García Canclini　内斯托尔·加西亚·坎克里尼

Gabriela Valenzuela Bejarano　加布里埃拉·巴伦苏埃拉·贝哈拉诺

Gastón Acurio　卡斯通·阿古里奥

George Yuri Muñoz　乔治·尤里·穆尼奥斯

Gisela Cánepa　吉塞拉·卡内帕

Grimaldo Muchotrigo　格里马尔多·穆乔特里戈

Guillermo Bonfil Batalla　吉列尔莫·邦菲尔·巴塔拉

Hernán Cortés　埃尔南·科尔特斯

Hilario Topete Lara　希拉里奥·托佩特·劳拉

Huayna Cápac　瓦伊纳·卡帕克

Hugo Banzer Suárez　乌戈·班塞尔·苏亚雷斯

Imelda Vega-Centeno　伊梅尔达·维加 - 森特诺

Ingrid Huamaní　英格丽·华马尼

Isabel Alvarez Novoa　伊莎贝尔·阿尔瓦雷斯·诺瓦

Isabel Villaseñor　伊莎贝尔·维拉塞诺尔

Jaime Torres Bodet　海梅·托雷斯·博德

Javier Perez de Cuellar　哈维尔·佩雷斯·德奎亚尔

Jesús Cruz　赫苏斯·克鲁斯

Johan Leuridan Huys　约翰·勒里丹·休斯

Jorge Cuesta　豪尔赫·奎斯塔

Josafat Roel Pineda　何塞法特·罗尔·皮内达

José Castillo　何塞·卡斯蒂略

José Gorostiza　何塞·戈罗斯蒂萨

José Lujan　何塞·鲁杭

José María Arguedas　何塞·玛利亚·阿格达斯

José Portugal Catacora　何塞·波尔图卡尔·卡塔科拉

José Sabogal　何塞·萨博加尔

José Uriel García　何塞·乌列尔·加西亚

José Vasconcelos　何塞·巴斯孔塞洛斯

Juan Alfonso Carrizo　胡安·阿方索·卡里索

Julio César Tello　胡里奥·塞萨尔·特洛

Juan Diego　胡安·迭戈

Juan Evo Morales Ayma　胡安·埃沃·莫拉莱斯·艾玛

Juan Ossío　胡安·奥西奥

Lázaro Cárdenas del Río　拉萨罗·卡德纳斯·德尔里奥

Lehning　莱宁

Lourdes Arizpe　卢尔德·阿里兹佩

Llorenç Prats　略伦斯·普拉茨

Marina Alonso-Bolaños　玛丽娜·阿隆索 - 博拉尼奥斯

María Ángela　玛利亚·安琪拉

María Zúñiga　玛利亚·祖尼卡

Mario Escobar Ortiz　马里奥·埃斯科瓦·欧提思

Mario de Andrade　马里奥·德·安德拉德

Manuel Gamio　曼努埃尔·加米奥

Manuel Gómez Morin　曼努埃尔·戈麦斯·莫林

Manuel Prado　曼努埃尔·普拉多

Marcelo Martín　马塞洛·马丁

Marco Antonio Zevallos Bueno　马可·安东尼奥·泽瓦洛斯·古德

Mildred Merino　米尔德雷德·梅利诺

Montserrat Patricia Rebollo Cruz　蒙特塞拉特·帕特里夏·雷博洛·克鲁斯

Narciso Bassols　纳西索·巴索斯

Nicolás Lozano　尼古拉斯·洛萨诺

Omar Baredes Medin　奥马尔·巴雷德斯·梅丁

Ramón Pajuelo Teves　拉蒙·帕胡埃洛·特维斯

Rosa Alarco　罗莎·阿拉科

Pablo Rafael Bonaparte　保罗·拉斐尔·波拿巴

Pablo González Casanova　巴勃罗·冈萨雷斯·卡萨诺瓦

Pedro Enrique Velásquez Lopez Raygada　佩德罗·恩里克·贝拉斯克斯·洛佩兹·雷加达

Porfirio Díaz　波菲里奥·迪亚斯

Porfirio Muñoz Ledo　波菲里奥·穆尼奥斯·莱多

Ricardo Flores Magón　里卡多·弗洛雷斯·马贡

Rodolfo Stavenhagen　鲁道夫·斯塔文哈根

Roger Díaz de Cossío　罗杰·迪亚兹·德·科西奥

Ronald Miguel Arquiñigo Vidal　罗纳德·米格尔·阿基尼戈·维达尔

Salvador Novo　萨尔瓦多·诺沃

Simeón Gilberto Giménez Montiel　西蒙·吉尔伯托·希梅内斯·蒙蒂埃尔

Soledad Mujica Bayly　索莱达·穆希卡·贝利

Tadeo Ortiz　塔迪奥·奥尔蒂斯

Velasco　贝拉斯科

Venustiano Carranza　贝努斯蒂亚诺·卡兰萨

Vicente Lombardo Toledano　维森特·隆巴尔多·托莱达诺

Xavier Villaurrutia　泽维尔·比利亚鲁蒂亚

法语　　中文译名

Marc Augé　马克·奥热

Maurice Halbwachs　莫里斯·霍布瓦克

Thierry Saignes　蒂埃里·赛涅斯

英语　　中文译名

Art Garfunke　阿特·加芬克尔

Churchill Conner　丘吉尔·康纳

Hiram Bingham　海勒姆·宾厄姆

Paul Simon　保罗·西蒙

Ralph Beals　拉尔夫·比尔斯

Dimitrios Theodossopoulos　迪米特里欧斯·狄奥多索普洛斯

二、地名

西班牙语　　中文译名

Arequipa　阿雷基帕

Arica　阿里卡

Calakmul　卡拉克穆尔

Chan Chan　昌昌

Chapultepec　查普尔特佩克

ChichénItzá　奇琴伊察

Cuauhtlatatoatzin　夸尔塔托阿辛

Cuenca　昆卡

Cuzco　库斯科

El Tajín　埃尔塔津

Extremadura　埃斯特雷马杜拉

Huacas　瓦卡斯

Hermosillo　埃莫西约

Huasteca　华斯特卡

Ilo 伊洛

Jalisco 哈利斯科

Lambayeque 兰巴耶克

La Libertad 拉利伯塔德

Lima 利马

Machu Picchu 马丘比丘

Maya 玛雅

Mixteca Alta 米斯特卡阿尔塔

Monte Albán 阿尔班山

Nazca 纳斯卡

Oaxaca 瓦哈卡

Ollantaytambo 奥扬泰坦博

Pachacamac 帕查卡马克

Palenque 帕伦克

Pátzcuaro 帕茨夸罗

Piura 皮乌拉

Puno 普诺

Putla 普特拉

Querétaro 克雷塔罗

Quito 基多

Sacsayhuamán 萨克塞瓦曼

San Pedro Plaza 圣佩德罗广场

Santa Maria Cuquila 圣・玛利亚・库基拉

Sonora 索诺拉

Sotavento 索塔文托

Tacna 塔克纳

Tarapacá 塔拉帕卡

Tarascan 塔拉斯坎

Teotihuacán 特奥蒂瓦坎

Tepeyac 特佩亚克

Tierra Caliente　蒂拉卡连特

Titicaca Lago　的的喀喀湖

Tlaxiaco　特拉希亚科

Tulúm　图卢姆

Tumbes　通贝斯

Valle de TehuacánCuicatlán　特瓦坎·奎卡特兰山谷

三、族群名称

西班牙语　　中文译名

Yoreme　约雷姆人

Gaucho　高乔人

Guaraní　瓜拉尼人

Purépecha　普雷佩查人

Roto　罗托人

四、组织机构名称

西班牙语　　中文译名

Casa de la Cultura del Perú　秘鲁文化之家

Cátedra de Patrimonio Cultural Inmaterial y Diversidad Cultural　非物质文化遗产和文化多样性讲坛

Centro de Documentación e Información del Mariachi　马里亚奇文献和信息中心

Centro de Investigaciones y Estudios Superiores enAntropología Social de de México (CIESAS)　墨西哥社会人类学高等调查研究中心

Centro Nacional de Folclore y Cultura Popular (CNFCP)　国家民俗和流行文化中心

Centro para la Salvaguardia del Patrimonio Cultural Inmaterial de América Latina (CRESPIAL)　拉丁美洲保护非物质文化遗产地区中心

Centro Regional de InvestigacionesMultidisciplinarias(CRIM) de UNAM　墨西哥国立自治大学多学科研究区域中心

Comisión de Cultura de la AsambleaLegislativa del Distrito Federal　墨西哥城议会文化委员会

Comisión de Preservación del Patrimonio　遗产保护委员会

Comisión Estatal para la Salvaguardia del Patrimonio Cultural Inmaterial de Jalisco　哈利斯科州保护非物质文化遗产委员会

Comisión Federal de Electricidad(CFE)　联邦电力委员会

Comisión Nacional de Cultura　国家文化委员会

Comisión Nacional del Patrimonio Cultural Inmaterial de México　墨西哥国家非物质文化遗产委员会

Comisión Nacional para el Desarrollo de los Pueblos Indígenas(CDI)　国家土著人民发展委员会

Comisión Nacional para la Salvaguarda del Mariachi (CONASAM)　马里亚奇保护委员会

Comisiones de Planeación y Apoyo a Creación Popular (CACREP)　大众创作规划和支持委员会

Comisión para la Salvaguardia del Patrimonio Cultural Inmaterial de México　墨西哥保护非物质文化遗产委员会

ComitéEjecutivo(COE)　执行委员会

ComitéIntersectorial del PCI　非物质文化遗产跨部门委员会

Congreso Indigenista Interamericano　美洲国家土著人会议

Congreso Internacional sobreExperienciasen la Salvaguardia del PCI (CIESPCI) 非物质文化遗产保护经验国际交流大会

Consejo de Administración (CAD)　董事会

Consejo de Pueblos y Barrios Originarios del Distrito Federal　联邦区原始村落和街区委员会

Consejo Nacional de Humanidades, Ciencias y Tecnologías(CONACYT)　国家科学技术委员会

Consejo Nacional de la Cultura y las Artes (CNCA) /　国家文化艺术委员会

Consejo Nacional para la Cultura y las Artes(CONACULTA)　国家文化艺术委员会

Conservatorio de la Cultura Gastronómica Mexicana (CCGM)　墨西哥美食文化学院

Centro Regional de InvestigacionesMultidisciplinares de la Universidad Nacional Autónoma de México　墨西哥国立自治大学区域多学科研究中心

Coordinación de Patrimonio Cultural Inmaterial　非物质文化遗产办公室

Coordinación de Patrimonio Histórico, Artístico y Cultural de la Ciudad de México　墨西哥城历史、艺术和文化遗产委员会

Coordinación Nacional de Antropología　国家人类学委员会

Departamento de AsuntosIndígenas　土著事务部

Departamento de Bibliotecas y la Dirección General de Educación Audiovisual　图书馆和视听教育总局

DespachoViceministerial De Interculturalidad　跨文化分部

DespachoViceministerial De Patrimonio Cultural y Industrias Culturales　文化遗产和文化产业分部

Dirección de Arte Popular　大众艺术总局

Dirección de Bibliotecas, Archivos y Museos(DBAM)　图书馆、档案馆和博物馆管理局

Dirección de Educación Artística y Extensión Cultural　艺术教育和文化推广局

Dirección de Desarrollo Regional y Municipal　地区和市政发展局

Dirección General de Patrimonio　遗产总局

Dirección General de Patrimonio Cultural　文化遗产总局

Dirección General de Culturas Populares　大众文化总局

Dirección de Patrimonio y Museos　遗产和博物馆管理局

Dirección General de Culturas Populares Indígenas y Urbanas (DGCPIU)　大众、土著和城市文化总局

Dirección General de Culturas Populares del Consejo Nacional para la Cultura de las Artes　国家艺术委员会大众文化部

Dirección Patrimonio Inmaterial　非物质文化遗产司

elextinto Consejo de Pueblos y Barrios del Distrito Federal　已解散的联邦区原始村落和街区委员会

Escuela Nacional de Antropología e Historia (ENAH)　国立人类学历史学院

Escuela de Antropología e Historia del Norte de México (EAHNM)　北墨西哥人类学与历史学院

Escuela de Conservación y Restauración de Occidente (ECRO)　西方文化遗产保护与修复学院

Escuela de Música y DanzasFolklóricasPeruanas　秘鲁民间音乐舞蹈学校

Escuela Nacional de Conservación, Restauración y Museografía(ENCRyM)　国立保护、修复和博物馆学学院

Fondo Nacional para el Fomento de las Artesanías(FONART)　国家手工艺促进基金

Foro Patrimonio Cultural Inmaterialen la Ciudad de México: Pueblos, Barrios Originarios y Comunidadesresidentes　墨西哥城非物质文化遗产论坛：原始村落、街区和居民社区

Grupo de Trabajo para la Promoción y Protección del Patrimonio Cultural Inmaterial　促进和保护非物质文化遗产工作组

Instituto de las Culturas Populares　大众文化研究所

Instituto de Etnología de la Universidad Nacional Mayor de San Marcos　圣马科斯国立大学民族学研究所

Instituto de Patrimonio Histórico y Artístico Nacional (IPHAN)　国家历史和艺术遗产研究所

Instituto Histórico del Perú　秘鲁历史研究所

Instituto IndigenistaPeruano　秘鲁印第安研究所

Instituto Nacional de Antropología　国家人类学研究所

Instituto Nacional de Antropología e Historia (INAH)　墨西哥国立人类学历史学研究所

Instituto Nacional de Bellas Artes (INBAL)　国立美术研究所

Instituto Nacional de Cultura　国家文化研究所

Instituto Nacional de la Tradición　国家传统研究所

Instituto Nacional de la Juventud Mexicana　墨西哥国立青年研究所

Instituto Nacional de Lenguas Indígenas(INALI)　国立土著语言研究所

Instituto Nacional del Derecho de Autor (INDAUTOR)　国家版权局

Instituto Nacional Indígena(INI)　国立土著研究所

Instituto Politécnico Nacional (IPN)　国立理工学院

Instituto Zacatecano de Cultura del Gobierno de Zacatecas　萨卡特卡斯政府的萨卡特卡诺文化研究所

Mercado de ArtesanasTradicionales de la República Argentina (MATRA)　阿根廷传统手工业市场

Ministerio de Comercio Exterior y Turismo　秘鲁外贸与旅游部

MinisterioCoordinador del Patrimonio Natural y Cultural　自然和文化遗产部

Ministerio de Cultura　文化部

Ministerio de Culturas, Área de Patrimonio Inmaterial　文化部非物质遗产区

Ministerio de Cultura, Dirección de Patrimonio　文化部遗产管理局

Ministerio de Cultura, Unidad de Registro y Catalogación　文化部登记编目单位

Ministerio de Educación y Cultura, Comisión de Patrimonio Cultural　教育与文化部文化遗产委员会

Museo de Arte Popular　大众艺术博物馆

Museo de Historia Nacional del Perú　秘鲁国家历史博物馆

Museo Nacional de Arqueología, Antropología e Historia del Perú　秘鲁国立考古学、人类学和历史学博物馆

Museo Nacional de Arqueología, Historia y Etnografía　国立考古、历史和民族志博物馆

Museo Nacional de Culturas Populares (MNCP)　国家大众文化博物馆

Partido Nacional Revolucionario(PNR)　国民革命党

Patronato Nacional de Arqueología　国家考古委员会

Quiki　库斯科基克厨师学校

Registro Público de la Propiedad　公共财产登记处

Secretaría de Cultura　文化部

Secretaría de Cultura de la Ciudad de México　墨西哥城文化部

Secretaría de Educación Pública (SEP)　公共教育部

Secretaría de Gobernación　内政部

Secretarías de Educación Pública y de Patrimonio y Fomento Industrial　公共教育和遗产与工业发展部

Secretaría de Patrimonio y Fomento Industrial　遗产和工业发展部

Subsecretaría de AsuntosCulturales　文化事务司

Universidad AutónomaMetropolitana(UAM)　大都会自治大学

Universidad de San Martín de Porres　秘鲁圣马丁大学

Universidad Nacional de las Artes (UNA)　阿根廷国立艺术大学

葡萄牙语　　中文译名

Serviço de PatrimônioHistórico e Artístico Nacional (SPHAH)　国家历史艺术遗产局

英语　　中文译名

Intangible Cultural Heritage Centre for Asia-Pacific (ICHCAP)　亚太地区非物质文化遗产国际信息和网络中心

International Research Centre for Intangible Cultural Heritage in the Asia-Pacific Region (IRCI)　亚太地区非物质文化遗产研究中心

International Training Centre for Intangible Cultural Heritage in the Asia-Pacific Region (CRIHAP)　亚太地区非物质文化遗产国际培训中心

World Conference on Cultural Policies (MONDIACULT)　世界文化政策会议

五、法律、条文与文件

西班牙语　　中文译名

Carta de Machu Picchu　《马丘比丘宪章》

Carta de México enDefensa del Patrimonio Cultural　《墨西哥保护文化遗产宪章》

ConvenciónsobreDefensa del Patrimonio Arqueológico, Histórico y Artístico de las NacionesAmericanasaprobadapor la OEA 《保护美洲国家考古、历史和艺术遗产公约》

Declaración de México 《墨西哥宣言》

Declaratorias de Expresiones del Patrimonio Cultural Inmaterialcomo Patrimonio Cultural de la Nación《将非物质文化遗产表现形式认定为国家文化遗产的宣言》

Declaratoria de la Obra de Grandes Maestros, Sabios y Creadores del Perú 《秘鲁杰出大师、智者和创造者作品宣言》

Fondo de PromociónTurística(FOPTUR) 旅游基金发展计划

Ley General de Derechos Lingüísticos de los Pueblos Indígenas(LGDLPI) 《土著人民语言权利总法》

Ley de Tombamento《通巴门托法》

Ley de la Comisión Nacional para el Desarrollo de los Pueblos Indígenas 《国家土著人民发展委员会法》

Ley de Patrimonio Cultural de Jalisco 《哈利斯科州文化遗产法》

Ley Federal del Derecho de Autor (LFDA) 《联邦版权法》

Ley Federal del Patrimonio Cultural de la Nación 《联邦国家文化遗产法》

Ley Federal sobreMonumentos y Zonas Arqueológicos, Artísticos e Históricos《联邦纪念碑和考古、艺术和历史遗址法》

Ley General de Amparo al Patrimonio Cultural 《文化遗产保护总法》

Ley General de Bienes Nacionales 《国家财产总法》

Ley General del Patrimonio Cultural de la Nación, No.28296 《国家文化遗产总法（法律 28296）》

Ley Orgánica de la Administración Pública Federal 《联邦公共行政组织法》

Reglamento Interior de la Secretaría de Cultura 《文化部内政条例》

Políticas y planes para la salvaguardiapatrimonio cultural inmaterialen América Latina 《拉丁美洲非物质文化遗产保护政策和计划》

英语　　中文译名

Mexico City Declaration on Cultural Policies 《墨西哥城文化政策宣言》

Recommendation on the Safeguarding of Traditional Culture and Folklore 《保

护民间创作建议案》

Universal Copyright Convention 《世界版权公约》

六、其他译名

西班牙语　　中文译名

Archivo de la Palabra del Proyecto Eje Tlaxiaco 特拉西亚科有声档案计划

ConferenciaInteramericanasobreProblemas de la Guerra y de la Paz 美洲国家间关于战争与和平问题会议

Corporativismo de Estado 国家社团主义

Cultura Viva 活态文化

Guerra del Pacífico 太平洋战争

Guerra Grancolombo-Peruana 大哥伦比亚 - 秘鲁战争

Mapa de losinstrumentos de uso popular enel Perú 《秘鲁流行乐器详尽地图》

Regeneración 《新生报》

Proyecto Tarasco 塔拉斯坎项目

Programa de Apoyo a las CulturasMunicipales y Comunitarias(PACMYC) 市政和社区文化支持计划

Programas de Desarrollo Cultural Regional 区域文化发展计划

Programa de Estudios Cultura, Política y Diversidad 文化、政治和多样性研究计划

Programa de la Memoria del Mundo 世界记忆计划

Programa de Patrimonio Cultural Inmaterial y Diversidad Cultural (PPCIyDC) 非物质文化遗产和文化多样性计划

Programa Especial de Cultura y Arte (PECA) 文化艺术特别计划

Programa para el Desarrollo Integral de las Culturas de los Pueblos y ComunidadesIndígenas(PRODICI) 土著人民和社区文化全面发展计划

Pueblos Mágicos 魔法城镇计划

Guía sobre Patrimonio Cultural Inmaterial 《非遗手册》

Virgen de Guadalupe 瓜达卢佩圣母

后　记

本书是对拉丁美洲非物质文化遗产保护的系统性研究。之所以选择这个议题，主要源于我 2014 年在墨西哥恰帕斯州的田野经历。恰帕斯高地地区的多个村镇都建有陈列非物质文化遗产的乡村博物馆，一些从事土著研究的学者广泛参与到土著村社的非遗保护中。他们试图提供非遗保护实现对社会大众的政治动员，推动当地社会发展。我的田野伙伴胡安却认为非遗是多元文化主义政策对土著族群与文明“承认并不治理”的重要表现，由此率领自治社区的民众抵制这一“名义上的正义”。这些或支持或抵制的态度，充分显示着社会大众对于非遗保护极高的关注度。与此同时，2017 年，一部《寻梦环游记》的横空出世，让亡灵节这一源自墨西哥的人类非物质文化遗产代表作风靡世界，充分显示出拉美非遗的深厚性，以及拉美社会多元主体在非遗保护和传承上的巨大潜力。此外，学界通常将玻利维亚政府对老鹰之歌所有权的捍卫视为非遗保护的起点，这也充分显示出拉美国家在非遗保护行动上的突出贡献。这些经历不断激起我的思考，我想从拉丁美洲社会历史变迁的语境中，梳理非遗保护在拉美兴起的动因，对拉丁美洲非遗保护的理念、主张与实践进行系统、深入的研究。

当我计划开展本项研究后，热情的拉美人类学界的同人给予了我极大的帮助。在墨西哥城佩里苏尔（Perisur）的咖啡厅里，国立自治大学人类学研究所的希特拉里·盖楚阿·雷纳（Citlali Quecha Reyna）教授将她最新的成果分享给我。墨西哥国立历史学人类学学院的希拉里奥·托佩特·劳拉（Hilario Topete Lara）教授，向我系统介绍了墨西哥非遗保护的历史语境，带我实地考察了他负责的“有声档案”项目。托佩特教授还接受了我的硕士生曲直，为其在墨西哥一年的田野调查提供诸多的支持。墨西哥国立人类学历史学研究所玛丽娜·阿隆索 - 博拉尼奥斯（Marina Alonso-Bolaños）教授，系统介绍了她在玛雅地区非遗保护的实践，并将墨西哥非遗研究的最新文献分享给我。秘鲁天主教大学的亚历杭德罗·迪兹·乌尔塔多（Alejandro Diez Hurtado）教授，带我参观了天主教大学对安第斯民歌搜集整理的数据音乐库。他还接受了我的硕士生杨慧云与尹烨彤，帮助她们分别在库斯科和亚马孙地区开展一年的田野调查。此外，阿根廷布宜诺斯艾利斯大学的卡洛丽娜·梅拉（Carolina Mera）、巴西利亚大学克里斯蒂娜·帕特里奥塔·德莫拉（Cristina Patriota de Moura）教授也为我提供了许多阿根廷、巴西等国非遗保护的相关文献资料。

正是在这些同人的支持下，我和我的学生杨慧云、王越共同完成了本书。其中，我本人承担了前言、上篇和结语的工作；下篇的前三章由我和王越、杨慧云共同完成；第四章涉及的田野调查由杨慧云完成，文章由我和杨慧云共同完成；王越承担了附录表格的制作工作。

作为长期从事拉丁美洲社会文化研究的学者，我深刻地感受拉丁美洲文明的多样性与厚重性，时常慨叹于拉美本土的知识分子和社会大众在非遗保护理念与实践上的积极探索。然而，“暴力冲突”“中等收入陷阱”“发展的代价”等一系列标签是大部分国人对拉美的基本印象，拉美文明的合法性与拉美之于世界文明的独特贡献长期以来并没有得到积极、有效的承认，这在相当程度构成了本书的重要挑战。从在恰帕斯的田野调查开始，北京大学历史学系董经胜教授就一直鼓励我依托人类学方法，推进对拉美社会的深入研究。中国社会科学院民族文学研究所毛巧晖研究员数十年来一直支持我打破民俗学与拉美研究的壁垒，进行跨学科的交叉研究。在本书出版之际，董经胜教授和毛巧晖研究员更是拨冗作序，在学术层面上赋予了这一研究相当的“合法性”。中国社会科学院民族文学研究所巴莫曲布嫫研究员一直鼓励我推动对拉美非遗的研究，并为我提供了大量的文献资料。感谢北京市民间文艺家协会赵世瑜主席、石振怀副主席、史燕明副主席的数年来的肯定与支持，感谢北京市文联文艺创作扶持专项资金提供的出版经费支持，感谢我所在的中央民族大学民族学与社会学学院对本研究的大力支持。

本研究的部分成果曾在多个学术会议和学术期刊上发表，刘晓春教授、龚浩群教授、段颖教授、郭存海研究员、卢成仁教授、张士闪教授、龙圣教授、李正元教授和林海聪副教授对本研究提出了许多建议。在此表示衷心的感谢。感谢北京外国语大学西葡语学院副院长李紫莹教授、外交学院叶謜老师拨冗承担了本书中西文的翻译与校对工作。

本书的出版离不开学苑出版社洪文雄社长的大力支持，责任编辑黄佳老师不仅高质量地完成了本书的编辑工作，更从程序上对项目的推进给予高度支持。此外，我的硕士生孙艺绮承担了一些文献的整理工作。再次一并致谢。

由于时间紧促，加之人力、财力等诸多限制，虽然我们尽力呈现拉美国家非遗保护，但难免存在挂一漏万等一些不足，只能待后续研究中进一步推进与弥补。

张青仁
2024 年 12 月 20 日